Oleg Nashchubskiy
Übersetzer - E. Borovkova

Mobbing. Wie man aufhört, Opfer zu sein.

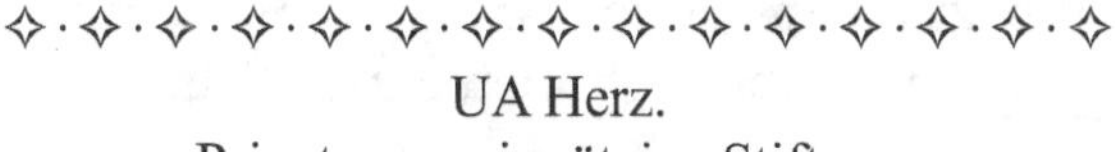

UA Herz.
Private gemeinnützige Stiftung.

Waisenhäuser, die vom Krieg zwischen Russland und der Ukraine betroffene Kinder betreuen, erhalten 50 % des Gewinns aus dem Verkauf dieses Buches.

✧ Dieses Buch ist auf Amazon erhältlich . com wurde gleichzeitig in sieben Sprachen veröffentlicht : Englisch, Spanisch, Deutsch, Französisch , Portugiesisch, Italienisch und Ukrainisch.

✧ Das Buch ist bereits in gedruckter Form erhältlich, auf hochwertigem Papier mit Hardcover, das eine höhere Stabilität und Haltbarkeit garantiert.

✧ Das Buch wird auch im bedruckten Softcover-Format verkauft, wodurch es bequemer bei sich getragen werden kann.

✧ Natürlich können Sie dieses Buch auch in einer digitalen Version erwerben, was viel günstiger ist und es Ihnen ermöglicht, das Buch auf jedem modernen Gerät zu lesen.

Alle meine Bücher, als Fortsetzungen dieser Buchreihe über die psychologische Erziehung von Kindern, sowie alle weiteren Bücher mit praktischen und theoretischen Praxismaterialien finden Sie bei Amazon unter Eingabe meines Nachnamens in die Suche: Nashchubskiy

✧ ·✧ ·✧ ·✧ ·✧ ·✧ ·✧ ·✧ ·✧ ·✧ ·✧ ·✧ ·✧ ·✧ ·✧

Einführung.

Sie lesen dieses Buch, weil Sie oder Ihre Lieben höchstwahrscheinlich Mobbing ausgesetzt waren oder sogar derzeit Opfer von Mobbing sind. Aber das kann behoben werden, das versichere ich Ihnen.

Schauen Sie in sich hinein, wo Ihr Herz vor Worten und Taten zurückschreckt, wo jede neue Bedrohung zu einer schweren Bürde wird. Wo selbst die kleinsten Worte sich wie riesige Keulen anfühlen, die auf deine Seele treffen und sie in winzige Fragmente zerbrechen.

Mobbing bringt Schmerz und Leid mit sich, wie eine endlose Welle, die einen immer wieder trifft. Es dringt in Ihr Wesen ein und hinterlässt Kratzer und Narben, die schwer zu heilen sind.

Ich weiß, wie schwer es ist, diese Last zu tragen. Ich habe gesehen, wie er das Selbstvertrauen zerstört hat, wie er ihn von der Welt um ihn herum abgeschnitten hat, wie er jeden Tag zu einem Kampf ums Überleben gemacht hat. Aber ich weiß auch, dass es einen Weg zur Befreiung aus dieser Dunkelheit, zu Licht und Hoffnung gibt.

Dieses Buch ist nicht nur eine Sammlung von Tipps oder ein Regelwerk. Dies ist ein Leitfaden zur Änderung Ihres Schicksals. Sie wird Ihnen beibringen, wie Sie aufhören, ein Opfer zu sein, wie Sie Mobbing überwinden und stärker werden. Sie wird Ihnen die Werkzeuge an die Hand geben, um die Angst und den Zweifel zu überwinden, die Sie fest im Griff haben.

Ja, der Weg kann schwierig und die Straße kurvenreich sein. Aber du bist nicht allein. Gemeinsam gehen wir diesen Weg Schritt für Schritt, bis Sie die Kraft und das Selbstvertrauen gewinnen, dem Mobbing „Stopp" zu sagen.

Lassen Sie uns gemeinsam zeigen, dass Mobbing unseren Mut und unsere innere Stärke nicht zerstören kann. Lassen Sie uns zusammenarbeiten, um eine Welt zu schaffen, in der sich jeder sicher und respektiert fühlen kann.

Wenn Sie die Tipps in diesem Buch nutzen, können Sie aufhören, Opfer zu werden. Erwarten Sie jedoch kein sofortiges Wunder. Dies erfordert Anstrengung und Arbeit an sich selbst. Aber glauben Sie mir, jeder ist dazu in der Lage.

Die in diesem Buch gesammelten Tipps sind nicht nur theoretische Empfehlungen. Sie wurden von anderen Menschen wie Ihnen ausprobiert und getestet. Und die Ergebnisse waren erstaunlich. Diese Tipps haben das Leben der Menschen verändert. Sie gaben ihnen die Kraft und Motivation, Herausforderungen zu meistern und eine bessere Version ihrer selbst zu werden.

Bleiben Sie also nicht stagnieren. Beginnen Sie jetzt Ihre Reise zur Freiheit von Mobbing. Sie haben die volle Chance, Ihr Leben zu ändern und nicht länger ein Opfer zu sein, sondern ein Gewinner Ihres Angreifers zu werden .

Willkommen auf dieser Reise. Lasst uns beginnen.

Teil 1. Betrachtung des Mobbingproblems.

Kapitel 1. Einführung in das Problem des Mobbings.

Unter Mobbing versteht man die systematische und vorsätzliche Anwendung physischer, verbaler, emotionaler oder digitaler Gewalt oder Unterdrückung gegen eine andere Person oder Personengruppe. Dieses Phänomen ist durch wiederholte Vorfälle gekennzeichnet, bei denen eine oder mehrere Personen, sogenannte Mobber, ihre Macht, Autorität oder ihren Status nutzen, um andere zu demütigen, zu belästigen oder zu unterdrücken. Da Mobbing ein sich wiederholender und andauernder Prozess ist, hinterlässt es beim Opfer fast immer tiefe psychologische und emotionale Narben.

Menschen, die Mobbing betreiben, werden oft als „Aggressoren" oder „Initiatoren von Mobbing" bezeichnet. In einigen Quellen werden sie möglicherweise auch „Bullen" oder „Bullen" genannt. Es ist jedoch wichtig zu bedenken, dass diese Begriffe je nach Kontext und Kultur variieren können. Mobbingopfer werden im Allgemeinen als „Opfer von Mobbing" oder einfach als „Opfer" bezeichnet. Sie können auch als „Mobber" bezeichnet werden. Hierbei handelt es sich um Personen, die systematischem und gezieltem Mobbing durch eine oder mehrere Personen ausgesetzt sind.

Mobbing ist nicht nur ein Problem für den Einzelnen, sondern auch für die Gesellschaft als Ganzes. Es zerstört soziale Bindungen, untergräbt das Vertrauen und fördert negative Stereotypen und Vorurteile. Im schulischen Umfeld kann Mobbing zu schlechten schulischen Leistungen, Fehlzeiten und manchmal auch zu Selbstmordgedanken oder -handlungen führen. Am Arbeitsplatz kann es zu Stress, Depressionen, verminderter Produktivität und sogar zum Verlust des Arbeitsplatzes führen.

Für eine Person, die gemobbt wird, ist dies äußerst kritisch. Dies kann zu einem Verlust des Selbstwertgefühls, des Selbstvertrauens und des Sicherheitsgefühls führen. Opfer von Mobbing können unter anhaltendem Stress, Ängsten und Angst vor zukünftigen Angriffen leiden. Mobbing hat verheerende Auswirkungen auf das psychische und emotionale Wohlbefinden einer Person und hinterlässt tiefe Spuren im gesamten Leben.

Mobbing ist also nicht nur ein unangenehmes Phänomen, das man verzeihen oder ignorieren kann. Hierbei handelt es sich um ein ernstes gesellschaftliches Problem, das sofortige Interventions- und Präventionsmaßnahmen seitens der Gesellschaft, Bildungseinrichtungen, Arbeitsplätzen und Regierungsbehörden erfordert.

Mobbing kann in verschiedenen Lebensbereichen auftreten, darunter im schulischen Umfeld, im sozialen Umfeld, am Arbeitsplatz, im Familienleben und auch online. Es kann unterschiedliche Formen annehmen und sich durch unterschiedliche Methoden und Kommunikationsmittel manifestieren.

Wir werden nicht auf die Gründe eingehen, warum Menschen zu Tyrannen oder Aggressoren werden, sondern uns nur darauf konzentrieren, warum eine Person Opfer von Mobbing werden kann. Leider gibt es eine Vielzahl von Gründen, daher werden wir nur einige der Gründe betrachten, warum eine Person in verschiedenen Lebensbereichen Opfer werden kann :

Mobbing in Schulen und anderen Bildungseinrichtungen ist ein ernstes Problem, das weitreichende Folgen für das Opfer, den Mobber und die gesamte Bildungseinrichtung haben kann. Diese Art von Mobbing kann in verschiedenen Formen auftreten und unterschiedliche Ursachen haben. Es ist jedoch wichtig, die negativen Auswirkungen zu erkennen und wirksame Methoden zu deren Bekämpfung zu entwickeln.

Eine der häufigsten Formen von Mobbing in der Schule ist verbales Mobbing. Dazu können Beleidigungen, Drohungen, abfällige Kommentare oder sogar Verleumdungen gehören, die das emotionale Wohlbefinden des Opfers ernsthaft schädigen. Mobber können soziales Mobbing auch nutzen, indem sie das Opfer aus der Gruppe ausschließen, Klatsch verbreiten oder es zur Zielscheibe der Lächerlichkeit machen. Auch in der Schule kann es zu körperlichem Mobbing kommen, zum Beispiel durch Schlagen, Stoßen, Treten oder sogar Gewaltandrohungen.

Eine besonders gefährliche Form des Mobbings im schulischen Umfeld ist Cybermobbing. Das bedeutet, das Internet, Mobiltelefone oder andere digitale Plattformen zu nutzen, um andere zu unterdrücken oder zu demütigen. Cybermobbing kann über soziale Medien, E-Mail, Instant Messaging und andere Online-Plattformen erfolgen, was es besonders schwierig macht, es zu erkennen und zu stoppen.

Mobbing in der Schule kann für das Opfer schwerwiegende Folgen haben, darunter ein geringes Selbstwertgefühl, Depressionen, Angstzustände und sogar Selbstmordgedanken. Es kann auch zu schlechten Bildungsergebnissen, Schulabwesenheit und sozialer Isolation führen. Mobbing ist auch durch eine Verletzung der öffentlichen Ordnung und Sicherheit in einer Bildungseinrichtung gekennzeichnet, was zu einer Verschärfung zwischenmenschlicher Konflikte und einer Verschlechterung des allgemeinen moralischen Klimas in der Schule führen kann.

Die Bekämpfung von Mobbing im schulischen Umfeld erfordert

einen umfassenden Ansatz. Dazu gehört die Schaffung eines sicheren und unterstützenden Schulumfelds, die Schulung von Schülern und Lehrern in Sensibilisierung und Techniken zur Bekämpfung von Mobbing sowie proaktives Eingreifen von Administratoren und Eltern. Es liegt in der Verantwortung jedes Mitglieds der Bildungsgemeinschaft, die Sicherheit und das Wohlbefinden aller am Lernprozess Beteiligten zu gewährleisten.

Zu den Hauptgründen, warum ein Kind in der Schule oder anderen Bildungseinrichtungen Opfer von Mobbing werden kann, gehören:

1. Unterschiede im Aussehen oder in den körperlichen Merkmalen: Das Aussehen kann ein Faktor für Mobbing sein, da Kinder aufgrund ihres Gewichts, ihrer Größe, ihrer körperlichen Merkmale usw. herausgegriffen werden können.

2. Soziale Isolation oder Differenz zur Gruppe: Kinder, die sich abgelehnt fühlen oder sich nicht an die Normen ihrer Altersgruppe halten, können zur Zielscheibe von Mobbing werden.

3. Spezifische Fähigkeiten oder Fertigkeiten: Unterschiede in den Fähigkeiten oder Fertigkeiten können die Aufmerksamkeit von Mobbern auf sich ziehen, insbesondere wenn das Kind durch seine Leistungen oder sein Talent hervorsticht.

4. Familiäre oder persönliche Probleme: Familiäre Probleme, einschließlich Scheidung der Eltern, Gewalt oder Konflikte, und persönliche Probleme können ein Kind anfällig für Mobbing machen.

5. Gegenüberstellung von Geschlechterstereotypen: Kinder, die nicht dem erwarteten Verhalten oder den erwarteten Interessen entsprechen, können zur Zielscheibe von Mobbing werden, weil sie von Geschlechterstereotypen abweichen.

6. Geringes Selbstwertgefühl und Unsicherheit: Kinder mit geringem Selbstwertgefühl oder Minderwertigkeitsgefühlen können zur Zielscheibe von Mobbing werden, weil sie verletzlicher erscheinen.

7. Soziales und kulturelles Umfeld: Das Umfeld, in dem ein Kind lernt, kann Mobbing begünstigen, wenn es ein Klima schafft, in dem solches Verhalten akzeptiert wird.

Natürlich gibt es hier noch einige weitere einzigartige Gründe, warum ein Kind in der Schule oder anderen Bildungseinrichtungen Mobbing ausgesetzt sein kann:

8. Nichterfüllung der Erwartungen der Gesellschaft oder der Eltern: Kinder, die nicht in der Lage oder nicht willens sind, die Erwartungen der Gesellschaft oder der Eltern zu erfüllen, können aufgrund dieser Nichterfüllung zur Zielscheibe von Mobbing werden.

9. Mangelnde Unterstützung durch Lehrer oder Erwachsene: Ein Kind, das von Lehrern oder anderen Erwachsenen in der Schule nicht ausreichend Unterstützung erhält, ist möglicherweise anfälliger für Mobbing.

10. Konflikte innerhalb der Peer-Gruppe: Kinder können aufgrund

von Konflikten innerhalb ihrer Peer-Gruppe, die Territorialität, Eifersucht oder andere Aspekte der sozialen Interaktion beinhalten können, zum Ziel von Mobbing werden.

11. Abweichung von sozialen Normen oder Verhaltensregeln: Ein Kind, das von allgemein anerkannten sozialen Normen oder Verhaltensregeln abweicht, kann aufgrund dieser Abweichung zum Ziel von Mobbing werden.

12. Mangelnde Fähigkeiten zur Konfliktbewältigung: Kinder, denen es an Fähigkeiten zur Konfliktbewältigung mangelt oder die nicht in der Lage sind, Situationen friedlich zu lösen, können zur Zielscheibe von Mobbing werden.

Natürlich gibt es hier noch einige weitere einzigartige Gründe, warum ein Kind in der Schule oder anderen Bildungseinrichtungen Mobbing ausgesetzt sein kann:

13. Religiöse oder kulturelle Unterschiede: Kinder, die unterschiedlichen religiösen oder kulturellen Gruppen angehören, können aufgrund ihres Glaubens, ihrer Bräuche oder ihres Lebensstils gemobbt werden.

14. Mangelnde emotionale Stabilität oder emotionale Kontrolle: Kinder, die Schwierigkeiten haben, ihre Emotionen zu regulieren oder unter häufigen Stimmungsschwankungen leiden, können zu leichten Zielen für Mobbing werden.

15. Spezifische körperliche oder geistige Merkmale: Ein Kind, das bestimmte körperliche oder geistige Merkmale aufweist, die es von anderen unterscheiden, kann aufgrund seiner Einzigartigkeit anfällig für Mobbing sein.

16. Einwanderer- oder internationaler Schülerstatus: Kinder, die in ein neues Land ziehen oder eine internationale Schule besuchen, können aufgrund ihres Einwandererstatus oder mangelnder Sprachkenntnisse zur Zielscheibe von Mobbing werden.

17. Geistige oder körperliche Verletzlichkeit: Kinder mit körperlichen oder geistigen Behinderungen können aufgrund ihrer Verletzlichkeit und Unfähigkeit, sich zu verteidigen, zur Zielscheibe von Mobbing werden.

18. Unterschiede im Aussehen oder in den körperlichen Merkmalen: Ein Kind kann aufgrund seines Aussehens, einschließlich Gewicht, Größe, Gesichtszüge oder Kleidung, gemobbt werden.

19. Soziale Isolation oder Differenz zur Gruppe: Kinder, die sich in Bezug auf sozialen Status, Interessen, Kultur oder Hobbys von anderen in ihrem Alter unterscheiden, können gemobbt werden, weil sie „anders" oder isoliert sind.

20. Spezifische Fähigkeiten oder Fertigkeiten: Ein Kind kann aufgrund seiner Fähigkeiten oder Fertigkeiten gemobbt werden, wie z. B. hervorragende Leistungen in der Schule, im Sport oder in den Künsten.

21. Familiäre oder persönliche Probleme: Kinder, die Schwierigkeiten oder Konflikte in der Familie haben, sowie solche, die mit persönlichen Problemen konfrontiert sind, können anfällig für Mobbing sein.

22. Gegensatz zu Geschlechterstereotypen: Kinder, die in ihrem Verhalten, ihren Interessen oder ihrem Persönlichkeitsausdruck nicht den allgemein akzeptierten Geschlechtererwartungen entsprechen, können gemobbt werden, weil sie „anders" sind.

23. Soziales und kulturelles Umfeld: Merkmale des sozialen und kulturellen Umfelds einer Schule oder eines Klassenzimmers können zur Entstehung eines Klimas beitragen, in dem Mobbing weit verbreitet ist und das Kind möglicherweise anfälliger für seine Auswirkungen ist.

24. Geringes Selbstwertgefühl und Mangel an Selbstvertrauen: Ein Kind mit geringem Selbstwertgefühl oder Minderwertigkeitsgefühlen kann die Aufmerksamkeit von Tyrannen auf sich ziehen, weil es anfälliger für Aggressionen zu sein scheint.

Diese Gründe können wichtig sein, um zu verstehen, warum Kinder zur Zielscheibe von Mobbing werden, und bei der Entwicklung von Strategien zur Vorbeugung und zum Schutz vor diesem negativen Phänomen hilfreich sein.

Mobbing am Arbeitsplatz , auch Mobbing oder Bullying-Verhalten genannt, ist eine Form aggressiven Verhaltens, bei dem ein oder mehrere Mitarbeiter einen anderen Mitarbeiter systematisch beleidigen, erniedrigen, bedrohen oder auf andere Weise verletzen. Dieses Phänomen kann schwerwiegende Folgen für die Gesundheit und das Wohlbefinden des Arbeitnehmers sowie für die Arbeitseffizienz und die Atmosphäre am Arbeitsplatz haben.

Zu den Hauptmerkmalen von Mobbing am Arbeitsplatz gehören:

1. Wiederholter Charakter: Mobbing am Arbeitsplatz kommt in der Regel systematisch und wiederholt vor und nicht in Einzelfällen. Dies können ständige Beleidigungen, Demütigungen, Mobbing oder andere Formen der Aggression sein.

2. Ungleichheiten in Bezug auf Macht oder Status: Mobbing am Arbeitsplatz kommt häufig in Situationen vor, in denen ein Mitarbeiter mehr Macht, Status oder Autorität über andere hat. Dies kann ein Chef, ein Abteilungsleiter oder einfach ein einflussreicherer oder erfahrenerer Mitarbeiter sein.

3. Psychisches Ungleichgewicht: Mobbing am Arbeitsplatz verursacht beim Opfer häufig psychischen Druck, Ängste, Stress oder Depressionen. Dies kann schwerwiegende Auswirkungen auf die Gesundheit und das Wohlbefinden eines Arbeitnehmers sowie auf seine Produktivität und Arbeitszufriedenheit haben.

4. Mangelnde Unterstützung durch Kollegen und Management:

Opfer von Mobbing am Arbeitsplatz fühlen sich aufgrund mangelnder Unterstützung durch Kollegen und Management oft isoliert und hilflos. Dies könnte ihre Situation noch verschlimmern.

5. Negative Auswirkungen auf die Organisation: Mobbing am Arbeitsplatz kann zu unzufriedenen Mitarbeitern, Kündigungen, verminderter Produktivität und erhöhter Fluktuation führen. Dies kann sich negativ auf den Ruf und die Leistung der Organisation auswirken.

Die Bekämpfung von Mobbing am Arbeitsplatz erfordert eine aktive Beteiligung des Managements, die Entwicklung von Präventions- und Reaktionsrichtlinien und -verfahren sowie die Unterstützung und Schulung der Mitarbeiter in ethischen und zwischenmenschlichen Fragen.

Eine Person kann aus einer Vielzahl von Gründen Opfer von Mobbing am Arbeitsplatz werden, wir wollen uns jedoch nur einige der Hauptgründe ansehen:

1. Unterschiedliche Meinungen oder Arbeitsansätze: Wenn ein Mitarbeiter durch seine Meinungen oder Arbeitsansätze auffällt, die nicht den allgemein akzeptierten oder gewünschten Normen im Team entsprechen, kann es sein, dass andere ihn aus diesem Grund belästigen.

2. Mangel an Selbstvertrauen oder Autorität: Ein Mitarbeiter, dem es an Selbstvertrauen oder Autorität mangelt, kann zum Ziel von Mobbing werden, weil er oder sie anfälliger für aggressives Verhalten von Kollegen zu sein scheint.

3. Interessenkonflikte oder Konkurrenz: Wenn ein Mitarbeiter konkurrenzfähig ist oder seine eigenen Interessen über die Interessen anderer stellt, kann dies zu Spannungen und Konflikten führen, die wiederum Mobbing provozieren können.

4. Soziale Isolation oder Differenzierung: Ein Mitarbeiter, der sich isoliert fühlt oder nicht dazu passt, kann gemobbt werden, weil er anders ist.

5. Probleme im Umgang mit Kollegen oder dem Management: Wenn ein Mitarbeiter Probleme in der zwischenmenschlichen Kommunikation oder in den Beziehungen zu Kollegen oder dem Management hat, kann dies aggressives Verhalten bei anderen hervorrufen.

6. Religiöse, rassische oder kulturelle Unterschiede: Mitarbeiter, die unterschiedlichen religiösen, rassischen oder kulturellen Gruppen angehören, können aufgrund ihres Glaubens, ihrer Bräuche oder ihres Lebensstils Mobbing ausgesetzt sein.

7. Beruflicher oder persönlicher Erfolg: Wenn ein Mitarbeiter hohe berufliche oder persönliche Erfolge vorweisen kann, kann dies bei Kollegen Neid und Eifersucht hervorrufen, was zu Mobbing führen kann.

8. Unfähigkeit, sich an Veränderungen anzupassen: Wenn ein Mitarbeiter Schwierigkeiten hat, sich an Veränderungen in Arbeitsabläufen, Richtlinien oder der Unternehmensstruktur anzupassen, kann dies zu Konflikten und letztendlich zu Mobbing führen.

9. Ineffektives Konfliktmanagement: Wenn ein Mitarbeiter nicht über Konfliktmanagementfähigkeiten verfügt oder nicht in der Lage ist, Situationen friedlich zu lösen, kann dies zu einer Eskalation der Situation und zu Mobbing führen.

10. Bedenken hinsichtlich der Arbeitsplatzsicherheit: Mitarbeiter, die aufgrund wirtschaftlicher oder organisatorischer Veränderungen um ihre Arbeitsplatzsicherheit besorgt sind, können gegenüber Personen, die sie als Bedrohung für ihren eigenen Arbeitsplatz empfinden, aggressiv werden oder sich schikanierend verhalten.

11. Probleme im Privatleben: Wenn ein Mitarbeiter Probleme im Privatleben hat, wie zum Beispiel Scheidung, familiäre Konflikte oder gesundheitliche Probleme, kann sich dies auf seine emotionale Verfassung auswirken und zu einem Risikofaktor für Mobbing werden.

12. Ängste und Komplexe: Ein Mitarbeiter, der unter Ängsten, Minderwertigkeitskomplexen oder Unsicherheit leidet, kann aufgrund seiner Verletzlichkeit und Unfähigkeit, sich zu verteidigen, zum Ziel von Mobbing werden.

13. Stellenspezifische Anforderungen oder berufliche Standards: Wenn ein Mitarbeiter arbeitsplatzspezifische Anforderungen oder berufliche Standards nicht erfüllt, kann dies zu Unzufriedenheit unter Kollegen führen und zu Konflikten und Mobbing führen.

14. Verstoß gegen die Kultur oder Werte eines Unternehmens: Wenn ein Mitarbeiter gegen die Kultur oder Werte eines Unternehmens verstößt, kann dies bei anderen Mitarbeitern eine Reaktion in Form von Mobbing auslösen, insbesondere wenn ein solcher Verstoß als Bedrohung für das allgemeine Wohlergehen des Teams angesehen wird .

15. Voreingenommenheit oder Diskriminierung: Ein Mitarbeiter kann Mobbing aufgrund von Voreingenommenheit oder Diskriminierung aufgrund seines Geschlechts, seines Alters, seiner Rasse, seiner sexuellen Orientierung, einer Behinderung oder anderer Merkmale ausgesetzt sein.

16. Unfähigkeit, Arbeitsbeziehungen aufrechtzuerhalten: Wenn ein Mitarbeiter aufgrund seiner Persönlichkeit, seines Verhaltens oder seiner Kommunikationsfähigkeiten nicht in der Lage ist, gesunde Arbeitsbeziehungen zu Kollegen oder dem Management aufrechtzuerhalten, kann dies zu Konflikten und Mobbing führen.

17. Wirtschaftliche oder organisatorische Faktoren: Beispielsweise können Entlassungen, Unternehmensumstrukturierungen oder andere wirtschaftliche und organisatorische Veränderungen ein angespanntes Arbeitsumfeld schaffen, das zu Mobbing führen kann.

18. Inkonsistenz bei der Anwendung von Regeln und Vorschriften: Wenn Regeln und Vorschriften inkonsistent oder subjektiv angewendet werden, kann dies dazu führen, dass einige Mitarbeiter aufgrund persönlicher Vorlieben oder Voreingenommenheit seitens des Managements oder der Kollegen zur Zielscheibe von Mobbing werden.

19. Unternehmenskultur, die Wettbewerb und Konflikte fördert: In Organisationen, in denen Wettbewerb und Konflikte normalisiert oder sogar gefördert werden, können Mitarbeiter zur Zielscheibe von Mobbing werden, um Konkurrenten zu dominieren oder auszuschalten.

20. Fehlendes Feedback oder mangelnde Reaktion auf Mobbing: Wenn das Management nicht auf Mobbingvorfälle reagiert oder kein wirksames Feedbacksystem bereitstellt, fühlen sich Mitarbeiter möglicherweise schutzlos und anfälliger für Aggressionen von Kollegen.

21. Toxische Macht- und Kontrollstrukturen: Wenn in einer Organisation toxische Macht- und Kontrollstrukturen vorhanden sind, einschließlich tyrannischem Verhalten seitens der Geschäftsleitung oder der Unterdrückung der Meinungen und Initiativen der Mitarbeiter, kann dies Bedingungen für Mobbing schaffen.

22. Nutzung sozialer und beruflicher Netzwerke zur Demütigung: Mitarbeiter können Opfer von Mobbing werden, wenn ihre Kollegen oder das Management ihre sozialen oder beruflichen Netzwerke nutzen, um ihre Möglichkeiten am Arbeitsplatz zu demütigen oder einzuschränken.

23. Versteckte Schwächen oder Persönlichkeitsmerkmale: Einige Mitarbeiter können aufgrund ihrer versteckten Schwächen oder Persönlichkeitsmerkmale, die bei anderen zu Groll oder sogar Aggression führen können, wie Schüchternheit, Introvertiertheit, Unentschlossenheit usw., zum Ziel von Mobbing werden.

24. Unprofessionelles Verhalten oder Kommunikationsfähigkeiten: Mitarbeiter, die nicht über effektive Kommunikationsfähigkeiten verfügen oder am Arbeitsplatz unprofessionelles Verhalten an den Tag legen, können das Ziel von Mobbing durch Kollegen oder das Management sein.

25. Emotionale Verletzlichkeit oder Sensibilität: Menschen mit hoher emotionaler Verletzlichkeit oder Sensibilität sind möglicherweise anfälliger für Mobbing, da sie dazu neigen, negative Situationen zu erleben und darauf zu reagieren.

26. Mangelndes Selbstwertgefühl oder Selbstwertgefühl: Mitarbeiter, die ein geringes Selbstwertgefühl oder Selbstwertgefühl haben, können Mobbing am Arbeitsplatz ausgesetzt sein, da sie möglicherweise weniger bereit sind, ihre Rechte durchzusetzen oder sich gegen Aggressionen anderer zu wehren.

27. Angst vor Konflikten oder Rückzug vor Aggressionen: Einige Mitarbeiter können aufgrund ihrer Angst vor Konflikten oder vor Rückzug vor Aggressionen zum Ziel von Mobbing werden, was sie anfälliger für aggressives Verhalten von Kollegen macht.

28. Stigmatisierung oder Voreingenommenheit: Menschen, die am Arbeitsplatz irgendeiner Art von Stigmatisierung oder Voreingenommenheit ausgesetzt sind (z. B. aufgrund einer Behinderung, sexuellen Orientierung oder Zugehörigkeit zu einer bestimmten Gruppe), können aufgrund von Vorurteilen oder Diskriminierung Mobbing

ausgesetzt sein.

Diese zusätzlichen Gründe helfen dabei, die Faktoren, die Mobbing am Arbeitsplatz auslösen können, besser zu verstehen.

Mobbing in der Familie ist eine Form von Gewalt oder Unterdrückung, die innerhalb einer Familieneinheit zwischen Familienmitgliedern auftritt. Dies kann viele Formen annehmen, darunter emotionaler, verbaler, körperlicher und sogar wirtschaftlicher Missbrauch. Mobbing im familiären Umfeld kann schwerwiegende Auswirkungen auf die körperliche und geistige Gesundheit von Familienmitgliedern sowie auf ihre Beziehungen untereinander haben.

Beispiele für Mobbing im Familienleben sind:

1. Emotionaler Missbrauch: Dazu können Drohungen, Demütigungen, Beleidigungen, herabwürdigende Gefühle und anhaltende psychische Belastung gehören. Emotionaler Missbrauch kann sich in Form ständiger Kritik und Drohungen, Ignorieren, Isolation von anderen Familienmitgliedern oder der Schaffung einer Atmosphäre ständiger Angst und Unruhe äußern.

2. Verbaler Missbrauch: Dazu gehören Beleidigungen, Drohungen, Schimpfwörter, Schreien und andere Formen negativer Sprache. Verbale Gewalt kann darauf abzielen, andere Familienmitglieder zu demütigen, zu dominieren oder zu kontrollieren.

3. Körperliche Misshandlung: Dies ist die offensichtlichste Form von Mobbing im Haushalt und umfasst körperliche Aggression, Körperverletzung, Schläge, Ohrfeigen, Würgen und andere Formen körperlicher Manipulation oder Gewalt.

4. Wirtschaftlicher Missbrauch: Dies ist eine Form der Unterdrückung, bei der ein Partner oder ein Familienmitglied die Finanzen oder Ressourcen kontrolliert, indem es den Zugang zu Geld, Arbeit oder anderen materiellen Gütern einschränkt.

5. Sexuelle Gewalt: Dazu gehören sexuelle Belästigung, Vergewaltigung, sexuelle Gewalt in der Ehe und andere Formen sexueller Aggression zwischen Familienmitgliedern.

Mobbing im Familienleben kann schwerwiegende Folgen für die Gesundheit und das Wohlbefinden von Familienmitgliedern haben, darunter Depressionen, Angststörungen, posttraumatische Belastungsstörungen, Probleme mit dem Selbstwertgefühl, Verhaltensprobleme, Alkohol und Drogen sowie eine Verschlechterung der familiären Beziehungen. Es ist wichtig, denjenigen, die Opfer von Mobbing in der Familie sind, Unterstützung und Unterstützung zu bieten und Maßnahmen zu ergreifen, um ihre Sicherheit und ihr Wohlbefinden zu schützen.

Natürlich gibt es eine Vielzahl von Gründen für Mobbing in der Familie, aber wir werden nur einige der Hauptgründe betrachten, warum eine Person im Familienleben Opfer von Mobbing werden kann, sowohl Männer als auch Frauen:

1. Emotionale oder psychische Abhängigkeit: Eine Person kann im Familienleben aufgrund ihrer emotionalen oder psychischen Abhängigkeit von anderen Familienmitgliedern Opfer von Mobbing werden, was sie anfälliger für Aggression und Manipulation macht.

2. Sozialer Druck oder Kontrolle: Familienmitglieder können sozialen Druck oder Kontrolle nutzen, um andere Familienmitglieder zu unterwerfen und ihre Macht zu behaupten, was zu Mobbing in der Beziehung führen kann.

3. Verletzung von Grenzen und persönlichen Freiräumen: Mobbing im Familienleben kann durch die Verletzung persönlicher Grenzen und Freiräume anderer Familienmitglieder entstehen, wozu auch aufdringliche Eingriffe in die Privatsphäre, die Kontrolle über Handlungen und Entscheidungen sowie Gewalt gehören.

4. Emotionaler oder verbaler Missbrauch: Emotionaler oder verbaler Missbrauch durch andere Familienmitglieder, wie Demütigungen, Beleidigungen, Drohungen oder Manipulation, können eine Form von Mobbing im familiären Umfeld sein.

5. Finanzielle Kontrolle oder wirtschaftlicher Missbrauch: Familienmitglieder können finanzielle Kontrolle oder wirtschaftlichen Missbrauch nutzen, um ihre Macht und Kontrolle über andere Familienmitglieder geltend zu machen, was ebenfalls eine Form von Mobbing sein kann.

6. Konflikte und Missverständnisse in der Familie: Konflikte und Missverständnisse in der Familie können eine angespannte Atmosphäre schaffen, in der Familienmitglieder aufgrund übermäßiger Aggression und Unzufriedenheit zur Zielscheibe von Mobbing werden können.

7. Sexuelle Übergriffe und häusliche Gewalt: Sexuelle Übergriffe und häusliche Gewalt sind extreme Formen von Mobbing im familiären Umfeld, die schwerwiegende Folgen für das Opfer haben können.

8. Konkurrenz oder Eifersucht: Eine Person kann aus Eifersucht oder Konkurrenz von anderen gemobbt werden, insbesondere wenn sie anderen das Gefühl gibt, bedroht oder konkurrenzfähig zu sein.

Aus folgenden Gründen können Kinder im Familienleben zur Zielscheibe von Mobbing werden:

1. Mangelndes Verständnis ihrer Rechte und Grenzen: Kinder können zur Zielscheibe von Mobbing werden, wenn sie ihre Rechte und Grenzen nicht kennen und nicht wissen, wie sie sich vor Aggression oder Spott von Geschwistern oder anderen Familienmitgliedern schützen können.

2. Konkurrenz zwischen Kindern: In Fällen, in denen es in einer Familie zu Konkurrenz oder Eifersucht zwischen Kindern kommt, kann eines von ihnen zum Ziel von Mobbing durch andere Kinder werden,

insbesondere wenn sie älter sind oder stärkere Persönlichkeitsmerkmale aufweisen.

3. Nachahmung des Verhaltens von Erwachsenen: Kinder können aggressives oder spöttisches Verhalten nachahmen, das sie bei Erwachsenen in der Familie beobachten, und es auf ihre Geschwister oder andere Kinder in der Familie übertragen.

4. Ungleiche Verteilung von Aufmerksamkeit oder Ressourcen: Wenn in einer Familie die Aufmerksamkeit, Liebe oder Ressourcen der Eltern ungleich verteilt sind, kann dies zu Mobbing zwischen Kindern führen, wenn sich eines von ihnen unterbewertet oder nicht genug geliebt fühlt.

5. Vormundschafts- und Schutzverhalten: Ältere oder körperlich stärkere Kinder nutzen möglicherweise ihre Stellung in der Familie aus, um jüngere oder schwächere Geschwister zu kontrollieren oder zu dominieren, was zu Mobbing führen kann.

6. Mangelnde Fähigkeiten zur Konfliktlösung: Kinder können zur Zielscheibe von Mobbing in der Familie werden, wenn sie nicht über ausreichende Fähigkeiten zur Konfliktlösung verfügen und nicht wissen, wie sie Konflikte mit ihren Geschwistern oder Eltern effektiv lösen können.

Aus folgenden Gründen können Frauen im Familienleben zur Zielscheibe von Mobbing werden:

1. Patriarchale Stereotypen und Rollenerwartungen: In Familien, in denen patriarchale Stereotypen und Rollenerwartungen vorherrschen, werden Frauen möglicherweise von Männern oder anderen Familienmitgliedern gemobbt, die glauben, dass Frauen bestimmten Rollen gehorchen und diese erfüllen sollten.

2. Emotionaler oder körperlicher Missbrauch: Frauen können aufgrund emotionaler oder körperlicher Misshandlung durch einen Partner, Eltern oder andere Familienmitglieder Opfer häuslicher Gewalt werden.

3. Wirtschaftliche Abhängigkeit oder finanzielle Kontrolle: Frauen, die auf finanzielle Unterstützung oder Kontrolle durch einen Partner oder andere Familienmitglieder angewiesen sind, können aufgrund ihrer wirtschaftlichen Verletzlichkeit zur Zielscheibe von Mobbing werden.

4. Unterdrückung von Stimme und Meinung: In manchen Familien können Frauen aufgrund der Unterdrückung ihrer Stimme und Meinung zu Zielen von Mobbing werden, wenn ihre Ideen oder Bedürfnisse nicht respektiert oder ignoriert werden.

5. Mutterschaft und Familienpflichten: Frauen können aufgrund der ihnen auferlegten Verantwortung und der Überlastung von Mutterschafts- und Familienpflichten zur Zielscheibe von Mobbing werden.

6. Strukturelle oder systemische Diskriminierung: Frauen können in ihrem Familienleben aufgrund systemischer oder struktureller Diskriminierung, die auf geschlechtsspezifischen Ungleichheiten und

Vorurteilen in der Gesellschaft beruht, Mobbing erfahren.

7. Verdinglichung weiblicher Rollenstereotypen: Frauen können aufgrund der Verdinglichung weiblicher Rollenstereotypen Opfer von Mobbing werden, was die Erwartung beinhalten kann, bestimmte Haushalts- oder Familienpflichten ohne angemessene Unterstützung oder Respekt zu erfüllen.

8. Mangel an Unterstützung und emotionaler Fürsorge: Frauen können zur Zielscheibe von Mobbing werden, wenn ihnen Unterstützung, emotionale Fürsorge oder Verständnis verweigert werden, insbesondere von Angehörigen oder einem Partner.

9. Aufdringliche oder kontrollierende Beziehungen: Aufdringliche oder kontrollierende Beziehungen eines Partners oder anderer Familienmitglieder können zu Mobbing führen, wenn sich eine Frau in ihren Handlungen und Entscheidungen eingeschränkt fühlt.

10. Physisch oder psychisch bedrohliches Verhalten: Frauen können im Familienleben Opfer von Mobbing werden, weil ein Partner oder andere Familienmitglieder physisch oder psychisch bedrohliches Verhalten zeigen, das eine Atmosphäre der Angst und Unsicherheit schafft.

Hier sind einige Gründe, warum Männer im Familienleben zur Zielscheibe von Mobbing werden können:

1. Männlichkeitsstandards: Männer können gemobbt werden, wenn sie sich nicht an allgemein anerkannte Männlichkeitsstandards halten, z. B. wenn sie Emotionen oder Anzeichen von Verletzlichkeit zeigen, und von ihrem Partner, ihren Kindern oder anderen Familienmitgliedern verspottet oder kritisiert werden.

2. Wirtschaftliche Abhängigkeit: Männer, die auf finanzielle Unterstützung oder Kontrolle durch einen Partner oder andere Familienmitglieder angewiesen sind, können aufgrund ihrer wirtschaftlichen Verletzlichkeit zur Zielscheibe von Mobbing werden.

3. Gewalt in Beziehungen: Männer können in ihrem Familienleben aufgrund emotionaler, körperlicher oder sexueller Misshandlung durch einen Partner oder andere Familienmitglieder Opfer von Mobbing werden.

4. Mangelnde Unterstützung oder Respekt: Männer können zur Zielscheibe von Mobbing werden, wenn ihnen innerhalb der Familie die Unterstützung, der Respekt oder die Anerkennung ihrer Gefühle und Bedürfnisse verweigert wird.

5. Strukturelle oder systemische Diskriminierung: Männer können in ihrem Familienleben aufgrund systemischer oder struktureller Diskriminierung, die auf Geschlechterstereotypen und Voreingenommenheit in der Gesellschaft beruht, Mobbing erleben.

6. Ängste und Unsicherheiten: Männer können aufgrund ihrer Ängste oder Unsicherheiten zum Ziel von Mobbing werden, etwa weil sie befürchten, minderwertig zu sein oder in der Familie oder im Beruf nicht erfolgreich genug zu sein.

7. Verleugnung von Gefühlen und emotionale Verletzlichkeit: In Familien, in denen die vorherrschende Überzeugung ist, dass Männer stark sein und ihre Emotionen oder Gefühle nicht ausdrücken sollten, können Männer zur Zielscheibe von Mobbing werden, wenn sie versuchen, emotional offener oder verletzlicher zu sein.

8. Verwendung von Stereotypen und Beleidigungen: Männer können in der Familie durch die Verwendung von Stereotypen oder Beleidigungen aufgrund ihres Geschlechts gemobbt werden, indem sie sich beispielsweise über ihr Aussehen, ihre Männlichkeit oder ihre sexuelle Orientierung lustig machen.

9. Mangelnde Beteiligung an Entscheidungen: Wenn ein Mann bei Entscheidungen in der Familie nicht ausreichend berücksichtigt wird oder seine Meinung ignoriert wird, kann dies auch zu Mobbing führen, wenn seine Gefühle und Vorlieben nicht berücksichtigt werden.

10. Körperliche Gewalt oder Drohungen: Männer können im Familienleben durch körperliche Gewalt oder Drohungen durch einen Partner oder andere Familienmitglieder Opfer von Mobbing werden, was zu einer Atmosphäre der Angst und Unsicherheit führt.

11. Materielle oder finanzielle Manipulation: Männer können innerhalb der Familie durch materielle oder finanzielle Manipulation schikaniert werden, wenn ihre finanziellen Ressourcen kontrolliert werden oder sie wirtschaftlichem Missbrauch ausgesetzt sind.

Das Problem des Mobbings in der Familie stellt ernsthafte Herausforderungen für die Gesundheit und das Wohlbefinden der Familienmitglieder dar. Es entsteht eine Situation, in der das Zuhause ein Ort des Trostes, der Unterstützung und der Sicherheit sein sollte, stattdessen aber zu einer Quelle von Leid und Angst wird. Hier sind einige Schlüsselaspekte dieses Problems:

zum Angreifer werden oder ein ähnliches Verhalten in ihren eigenen Beziehungen reproduzieren können. Dieser Kreislauf der Gewalt kann über Generationen weitergegeben werden und zu destruktiven Verhaltensmustern innerhalb der Familie führen.

2. Das Problem verbergen: Mobbing in der Familie kann vor neugierigen Blicken verborgen bleiben, da Opfer und Täter oft aus Angst oder Scham versuchen, ihre Probleme zu verbergen. Dies kann dazu führen, dass das Problem unsichtbar bleibt und keine Hilfe verfügbar ist.

3. Psychische Auswirkungen: Mobbing in der Familie kann schwerwiegende Auswirkungen auf die psychische Gesundheit von Familienmitgliedern haben. Emotionale Traumata, Angststörungen, Depressionen und posttraumatische Belastungsstörungen sind nur einige der möglichen Folgen, die sich auf Familienmitglieder auswirken können, die Gewalt erfahren.

4. Zerstörung von Beziehungen: Mobbing in der Familie kann die Beziehungen innerhalb einer Familie zerstören und eine angespannte und

feindselige Atmosphäre schaffen. Dies kann zu einer Unterbrechung der Verbindungen zwischen Familienmitgliedern, schlechter Kommunikation und vermindertem Vertrauen führen.

5. Kreislauf der Hilflosigkeit: Gemobbte Familienmitglieder befinden sich möglicherweise in einem Kreislauf der Hilflosigkeit, in dem sie das Gefühl haben, keinen Ausweg aus der Situation zu haben. Dies kann zu Isolation, Verzweiflung und einem Mangel an Ressourcen zur Bewältigung des Problems führen.

6. Negative Auswirkungen auf Kinder: Mobbing in der Familie kann schwerwiegende Auswirkungen auf Kinder haben, entweder als Zeugen oder als Opfer von Gewalt. Dies kann zu Problemen im Verhalten, Lernen, der sozialen Anpassung und der psychischen Gesundheit von Kindern führen.

Der Umgang mit Mobbing in der Familie erfordert einen umfassenden Ansatz, der das Bewusstsein für das Problem, die Bereitstellung von Unterstützung für die Opfer, den Zugang zu Hilfe und Beratung sowie die Entwicklung gesunder Kommunikations- und Konfliktlösungsstrategien innerhalb der Familie umfasst.

Online-Mobbing , oft auch als Cybermobbing bezeichnet, ist eine Form der Gewalt oder Unterdrückung, bei der das Internet und soziale Medien genutzt werden, um eine andere Person zu belästigen, zu beleidigen, zu bedrohen oder sich auf andere Weise negativ gegen sie zu verhalten. Cybermobbing kann über verschiedene Online-Plattformen wie soziale Netzwerke, Foren, Chatrooms, Instant Messenger, Online-Spiele und sogar E-Mail erfolgen. Hier sind einige Schlüsselaspekte dieses Problems:

1. Anonymität und einfache Verbreitung: Online-Mobbing kann anonym erfolgen, sodass Mobber ihre Identität verbergen und sich der Verantwortung für ihre Handlungen entziehen können. Darüber hinaus können Nachrichten oder Inhalte einfach geteilt werden und in Sekundenschnelle ein breites Publikum erreichen.

2. Ständige Präsenz und Komplexität des Informationsmanagements: Das Internet bietet eine Plattform, auf der Nachrichten und Materialien auch nach ihrer Löschung oder Ausblendung noch lange zugänglich bleiben können. Dadurch entsteht eine Situation, in der Opfer möglicherweise immer wieder auf negative Kommentare oder Inhalte zurückgreifen, was ihre psychologische Wirkung verstärkt.

3. Potenziell anonyme Öffentlichkeit: Online-Nachrichten und Kommentare können von Tausenden oder sogar Millionen Menschen gelesen und angesehen werden, was das Gefühl der Verletzlichkeit des Opfers verstärkt und die negativen Auswirkungen von Mobbing verstärkt.

4. Vielfältige Formen und Methoden: Cybermobbing kann in verschiedenen Formen auftreten, darunter Beleidigungen, Drohungen,

Spott, Offenlegung persönlicher Daten, Photoshopping oder die Verbreitung belastenden Materials, was die Erkennung und Bekämpfung erschwert.

5. Psychologische Auswirkungen: Cybermobbing kann schwerwiegende Auswirkungen auf die psychische Gesundheit der Opfer haben, darunter Depressionen, Angststörungen, geringes Selbstwertgefühl, posttraumatische Belastungsstörung und sogar Selbstmordgedanken.

6. Breites Altersspektrum: Cybermobbing kann Menschen jeden Alters betreffen, kommt jedoch besonders häufig bei Kindern und Jugendlichen vor, deren digitale Kompetenz und die Beteiligung an sozialen Medien hoch sind.

Die Bekämpfung von Cybermobbing erfordert Anstrengungen sowohl des Einzelnen als auch der Gesellschaft, einschließlich Bildungsprogrammen, rechtlichen Maßnahmen, Online-Sicherheitsrichtlinien und Unterstützung für Opfer. Die Schaffung einer sicheren und freundlichen Online-Umgebung ist ein zentraler Aspekt bei der Bekämpfung dieses Problems.

Eine Person kann aus verschiedenen Gründen zum Ziel von Cybermobbing werden, darunter:

1. Persönliche Merkmale: Manche Menschen werden möglicherweise aufgrund ihrer persönlichen Merkmale wie Aussehen, Gewicht, Hautfarbe, sexuelle Orientierung oder Behinderung im Internet gemobbt. Basierend auf diesen Merkmalen können Täter gezielt Opfer angreifen, um sie online zu demütigen und zu missbrauchen.

2. Sozialer Status: Menschen können aufgrund ihres sozialen Status oder ihrer Popularität in sozialen Netzwerken zum Ziel von Cybermobbing werden. Beispielsweise kann eine Person aufgrund ihrer Berühmtheit, ihrer geringen Followerzahl oder der Teilnahme an kontroversen Diskussionen zum Opfer werden.

3. Konflikte oder Missverständnisse: Manchmal beginnt Cybermobbing aufgrund von Konflikten oder Missverständnissen zwischen Benutzern. Beispielsweise kann ein Streit oder eine Meinungsverschiedenheit in den Kommentaren eines Beitrags den Rahmen der Diskussion sprengen und zu einem Vorfall von Beleidigungen und Drohungen werden.

4. Eifersucht und Neid: Menschen können aufgrund der Eifersucht oder des Neides anderer Benutzer zur Zielscheibe von Cybermobbing werden. Beispielsweise können beruflicher Erfolg, körperliche Attraktivität oder Beziehungen bei manchen Menschen negative Emotionen auslösen, die sich dann in Cybermobbing äußern können.

5. Zufällig: Manchmal werden Menschen zufällig Opfer von Cybermobbing, beispielsweise durch einen Kommentar oder Beitrag, der durch zufällige Umstände die Aufmerksamkeit des Mobbers erregt hat.

6. Gezielte Belästigung: In einigen Fällen kann Cybermobbing

gezielt eingesetzt werden, wenn Täter eine bestimmte Person ins Visier nehmen und beginnen, diese systematisch online zu belästigen und zu unterdrücken.

7. Persönlichkeit oder Verhalten: Menschen können aufgrund ihres Charakters oder Verhaltens, das nicht den Normen oder Erwartungen einiger Benutzer entspricht, zum Ziel von Cybermobbing werden. Beispielsweise können exzentrisches oder ungewöhnliches Verhalten, abweichende Meinungen oder die Auseinandersetzung mit kontroversen Themen online Aufmerksamkeit erregen.

8. Psychologische Motive von Tätern : Einige Täter können Opfer aus psychologischen Gründen ins Visier nehmen, beispielsweise aus Ego-Befriedigung, dem Wunsch nach Kontrolle oder dem Wunsch, anderen Schaden zuzufügen. Dies kann sich in Form systematischer Belästigung und Demütigung im Internet äußern.

9. Internet-Ruhm oder -Einfluss: Menschen mit Internet-Ruhm oder -Einfluss können aufgrund ihres Einflusses auf andere Benutzer oder weil ihre Meinungen denen des Tyrannen widersprechen, zur Zielscheibe von Cybermobbing werden . Dies kommt besonders häufig bei Bloggern, Persönlichkeiten des öffentlichen Lebens oder Politikern vor.

10. Zwecke von Cybermobbing: Cybermobbing kann verschiedene Zwecke haben, wie z. B. Beleidigung, Demütigung, Schädigung oder sogar den Zweck, das Opfer einzuschüchtern. Beispielsweise können Täter Cybermobbing nutzen, um das Opfer zu zwingen, sein Verhalten oder seine Meinung zu ändern, seinen Forderungen nachzukommen oder einfach nur Befriedigung durch seine Dominanz zu erlangen.

Generell können die Gründe für Cybermobbing vielfältig sein und hängen von der konkreten Situation und den Eigenschaften des Opfers ab. Diese und andere Faktoren können dazu führen, dass bestimmte Personen online Opfer von Cybermobbing werden. Es ist wichtig, Maßnahmen zu ergreifen, um Cybermobbing vorzubeugen und die Opfer vor negativen Auswirkungen im Internet zu schützen.

Kapitel 2. Arten von Mobbing .

Mobbing oder persönliches Mobbing ist ein Verhalten, bei dem jemand einer anderen Person absichtlich und wiederholt Schaden oder Unbehagen zufügt. Mobbing kann viele Formen annehmen, darunter körperliche Gewalt, verbaler Missbrauch, soziale Ausgrenzung, psychischer Druck und Cybermobbing. Hier ist eine Liste verschiedener Arten von Mobbing:

1. Körperliches Mobbing ist eine Form der Gewalt, bei der der Mobber körperliche Gewalt oder die Androhung körperlicher Gewalt anwendet, um eine andere Person zu demütigen, zu verletzen oder zu kontrollieren. Diese Art von Mobbing kann in verschiedenen Formen auftreten und unterschiedliche Ursachen haben. Im Kern geht es jedoch um den Wunsch des Tyrannen, Macht über andere auszuüben und seinen Opfern Angst oder Leid zu bereiten.

Körperliches Mobbing kann in einer Vielzahl von Umgebungen auftreten, beispielsweise in Schulen, am Arbeitsplatz, an öffentlichen Orten oder im häuslichen Umfeld. Es kann sich gegen eine Einzelperson oder eine Gruppe richten und in Form von Schlagen, Treten, Stoßen, Greifen, Schlagen oder sogar dem Einsatz einer Waffe erfolgen. Angreifer können physische Gewalt anwenden, um ihre Opfer zu bedrohen, zu erpressen, zu kontrollieren oder körperlich zu verletzen.

Dazu gehört die Anwendung körperlicher Gewalt und Aggression, um dem Opfer Schaden zuzufügen oder es einzuschüchtern. Dazu können Schläge, Tritte, Stoßen, Kneifen und andere Formen körperlicher Gewalt gehören

Zu den Hauptursachen für körperliches Mobbing können gehören:

- Suche nach Macht und Dominanz: Aggressoren können Befriedigung daraus ziehen, dass sie ihre Macht über andere durch körperliche Gewalt ausbauen. Sie können Drohungen oder Gewalt anwenden, um ihre Stärke und Dominanz gegenüber ihren Opfern zu demonstrieren.

Angreifer können körperliche Gewalt anwenden, um die Kontrolle über ihre Opfer zu erlangen. Sie versuchen, Widerstand zu unterdrücken und das Verhalten des Opfers zu kontrollieren, indem sie ihre Stärke und Autorität demonstrieren.

Die Herstellung von Kontrolle ist eine der Hauptmotivationen für die Anwendung körperlicher Gewalt im Zusammenhang mit Mobbing.

Angreifer versuchen, ihre Opfer zu dominieren und ihren Widerstand zu unterdrücken, indem sie physische Gewalt als Mittel nutzen, um ihre Autorität und Kontrolle zu erlangen. Angreifer versuchen, ihre Opfer zu zwingen, sich ihrer Macht zu unterwerfen und sie zu akzeptieren. Sie setzen körperliche Gewalt ein, um Widerstand zu unterdrücken und Opfer zur Unterwerfung zu zwingen. Dazu können Drohungen, Angriffe oder körperliche Angriffe gehören, um den Opfern zu zeigen, wer die Kontrolle hat.

Körperliche Gewalt kann auch eingesetzt werden, um bei den Opfern Angst und Bedrohung zu erzeugen. Und Unterdrücker demonstrieren ihre Stärke und Aggression, um ihren Opfern ein Gefühl der Hilflosigkeit und Angst vor ihnen zu vermitteln. Dies stärkt die Kontrolle über die Situation und macht die Opfer verletzlicher und anfälliger für den Einfluss des Täters.

Täter können körperliche Gewalt als Mittel zur Manipulation und Androhung von Strafe einsetzen. Sie warnen ihre Opfer vor den möglichen Folgen von Ungehorsam oder Widerstand, was sie dazu veranlasst, zu gehorchen und sich daran zu halten, um Schmerzen oder Verletzungen zu vermeiden.

Der Einsatz körperlicher Gewalt kann für Mobber eine Möglichkeit sein , anderen gegenüber ihre Macht und Autorität zu demonstrieren. Sie versuchen, andere von ihrer Fähigkeit zu überzeugen, die Situation zu kontrollieren und ihre Opfer zu dominieren, was ihren Status und Einfluss in der Gesellschaft stärkt.

Täter eine Möglichkeit, ihre Macht und Dominanz über andere auszudrücken. Dies führt zu einem ungleichen Machtgleichgewicht und macht die Opfer anfällig für Angreifer. Daher ist es wichtig, Maßnahmen zu ergreifen, um jegliche Erscheinungsformen von körperlichem Mobbing zu verhindern und zu bekämpfen und die Sicherheit aller Mitglieder der Gesellschaft zu gewährleisten.

- Statuserhaltung: Für manche Mobber ist es wichtig, ihren Status und Respekt in der Gruppe oder Gemeinschaft zu wahren. Sie können körperliche Gewalt anwenden, um ihre Macht zu betonen und Bedrohungen ihrer Autorität zu verhindern.

Die Aufrechterhaltung des eigenen Status ist eines der Motive, die Angreifer dazu veranlassen , körperliche Gewalt anzuwenden. Für manche Menschen ist es äußerst wichtig, ihren Status und Respekt innerhalb der Gruppe oder Gemeinschaft, in der sie sich befinden, aufrechtzuerhalten. Sie nutzen körperliche Gewalt als Mittel, um ihre Macht zu betonen und Bedrohungen ihrer Autorität zu verhindern.

Manche Täter wenden möglicherweise körperliche Gewalt an, um ihren Platz in der Hierarchie einer Gruppe oder Gemeinschaft zu bestätigen und zu stärken. Sie versuchen möglicherweise, ihre Privilegien und Position aufrechtzuerhalten, indem sie Gewalt einsetzen, um anderen ihre Stärke und Macht zu demonstrieren.

Für manche Mobber ist es wichtig, ihre Autorität und den Respekt anderer zu wahren. Sie können körperliche Gewalt anwenden, um ihr Image als starkes und mächtiges Gruppenmitglied zu stärken, das ängstlich und gehorsam sein sollte.

Aggressoren können Gewalt anwenden, um Widerstand oder Drohungen potenzieller Konkurrenten oder Gegner zu unterdrücken. Sie versuchen, potenzielle Bedrohungen ihres Status und ihrer Autorität zu beseitigen, indem sie physische Gewalt als Mittel zum Schutz ihrer Position einsetzen.

Für manche Mobber ist es wichtig, ihre Führungsrolle in einer Gruppe oder Gemeinschaft zu demonstrieren. Sie können körperliche Gewalt anwenden, um andere von ihrer Fähigkeit zu überzeugen, Situationen zu kontrollieren und Entscheidungen zu treffen, und so ihren Wert und ihre Bedeutung in der Gesellschaft betonen.

Mobber eine Möglichkeit, ihre Macht und Dominanz innerhalb einer Gruppe oder Gemeinschaft zu stärken. Sie nutzen Gewalt als Mittel, um ihre Autorität durchzusetzen und Bedrohungen für ihren Status zu verhindern, was sie anfälliger und gefährlicher für andere macht.

- Selbstbehauptung: Manche Täter verspüren möglicherweise ein geringes Selbstwertgefühl oder Minderwertigkeitsgefühle und versuchen dies auszugleichen, indem sie Kontrolle über andere ausüben. Sie nutzen körperliche Gewalt, um sich und ihre Macht vor anderen durchzusetzen.

Selbstbehauptung durch körperliche Gewalt ist eines der Motive, die Angreifer zu aggressivem Verhalten veranlassen. Für manche Menschen können ein geringes Selbstwertgefühl oder Minderwertigkeitsgefühle eine Quelle der Unsicherheit sein, und sie versuchen möglicherweise, dies auszugleichen, indem sie durch körperliche Gewalt Kontrolle über andere ausüben.

Einige Mobber verspüren aufgrund verschiedener Lebensumstände wie negativer Beziehungen, Misserfolgen oder vergangener Traumata möglicherweise das Gefühl der Unzulänglichkeit oder des geringen Selbstwertgefühls. Sie versuchen möglicherweise, dieses Gefühl zu kompensieren, indem sie in ihren Beziehungen zu anderen ihre Stärke und Aggression demonstrieren, um sich selbst und ihren Status zu behaupten.

Für manche Mobber ist es wichtig, Anerkennung und Respekt von anderen zu erlangen. Sie glauben möglicherweise, dass sie durch den Einsatz körperlicher Gewalt Respekt und Status in einer Gruppe oder Gemeinschaft erlangen und so Minderwertigkeitsgefühle überwinden können.

Für manche Mobber ist aggressives Verhalten eine Möglichkeit, anderen ihre Stärke und Macht zu demonstrieren. Sie streben danach, ihre Fähigkeit zu demonstrieren, Situationen zu kontrollieren und andere Menschen zu kontrollieren, um ihren Status und ihre Dominanz zu behaupten.

Der Einsatz körperlicher Gewalt kann für manche Menschen eine Möglichkeit sein, ihr Selbstwertgefühl und ihre Wichtigkeit zu steigern. Sie glauben möglicherweise, dass sie sich selbst mehr Macht und Selbstvertrauen verleihen, indem sie andere durch physische Gewalt manipulieren und kontrollieren.

Im Allgemeinen ist die Selbstbehauptung durch körperliche Gewalt für manche Täter ein Versuch , Gefühle von geringem Selbstwertgefühl und Minderwertigkeitsgefühlen zu überwinden. Sie hoffen, dass die Ausübung von Kontrolle über andere und die Demonstration ihrer Macht ihnen hilft, Akzeptanz und Respekt von anderen zu erlangen, was wiederum ihr Selbstwertgefühl stärkt.

- Intime Partnerschaften oder Familiendynamiken: In einigen Fällen kann es zu körperlichem Mobbing innerhalb intimer Partnerschaften oder Familiendynamiken kommen. Täter können Gewalt anwenden, um einen Partner oder Familienmitglieder zu kontrollieren und so ihre Macht und Dominanz in der Beziehung zum Ausdruck zu bringen.

Mobbing in intimen Partnerschaften oder innerhalb der Familiendynamik ist ein ernstes Problem, wenn körperliche Gewalt eingesetzt wird, um einen Partner oder Familienmitglieder zu kontrollieren und zu dominieren.

Täter in intimen Partnerschaften oder Familien können körperliche Gewalt anwenden, um Macht und Kontrolle über ihren Partner oder Familienmitglieder zu erlangen. Sie streben danach, Widerstand zu unterdrücken und das Verhalten ihres Partners zu manipulieren, um ihre Stärke und Autorität zu demonstrieren.

Für Aggressoren im familiären Umfeld kann körperliche Gewalt zum Ausdruck von Aggression und Dominanz werden. Sie können Gewalt anwenden, um anderen Familienmitgliedern ihre Stärke und Macht zu zeigen und ihre Dominanz in der Beziehung zu betonen.

Täter können körperliche Gewalt anwenden, um ihren Partner oder andere Familienmitglieder zu unterdrücken und zu demütigen. Sie können körperlichen Schaden anrichten oder mit Gewalt drohen, um einem Partner oder Familienmitgliedern das Gefühl zu geben, machtlos und schutzlos zu sein.

Körperliche Gewalt in Partnerschaften oder Familien kann ein Umfeld der Angst und Unterwerfung schaffen. Täter können einen Partner oder Familienangehörige mit Drohungen oder Gewalttaten dazu zwingen, ihren Forderungen nachzukommen und ihrem Willen nachzugeben.

Für Täter kann körperliche Gewalt eine Möglichkeit sein, die eigene Macht und Kontrolle in einer Beziehung zu stärken. Sie können Gewalt anwenden, um ihre Macht zu behaupten und das Verhalten eines Partners oder Familienmitglieds zu kontrollieren und so ihre Stärke und Dominanz zu demonstrieren.

Mobbing in Partnerschaften oder Familien schafft eine toxische und gefährliche Dynamik, in der körperliche Gewalt als Mittel zur Kontrolle und Dominanz eingesetzt wird. Dies führt für die Opfer zu schwerwiegenden Folgen wie Verletzungen, psychischen und gesundheitlichen Problemen und erfordert sofortiges Eingreifen und Unterstützung.

- Psychologische Abwehrmechanismen: Für manche Täter kann die Anwendung körperlicher Gewalt eine Möglichkeit sein, mit ihren eigenen inneren Konflikten und Stress umzugehen. Sie nutzen möglicherweise Gewalt, um ihre Gefühle zu kanalisieren und ihre Bedürfnisse zu befriedigen. Psychologische Abwehrmechanismen spielen eine wichtige Rolle beim Verständnis der Dynamik von Mobbing, insbesondere bei der Anwendung körperlicher Gewalt.

Für manche Täter wird körperliche Gewalt zu einer Möglichkeit, mit inneren Konflikten, Stress und negativen Emotionen umzugehen. Sie leiden möglicherweise unter verschiedenen psychischen Schwierigkeiten wie Depressionen, Angstzuständen oder Wut und nutzen Gewalt als Mittel, um auf diese Emotionen zu reagieren und damit umzugehen.

Für manche Aggressoren wird körperliche Gewalt zu einer Möglichkeit, ihre Aggression und Negativität auszudrücken. Sie können unter innerer Anspannung und Irritation leiden und Gewalt anwenden, um ihre Emotionen und Gefühle zu kanalisieren und sie durch körperliche Handlungen auszudrücken.

Manche Täter wenden möglicherweise körperliche Gewalt an, um ihre eigenen Bedürfnisse und Wünsche zu befriedigen. Sie verspüren möglicherweise Gefühle der Unzufriedenheit oder des Mangels an Aufmerksamkeit und wenden Gewalt an, um Aufmerksamkeit zu erregen oder ihr Bedürfnis nach Kontrolle und Macht zu befriedigen.

Für manche Täter kann die Anwendung körperlicher Gewalt eine Möglichkeit sein, das eigene Ego zu schützen und zu stärken. Sie verspüren möglicherweise Gefühle der Verletzlichkeit oder Unsicherheit und wenden Gewalt an, um sich selbst zu schützen oder ihre Stärke und Macht gegenüber anderen zu behaupten.

Für manche Mobber kann die Anwendung körperlicher Gewalt eine Möglichkeit sein, Spannungen und Aggression abzubauen. Sie verspüren möglicherweise innere Anspannung oder Irritation und wenden Gewalt an, um diese Gefühle loszulassen und ihre Energie umzulenken.

Generell spielen psychologische Abwehrmechanismen eine wichtige Rolle beim Verständnis der Motive von Aggressoren , die körperliche Gewalt anwenden. Sie helfen manchen Menschen, mit inneren Konflikten umzugehen, ihre Gefühle und Bedürfnisse auszudrücken und ihr Ego vor äußeren Bedrohungen und negativen Einflüssen zu schützen.

Generell ist das Streben nach Macht und Dominanz eines der Hauptmotive für körperliches Mobbing. Angreifer versuchen, ihre Macht über andere Menschen zu erlangen, indem sie ihre Macht ausüben und das Verhalten und die Handlungen ihrer Opfer kontrollieren. Diese Art von Mobbing kann schwerwiegende Folgen für die Opfer haben, einschließlich physischer und psychischer Schäden. Daher ist es wichtig, jegliche Erscheinungsformen körperlicher Gewalt in der Gesellschaft zu verhindern und zu bekämpfen.

- Aggression und Wut zeigen: Manche Mobber nutzen möglicherweise körperliche Gewalt, um ihre Wut oder Aggression auszudrücken. Sie können andere Menschen aufgrund ihrer eigenen Probleme oder Stresssituationen angreifen.

Der Ausdruck von Aggression und Wut durch körperliche Gewalt ist einer der häufigsten Aspekte von Mobbing.

Für einige Täter wird körperliche Gewalt zu einer Möglichkeit, negative Emotionen wie Wut, Verärgerung, Groll oder Wut auszudrücken und loszulassen. Sie erleben möglicherweise innere Anspannung und Druck und wenden Gewalt an, um diese Emotionen auf andere Menschen umzulenken, oft gedankenlos und unkontrolliert.

Der Ausdruck negativer Emotionen durch körperliche Gewalt ist einer der destruktivsten Aspekte von Mobbing. Hier ist ein detaillierterer Blick auf dieses Phänomen:

Manche Täter verspüren aus verschiedenen Gründen Wut und Ärger, etwa persönliche Probleme, Stress, Versagen oder Unzufriedenheit. Sie nutzen möglicherweise körperliche Gewalt, um diese negativen Emotionen auf andere zu übertragen, indem sie ihre Wut durch aggressives Verhalten zum Ausdruck bringen.

Außerdem empfinden manche Mobber aufgrund realer oder eingebildeter Situationen Groll oder Eifersucht gegenüber ihren Opfern. Sie können auf diese Gefühle mit körperlicher Gewalt reagieren, um Schmerzen zuzufügen oder ihre Opfer für vermeintliche oder tatsächliche Verstöße zu bestrafen.

- Stress und Anspannung: Manche Täter verspüren möglicherweise innere Anspannung und Stress, die sie durch körperliche Gewalt abzubauen versuchen. Dies kann auf persönliche Probleme, familiäre Konflikte, beruflichen Druck oder andere Stresssituationen zurückzuführen sein und sie nutzen Gewalt, um diese Spannungen abzubauen.

Körperliche Gewalt als Mittel zur Stress- und Anspannungsbewältigung kann schwerwiegende Folgen haben und erfordert ein sorgfältiges Verständnis.

Bei manchen Tätern kann es zu einer Vielzahl persönlicher Probleme kommen, etwa zu Problemen mit dem Selbstwertgefühl, Depressionen, Angstzuständen oder aufgestauten Emotionen. Diese Probleme können zu Gefühlen der Hilflosigkeit oder Machtlosigkeit führen, und körperliche Gewalt kann ein Ausdruck inneren Schmerzes oder ein Versuch sein, ein Gefühl der Kontrolle zurückzugewinnen.

Angreifer tiefe emotionale Wunden hinterlassen . Sie projizieren ihre negativen Gefühle und Aggressionen möglicherweise auf andere Menschen, einschließlich ihrer Opfer, in dem Versuch, ihr Leiden umzuverteilen oder die Beziehung zu dominieren.

Manche Menschen stehen bei der Arbeit aufgrund von Anforderungen, Konkurrenz oder Karriereproblemen möglicherweise unter Stress und Druck. Körperliche Gewalt kann eine Möglichkeit sein, mit diesen Stresssituationen umzugehen oder Frustration und Enttäuschung über das Arbeitsumfeld auszudrücken.

Darüber hinaus können andere Stresssituationen wie finanzielle Probleme, gesundheitliche Probleme, schulischer oder sozialer Druck mit der Anwendung körperlicher Gewalt als Mittel zur Bewältigung emotionaler Beschwerden oder zum Ausdruck negativer Emotionen verbunden sein.

Manche Menschen verfügen möglicherweise nur über eingeschränkte emotionale Regulierungsfähigkeiten und Strategien zur Stressbewältigung. Sie wissen möglicherweise nicht, wie sie effektiv mit ihren Emotionen umgehen oder konstruktive Wege zur Problemlösung finden können, und greifen daher auf körperliche Gewalt zurück, um Spannungen abzubauen.

Im Allgemeinen ist der Einsatz körperlicher Gewalt zur Bewältigung von Stress und Anspannung ein destruktiver und kontraproduktiver Ansatz zur Problemlösung. Dieses Verhalten erfordert sorgfältiges Eingreifen und Unterstützung, damit der Tyrann lernen kann, auf gesunde Weise mit seinen Emotionen und Konflikten umzugehen und andere nicht zu verletzen.

- Unfähigkeit, Emotionen effektiv zu bewältigen: Einige Täter verfügen möglicherweise nur über begrenzte Fähigkeiten zur emotionalen Regulierung und sind nicht in der Lage, ihre Emotionen effektiv zu verwalten. Sie sind möglicherweise nicht in der Lage, ihre Gefühle auszudrücken oder konstruktive Wege zur Konfliktlösung zu finden, und greifen daher auf körperliche Gewalt zurück, um Dampf abzulassen.

Bei körperlichem Mobbing spielt die Unfähigkeit, mit Emotionen effektiv umzugehen, eine wesentliche Rolle. Manche Täter verfügen möglicherweise nicht über die Fähigkeit, ihre Gefühle zu erkennen oder zu regulieren. Dies kann darauf zurückzuführen sein, dass Kinder in der Kindheit nicht ausreichend trainiert wurden, mit Emotionen umzugehen, oder dass sie aufgrund negativer Erfahrungen nicht in der Lage waren, angemessen auf ihre Gefühle zu reagieren.

Manche Mobber verfügen möglicherweise nur über begrenzte Ressourcen und es mangelt ihnen an alternativen Strategien, um Konflikte zu lösen oder ihre Gefühle auszudrücken. Sie sehen körperliche Gewalt möglicherweise als die einzige Möglichkeit zur Kommunikation oder als eine Möglichkeit, ihr Ego zu schützen.

Angreifern auch als eine Möglichkeit angesehen werden, „Dampf abzulassen" oder angesammelte Spannungen abzubauen. Dies gilt insbesondere für Menschen, die unter hohem Stress oder Druck stehen und nicht wissen, wie sie effektiv mit diesen Emotionen umgehen können.

Manche Menschen haben möglicherweise Schwierigkeiten, ihre Gefühle in Worte zu fassen, weil sie ein geringes Selbstwertgefühl haben, Angst davor haben, missverstanden oder abgelehnt zu werden, oder weil sie einfach nicht über Kommunikationsfähigkeiten verfügen. Infolgedessen greifen sie möglicherweise auf körperliche Gewalt zurück, um ihre Gefühle auszudrücken.

Persönliche Missbrauchserfahrungen oder in der Kindheit erlernte unangemessene Verhaltensmuster können die Fähigkeit einer Person beeinträchtigen, ihre Emotionen effektiv zu bewältigen. Wenn eine Person als Kind keine Modelle für die emotionale Regulierung hatte, kann es sein, dass sie als Erwachsener Schwierigkeiten hat, diese Fähigkeiten zu entwickeln.

Im Allgemeinen kann die Unfähigkeit, Emotionen effektiv zu

bewältigen, zu Gewalt führen. Um dieses Problem anzugehen, sind ein Training der emotionalen Intelligenz und die Entwicklung angemessener Strategien zur Stress- und Konfliktbewältigung erforderlich.

- Nachahmung von Verhalten: Manche Täter imitieren oder wiederholen aggressives Verhalten, das sie in ihrer Umgebung, beispielsweise bei Familie, Freunden oder den Medien, gesehen haben. Sie glauben möglicherweise, dass körperliche Gewalt eine normale oder akzeptable Art ist, auf Konflikte oder Stresssituationen zu reagieren.

Verhaltensnachahmung spielt bei der Verbreitung von körperlichem Mobbing eine wichtige Rolle. Täter können über die Medien aggressivem Verhalten ausgesetzt sein, das sie in ihrer Umgebung, einschließlich Familie, Freunden oder sogar virtuellen Gemeinschaften, gesehen oder erlebt haben. Dadurch kann eine Vorbildfunktion entstehen, insbesondere wenn aggressives Verhalten gebilligt oder nicht geahndet wurde.

Für einige Mobber kann körperliche Gewalt in bestimmten Situationen als normales oder akzeptables Verhalten angesehen werden. Wenn sie in der Vergangenheit erlebt haben, dass Aggression erfolgreich eingesetzt wurde, um gewünschte Ergebnisse zu erzielen oder Konflikte zu lösen, kann es sein, dass sie dieses Verhalten in ihrem Leben wiederholen.

Manche Täter orientieren sich in ihrem Verhalten möglicherweise an Mustern, die in den Medien dargestellt werden, oder an persönlichen Erfahrungen. In Filmen, Fernsehsendungen, Videospielen und anderen Formen der Unterhaltung wird häufig aggressives Verhalten ohne Konsequenzen dargestellt, was die Vorstellung verstärken kann, dass Gewalt ein wirksames Mittel zur Problemlösung ist.

Manche Täter sehen in Konfliktsituationen möglicherweise keine alternativen Verhaltensmuster oder haben keinen Zugang dazu. Wenn sie kein Modell zur emotionalen Regulierung oder Konfliktlösung ohne Gewalt haben, wenden sie möglicherweise aggressive Methoden an.

Auch die Nachahmung aggressiven Verhaltens kann eine Reaktion auf Stresssituationen sein. Täter können als Reaktion auf ihre eigenen stressigen Erfahrungen Gewalt anwenden und darin eine Möglichkeit sehen, Spannungen abzubauen oder die Situation zu kontrollieren.

Lebens des Angreifers festsetzen und dessen Überzeugung prägen, dass körperliche Gewalt eine angemessene Reaktion auf Konflikte und Stress ist. Dieser Prozess betont die Bedeutung von Bildung und Umgebungen, die alternative, gewaltfreie Problemlösungsstrategien fördern.

Im Allgemeinen kann der Ausdruck negativer Emotionen durch körperliche Gewalt mit verschiedenen Faktoren verbunden sein, wie zum Beispiel persönlichen Problemen, Stress, mangelnder emotionaler Regulierung und sozialem Umfeld. Es stellt eine ernsthafte Bedrohung für das Wohlergehen und die Sicherheit anderer dar und erfordert sorgfältiges Eingreifen und Unterstützung, um Schaden zu verhindern und Mobbing zu bekämpfen.

- Eine Möglichkeit, mit Stress und Problemen umzugehen: Für einige Täter dient körperliche Gewalt als Möglichkeit, mit ihren eigenen Problemen und Stresssituationen umzugehen. Sie können aufgrund persönlicher oder beruflicher Probleme negative Emotionen verspüren und Gewalt anwenden, um ihren Zustand zu lindern und innere Spannungen abzubauen.

Für einige Täter wird körperliche Gewalt zu einem Mittel, um Kontrolle und Dominanz über andere Menschen aufzubauen. Möglicherweise haben sie ein Bedürfnis nach Macht und Autorität und wenden Gewalt an, um ihre Macht zu demonstrieren und Dominanz über ihre Opfer zu erlangen.

Das Bedürfnis nach Kontrolle und Dominanz ist eines der Hauptmotive, die Angreifer zu körperlicher Gewalt motivieren.

Manche Mobber haben ein starkes Verlangen, andere Menschen zu kontrollieren und zu dominieren. Sie streben nach Macht und Autorität und sehen in körperlicher Gewalt einen Weg, dieses Ziel zu erreichen. Für sie ist die Führung anderer die wichtigste Quelle der Zufriedenheit und Selbstbestätigung.

Aggressoren können Gewalt anwenden, um ihre soziale Stellung und Position innerhalb einer Gruppe oder Gemeinschaft durchzusetzen. Sie versuchen, ihre Dominanz und Privilegien aufrechtzuerhalten und wenden körperliche Gewalt an, um ihre Stärke und ihr Selbstvertrauen zu demonstrieren.

Für einige Täter wird Grausamkeit zu einer Möglichkeit, ihre eigenen Mängel und ihr geringes Selbstwertgefühl auszugleichen. Sie können körperliche Gewalt anwenden, um ihr Selbstwertgefühl und ihr Selbstwertgefühl zu steigern und ihre Stärke und Macht gegenüber anderen zu demonstrieren.

Für manche Täter ist die Dominanz anderer Menschen ein Selbstzweck. Sie suchen nach Wegen, ihre Dominanz über andere zu etablieren und sehen körperliche Gewalt als Mittel, um dieses Ziel zu erreichen.

Täter können körperliche Gewalt anwenden, um das Verhalten und die Handlungen anderer in ihrer Umgebung zu kontrollieren. Sie versuchen, den Widerstand zu unterdrücken und ihre Macht über die Opfer zu etablieren, um sich ihre eigene bequeme Position zu sichern.

Diese Faktoren wirken zusammen und erzeugen bei Mobbern ein starkes Bedürfnis nach Kontrolle und Dominanz über andere. Sie sehen körperliche Gewalt als Mittel zur Erreichung dieser Ziele und nutzen sie, um ihre Stärke, Macht und Autorität zu betonen.

- Reaktion auf äußere Reize: Manche Täter reagieren möglicherweise mit körperlicher Gewalt auf äußere Reize wie Kritik, Beleidigungen oder Konfliktsituationen. Sie sehen aggressives Verhalten möglicherweise als eine Möglichkeit, ihr Ego zu schützen und auf eine wahrgenommene Bedrohung oder Beleidigung zu reagieren.

Die Reaktion auf äußere Reize spielt eine wichtige Rolle bei den Mechanismen körperlicher Gewalt, insbesondere bei manchen Angreifern .

Manche Täter reagieren auf Kritik, Demütigungen oder Beleidigungen mit körperlicher Gewalt. Sie empfinden solche Situationen möglicherweise als Bedrohung ihres Selbstwertgefühls und ihrer Würde und betrachten körperliche Gewalt als eine Möglichkeit, ihr Ego zu schützen. Für sie wird aggressives Verhalten zu einer Reaktion auf eine wahrgenommene Bedrohung und zu einem Versuch, ihr Selbstwertgefühl wiederherzustellen.

Konfliktsituationen können ein Katalysator für körperliche Gewalt unter Angreifern sein . Wenn sie auf Widersprüche oder Argumente stoßen, empfinden sie dies möglicherweise als Herausforderung und reagieren mit Aggression und Gewalt. Für sie wird der Einsatz physischer Gewalt zu einer Möglichkeit, Konflikte zu lösen und ihre Dominanz zu demonstrieren.

Manche Täter nutzen körperliche Gewalt, um ihren sozialen Status und ihre Autorität zu schützen. Wenn sie das Gefühl haben, dass ihr Status oder Einfluss bedroht ist, können sie auf Gewalt zurückgreifen, um ihre Position zu verteidigen und ihre Macht zu festigen.

In manchen Fällen kann körperliche Gewalt eine Reaktion auf Stresssituationen oder emotionale Anspannung sein. Wenn sich Täter unter Druck fühlen oder inneres Unbehagen verspüren, können sie Gewalt anwenden, um diese Spannung abzubauen und Linderung zu verschaffen.

Manche Menschen neigen generell dazu, sich als Reaktion auf verschiedene Reize aggressiv zu verhalten. Sie haben möglicherweise eine niedrige Erregbarkeitsschwelle und werden bei der geringsten Provokation leicht wütend oder aggressiv. Für solche Menschen kann körperliche Gewalt zu einer natürlichen Reaktion auf äußere Reize werden.

Generell spielen Reaktionen auf äußere Reize eine wichtige Rolle bei der Motivation von Aggressoren zu körperlicher Gewalt. Sie sehen darin eine Möglichkeit, ihr Ego zu schützen, eine Reaktion auf Konflikte und eine Möglichkeit, ihren Status und ihre Macht zu bestätigen.

- Mangel an Empathie und Kontrolle über die eigenen Handlungen: Bei manchen Mobbern kann körperliche Gewalt aus einem Mangel an Empathie und Kontrolle über die eigenen Handlungen resultieren. Sie sind sich möglicherweise der Konsequenzen ihres Handelns nicht bewusst und berücksichtigen möglicherweise nicht die Gefühle oder das Wohlbefinden anderer und nutzen Gewalt als Mittel, um ihre Ziele zu erreichen oder ihre Bedürfnisse zu befriedigen.

Generell ist der Ausdruck von Aggression und Wut durch körperliche Gewalt oft mit inneren Konflikten, Stress und dem Bedürfnis nach Kontrolle und Dominanz verbunden. Dies ist ein komplexer psychologischer Prozess, der durch viele Faktoren verursacht werden kann und eine sorgfältige Untersuchung erfordert, um ihn zu verstehen und wirksam entgegenzuwirken.

- Nachahmung oder Nachahmung: Einige Täter kopieren oder imitieren möglicherweise Verhaltensweisen, die sie bei anderen Menschen beobachtet haben, insbesondere wenn dieses Verhalten in irgendeiner Weise als kraftvoll oder effektiv erkannt wurde.

Nachahmung oder Nachahmung im Zusammenhang mit Mobbing kann bei manchen Mobbern eine wichtige Rolle bei der Entwicklung aggressiven Verhaltens spielen .

Manche Täter beobachten möglicherweise andere Menschen, insbesondere solche, die aggressiv sind oder körperliche Gewalt anwenden, um ihre Ziele zu erreichen. Wenn sie erkennen, dass ein ähnliches Verhalten zu den gewünschten Ergebnissen führt oder von anderen als kraftvoll oder effektiv erkannt wird, können sie das Verhalten nachahmen, in der Hoffnung, die gleichen Ergebnisse zu erzielen.

Bei vielen Mobbern lässt sich das vorbildliche Verhalten auf ihre Familie, Gemeinschaft oder Medien zurückführen. Wenn sie aggressives oder gewalttätiges Verhalten in ihrer Umgebung bemerken, insbesondere wenn das Verhalten ihnen Vorteile oder Aufmerksamkeit verschafft, wiederholen sie es möglicherweise in ihren eigenen Handlungen.

Manche Täter betrachten aggressives Verhalten möglicherweise als eine Möglichkeit, in einer Gruppe Akzeptanz oder Führung zu erlangen. Wenn sie sehen, dass ein Anführer oder eine dominante Person in ihrem sozialen Umfeld körperliche Gewalt anwendet, um ihre Autorität durchzusetzen, versuchen sie möglicherweise, dieses Verhalten zu wiederholen, um auch bei anderen Anerkennung oder Respekt zu erlangen.

Manchmal imitieren Täter aggressives Verhalten, ohne es zu merken. Sie können durch kulturelle Normen oder soziale Stereotypen beeinflusst sein, die Aggression oder Gewalt als Mittel zur Konfliktlösung oder Zielerreichung fördern.

Aggressoren eine wichtige Rolle bei der Entwicklung aggressiven Verhaltens spielen , insbesondere wenn sie ein solches Verhalten als einen Weg sehen, ihre Ziele zu erreichen oder in ihrem sozialen Umfeld Akzeptanz zu erlangen.

- Mangelndes Einfühlungsvermögen oder Mitgefühl: Einige Täter verspüren möglicherweise einen Mangel an Einfühlungsvermögen oder Mitgefühl für ihre Opfer und sind sich des Schadens, den sie anderen zufügen, möglicherweise nicht bewusst.

Mangelnde Empathie oder Mitgefühl sind ein wesentlicher Aspekt des psychologischen Profils mancher Mobber und können ihr Verhalten erheblich beeinflussen. Manchen Tätern fehlt die Fähigkeit, Emotionen zu empfinden oder Mitgefühl für ihre Opfer zu empfinden. Sie betrachten ihre Opfer möglicherweise als Objekte ohne eigene Gefühle und Bedürfnisse und empfinden daher weder Bedauern noch Schuldgefühle für ihre Handlungen.

Manche Täter sind sich möglicherweise gleichgültig gegenüber dem Leiden anderer und sind sich der physischen oder emotionalen Konsequenzen ihrer Handlungen nicht bewusst. Möglicherweise kümmern sie sich nur um ihre eigenen Bedürfnisse und Wünsche, ohne darauf zu achten, wie sich ihr Verhalten auf andere auswirkt.

Einige Täter leugnen möglicherweise den Schaden, den sie ihren Opfern zufügen, oder rechtfertigen ihre Handlungen auf verschiedene Weise. Sie glauben möglicherweise, dass ihre Opfer eine solche Behandlung verdienen oder dass körperliche Gewalt ein normaler oder akzeptabler Weg zur Konfliktlösung ist.

Manche Mobber sind möglicherweise emotional taub oder apathisch, wodurch sie weniger in der Lage sind, die Gefühle und Emotionen anderer Menschen zu verstehen. Dies kann dazu führen, dass sie kein Mitgefühl oder Mitgefühl für ihre Opfer empfinden, selbst wenn sie erkennen, dass ihre Handlungen ihnen Leid bereiten.

Einige Mobber können psychopathische Persönlichkeitsmerkmale aufweisen, wie zum Beispiel mangelnde Schuld- oder Reuegefühle, erhöhte Aggressivität und Gleichgültigkeit gegenüber den Gefühlen anderer Menschen. Diese Eigenschaften können zu rücksichtsloserem und gnadenloserem Verhalten gegenüber Opfern führen.

Im Allgemeinen ist ein Mangel an Empathie oder Mitgefühl ein schwerwiegender Aspekt des psychologischen Profils einiger Mobber und kann mit ihrer Fähigkeit verbunden sein, aggressives und gewalttätiges Verhalten ohne Schuld- oder Reuegefühle an den Tag zu legen.

- Probleme in der Familie oder in der Gemeinschaft: Körperliches Mobbing kann auch mit Problemen in Zusammenhang stehen, die der Mobber in seiner Familie, in der Gemeinschaft oder in der Schule hat. Beispielsweise können Täter häusliche Gewalt oder familiäre Konflikte erleben, die dazu führen können, dass sie körperliche Gewalt gegen andere Menschen anwenden. Probleme in der Familie oder in der Gemeinschaft können erhebliche Auswirkungen auf das Verhalten von Mobbingopfern haben und zur Manifestation körperlichen Mobbings beitragen.

Täter, die Gewalt in ihrer eigenen Familie erleben, können dieses Verhaltensmuster in ihren Beziehungen zu anderen wiederholen. Sie betrachten körperliche Gewalt möglicherweise als die Norm oder die einzige Möglichkeit, Konflikte zu lösen, da sie als Kind an der Tagesordnung war.

Täter können in ihrer Familie oder Gemeinschaft unter Stress oder Konflikten leiden, was ihre Fähigkeit beeinträchtigen kann, ihre Emotionen und ihr Verhalten effektiv zu bewältigen. Sie können ihre inneren Spannungen und Aggressionen durch körperliche Gewalt auf andere

Menschen übertragen.

Täter, die sich in ihrer Gemeinschaft missverstanden oder nicht unterstützt fühlen, greifen möglicherweise auf körperliche Gewalt zurück, um Aufmerksamkeit zu erregen oder ihre Macht auszudrücken. Sie suchen möglicherweise nach Möglichkeiten, andere zu kontrollieren, um ihre eigenen Erfahrungen mit Neurosen oder Hilflosigkeit zu kompensieren.

Täter können von sozialen Gruppen oder Umgebungen beeinflusst werden, die Aggression und Gewalt fördern, um Probleme zu lösen oder Macht zu demonstrieren. Aufgrund ihrer Umgebung empfinden sie körperliche Gewalt möglicherweise als sozial akzeptables Verhalten.

Einige Täter verfügen möglicherweise nicht über angemessene Verhaltensmodelle oder erhalten nicht ausreichend Förderung und Unterstützung, um gesunde Wege zur Konfliktlösung zu entwickeln. Stattdessen greifen sie möglicherweise auf körperliche Gewalt zurück, um ihre Ziele zu erreichen oder andere zu kontrollieren.

- Körperliche Gewalt wie Stoßen, Schlagen, Ohrfeigen, Zwicken oder andere Formen körperlicher Nötigung. Körperliches Mobbing ist eine Form der Gewalt, bei der körperliche Gewalt angewendet oder mit körperlicher Gewalt angedroht wird, um eine andere Person zu belästigen, zu demütigen oder zu kontrollieren.

Dazu gehört, einer anderen Person durch körperliche Handlungen wie Schlagen, Ohrfeigen, Würgen, Treten, Stoßen usw. Schaden oder Schmerzen zuzufügen. Körperliche Gewalt kann entweder direkt oder indirekt sein. Bei dieser Art handelt es sich um einen direkten körperlichen Angriff auf das Opfer. Angriffe können spontan oder geplant sein und Einzel- oder Gruppenaktionen umfassen.

In diesem Fall können Täter Gegenstände oder Mittel einsetzen, um dem Opfer Schaden zuzufügen oder es zu demütigen, wie etwa das Werfen eines Gegenstands auf das Opfer, das Übergießen mit heißem Wasser oder die Verwendung anderer Methoden, die keinen direkten Kontakt erfordern.

Zusätzlich zur tatsächlichen Gewalt können Androhungen körperlicher Gewalt als Mittel zur Einschüchterung und Kontrolle des Opfers eingesetzt werden. Täter können damit drohen, das Opfer zu schlagen, zu verletzen oder sogar zu töten. Körperliches Mobbing kann an vielen Orten auftreten, darunter in Schulen, am Arbeitsplatz, zu Hause, in öffentlichen Räumen und im Internet.

Opfer von körperlichem Mobbing können vielfältige physische und psychische Auswirkungen haben, darunter Verletzungen, Krankheiten, Stress, Angstzustände, Depressionen und Verlust des Selbstwertgefühls.

Die Prävention von körperlichem Mobbing umfasst Bildungsprogramme, Sensibilisierung, wirksame Reaktion auf Gewaltvorfälle sowie die Unterstützung von Opfern und die Bestrafung von Mobbing . Körperliches Mobbing ist ein ernstes Problem, das sofortiges Eingreifen und Unterstützung erfordert, um die Sicherheit und das Wohlbefinden aller Beteiligten zu gewährleisten.

- Zu etwas gezwungen werden, das körperliche Beschwerden oder Schäden verursacht. Körperliches Mobbing, bei dem jemand zu etwas gezwungen wird, das zu körperlichen Beschwerden oder Verletzungen führen kann, ist eine schwere Form der Gewalt. Täter können das Opfer unter Androhung körperlicher Gewalt zu bestimmten Handlungen zwingen. Dazu kann gehören, dass das Opfer gezwungen wird, etwas zu tun, was gegen seinen Willen oder seine Interessen verstößt.

Manche Täter zwingen das Opfer möglicherweise dazu, seinem eigenen Körper Schaden zuzufügen, indem sie es beispielsweise zum Selbstvergnügen, zur Selbstbeschneidung oder zum Konsum schädlicher Substanzen zwingen.

Täter können das Opfer zu körperlichen Auseinandersetzungen, Schlägereien oder Kämpfen mit anderen Menschen zwingen, was eine Gefahr für die Sicherheit und das Wohlbefinden des Opfers darstellen kann.

Manche Täter zwingen das Opfer möglicherweise, anderen Menschen Schaden zuzufügen oder sie zu belästigen, indem sie es beispielsweise dazu zwingen, andere anzugreifen oder sich an Gewalt gegen andere zu beteiligen.

Körperliches Mobbing kann auch darin bestehen, dass das Opfer gezwungen wird, sich dem Täter zu unterwerfen und ihm zu dienen, was durch körperliche Gewalt oder die Androhung körperlicher Gewalt zum Ausdruck kommt.

Wenn man zu Handlungen gezwungen wird, die zu körperlichen Beschwerden oder Schäden führen, kann dies schwerwiegende psychologische Auswirkungen auf das Opfer haben, einschließlich Gefühlen der Hilflosigkeit, Angst und Unruhe.

Zu Handlungen gezwungen zu werden, die zu körperlichem Unbehagen oder Schaden führen können, stellt eine schwerwiegende Verletzung der Rechte und Sicherheit des Opfers dar und erfordert sofortiges Eingreifen und Unterstützung.

- Sachbeschädigung: Hierbei handelt es sich um eine Form des körperlichen Mobbings, bei der es sich um Handlungen handelt, die körperlichen Schaden ohne direkten Kontakt verursachen, beispielsweise das Anbringen eines Knopfes an einem Stuhl oder das absichtliche Lösen der Bremsen eines Fahrrads.

Sachbeschädigung ist eine Form von körperlichem Mobbing, bei der der Mobber das Eigentum des Opfers beschädigt, mit der Absicht, ihm Schaden zuzufügen oder ihm Unbehagen zu bereiten. Diese Art von Aggression kann sich auf unterschiedliche Weise äußern, beispielsweise durch das Brechen, Beschädigen oder vorsätzliche Beschädigen von Eigentum.

Sachschäden können direkt oder indirekt entstehen. Zu direkten

Angriffen kann die vorsätzliche Zerstörung von Gegenständen gehören, die dem Opfer gehören, beispielsweise das Zerschlagen von Glas oder die Zerstörung persönlicher Gegenstände. Zu den indirekten Maßnahmen können verdeckte Manipulationsmethoden gehören, etwa das Einbringen von etwas in ein Getränk oder Essen, die Beschädigung eines Fahrzeugs oder die absichtliche Manipulation von Geräten.

Sachschäden können schwerwiegende Folgen für das Opfer haben, sowohl körperlich als auch seelisch. Dies kann zu Sachschäden, finanziellen Kosten für die Reparatur oder den Ersatz beschädigter Gegenstände und dem Gefühl der Verletzung des persönlichen Raums und der Sicherheit führen.

Sachbeschädigungen werden oft mit dem Ziel begangen, das Opfer zu demütigen oder einzuschüchtern. Der Täter kann die persönlichen Gegenstände des Opfers absichtlich beschädigen oder zerstören, um seine Macht und Kontrolle über das Opfer zu demonstrieren, wodurch seine Dominanz und Verletzung des Opfers verstärkt wird.

Sachschäden stellen einen schwerwiegenden Verstoß gegen die persönliche Integrität dar und können beim Opfer langanhaltende emotionale Narben hinterlassen. Daher ist es wichtig, auf diese Art von Aggression zu achten und Maßnahmen zu ergreifen, um sie zu verhindern und zu bestrafen.

- Körperliches Mobbing kann schwerwiegende Folgen für die Opfer haben , darunter körperliche Schäden, psychische Traumata, vermindertes Selbstwertgefühl, soziale Isolation und sogar den Verlust von Menschenleben. Daher ist es wichtig, Maßnahmen zu ergreifen, um körperliches Mobbing zu verhindern, die Sicherheit aller Mitglieder der Gemeinschaft zu gewährleisten und ein freundliches und unterstützendes Umfeld für alle zu schaffen.

Körperliches Mobbing kann vielfältige schwerwiegende Folgen sowohl für die Opfer als auch für die Gesellschaft als Ganzes haben. Die offensichtlichsten Folgen körperlichen Mobbings sind unmittelbare Verletzungen wie Prellungen, Brüche, Schürfwunden und Prellungen. Diese Verletzungen können je nach Art des Angriffs leicht bis schwer sein.

Körperliches Mobbing kann bei den Opfern auch tiefe psychische Spuren hinterlassen. Sie leiden möglicherweise unter Angstzuständen, Ängsten, Depressionen, einer posttraumatischen Belastungsstörung und anderen psychischen Problemen, die sich negativ auf ihr emotionales und geistiges Wohlbefinden auswirken können. Ständige Angriffe und Demütigungen können das Selbstwertgefühl des Opfers erheblich beeinträchtigen. Sie beginnen möglicherweise, negative Aussagen über sich selbst zu glauben und fühlen sich unwürdig, hilflos und wertlos.

Opfer von körperlichem Mobbing können unter sozialer Isolation und Entfremdung leiden. Sie haben möglicherweise das Gefühl, nirgendwo sicher zu sein, und meiden den Kontakt mit anderen Menschen aus Angst vor Angriffen.

In den extremsten Fällen kann körperliches Mobbing zu schweren Verletzungen und sogar zum Tod des Opfers führen. Dies kann auf schwere Traumata, Selbstmord aufgrund psychischen Leidens oder andere tödliche Folgen von Angriffen zurückzuführen sein.

Um körperliches Mobbing zu verhindern, ist es wichtig, Aufklärungsprogramme anzubieten, eine Kultur des Respekts und der Toleranz zu fördern und wirksame Reaktionen auf Gewalt und Schutz der Opfer zu bieten. Die Schaffung einer sicheren und einladenden Umgebung für alle Mitglieder der Gesellschaft ist ein wichtiger Schritt zur Verhinderung von körperlichem Mobbing und zur Förderung des Wohlbefindens aller Beteiligten.

2 . Verbales Mobbing , auch verbaler Missbrauch genannt, ist eine der häufigsten Formen von Mobbing, bei der der Mobber verbale Angriffe oder Drohungen einsetzt, um dem Opfer Schaden zuzufügen oder ihm Schaden zuzufügen. Diese Art von Mobbing kann sich auf verschiedene Weise äußern, darunter Beleidigungen, Drohungen, Verweise, Demütigungen, herabwürdigende Bemerkungen, verächtliche Bemerkungen sowie das Verbreiten von Gerüchten oder Verleumdungen.

Zu den Hauptmerkmalen von verbalem Mobbing gehören: Beleidigungen, Demütigungen, Spott, Drohungen und andere Formen der verbalen Kommunikation, die darauf abzielen, emotionalen Schaden anzurichten. Dazu kann auch die Verbreitung von Gerüchten oder falschen Informationen über das Opfer gehören.

- Verbale Angriffe: Der Angreifer kann beleidigende oder herabwürdigende Ausdrücke verwenden, um das Opfer zu verletzen oder zu demütigen. Dies kann auf ihr Aussehen, ihre Intelligenz, ihren sozialen Status, ihre familiären Beziehungen oder andere persönliche Merkmale abzielen.

- Drohungen: Der Täter kann dem Opfer mit körperlicher Gewalt, emotionaler oder sozialer Isolation, Erpressung oder anderen Formen negativer Einflussnahme drohen. Dies kann Gefühle der Angst und Sorge um die Sicherheit des Opfers hervorrufen.

- Missbrauch und Demütigung: Der Angreifer kann das Opfer lächerlich machen, seine Handlungen oder Erfolge kritisieren, spöttische Themen ansprechen oder Kommentare abgeben, die ihm psychischen Schmerz und Demütigung bereiten.

- Verbreitung von Gerüchten und Verleumdungen: Der Angreifer kann falsche oder negative Informationen über das Opfer verbreiten, um seinen Ruf und seinen sozialen Status zu schädigen.

Verbales Mobbing kann schwerwiegende Folgen für das Opfer haben, darunter ein geringes Selbstwertgefühl, Angstzustände, Depressionen, soziale Isolation, Verhaltens- und Leistungsprobleme sowie das Risiko, schwerwiegendere psychische Probleme zu entwickeln. Daher ist es wichtig, Maßnahmen zu ergreifen, um verbales Mobbing zu verhindern, dem Opfer Sicherheit und Unterstützung zu bieten und den Mobber für seine Taten zu verurteilen und zu bestrafen.

Darüber hinaus ist zu beachten, dass verbales Mobbing in verschiedenen Kontexten auftreten kann, darunter in der Schule, am Arbeitsplatz, in familiären Beziehungen, auf Online-Plattformen und an öffentlichen Orten. Das bedeutet, dass Opfer Bedrohungen und Missbrauch nicht nur in der Schule oder Bildungseinrichtung, sondern auch in anderen Aspekten ihres Lebens ausgesetzt sein können.

Mobbing in Form von verbalen Angriffen kann aufgrund seiner Direktheit und Offenheit besonders schädlich für das Opfer sein. Da Worte in den Geist eindringen und emotionale Reaktionen hervorrufen können, kann verbales Mobbing auf psychologischer Ebene tiefe Wunden hinterlassen. Darüber hinaus kann diese Art von Mobbing ein breites Publikum erreichen, insbesondere bei Online-Werken wie Social-Media-Beiträgen oder Kommentaren in Online-Foren, was die Gefährdung des Opfers erhöht.

Um verbales Mobbing zu bekämpfen, ist es wichtig, eine Kultur des Respekts und der Toleranz zu fördern, in der negative Einstellungen gegenüber anderen Menschen nicht willkommen oder toleriert werden. Die Vermittlung von Empathie, Kommunikationsfähigkeiten und Konfliktmanagement kann auch dazu beitragen, verbales Mobbing zu verhindern und ein unterstützenderes Umfeld für alle in der Gesellschaft zu schaffen.

3 . Soziales oder relationales Mobbing zielt darauf ab, die sozialen Beziehungen und den Ruf des Opfers zu zerstören oder zu untergraben. Dazu gehören der Ausschluss aus der Gruppe, das Verbreiten von Gerüchten, öffentliche Demütigungen und die Schaffung von Situationen, in denen sich das Opfer einsam oder zurückgewiesen fühlt.

Soziales oder relationales Mobbing ist eine Form der Aggression, die darauf abzielt, die sozialen Beziehungen und den Ruf des Opfers zu zerstören oder zu untergraben. Bei dieser Art von Mobbing handelt es sich häufig nicht um körperliche Handlungen, sie kann jedoch schwerwiegende psychische Folgen für das Opfer haben.

Eine der wichtigsten Strategien von sozialem Mobbing ist der Ausschluss aus der Gruppe. Täter können das Opfer „isolieren", indem sie seine Anwesenheit ignorieren, seine Meinung ignorieren oder es absichtlich nicht in Aktivitäten oder Interaktionen einbeziehen. Dadurch entsteht beim Opfer ein Gefühl der Entfremdung und Einsamkeit, das sein emotionales Wohlbefinden und sein Selbstwertgefühl ernsthaft beeinträchtigen kann.

Eine weitere gängige Technik des sozialen Mobbings ist das

Verbreiten von Gerüchten und Klatsch über das Opfer. Angreifer können aktiv falsche oder beleidigende Informationen über das Opfer verbreiten, was zu dessen Diskreditierung und einer Verschlechterung der Beziehungen zu anderen Menschen führen kann. Dadurch entsteht um das Opfer herum eine Atmosphäre des Misstrauens und der Feindseligkeit, die es anfällig für andere Formen der Aggression machen kann.

Öffentliche Demütigung ist eine weitere häufige Strategie des sozialen Mobbings. Dazu gehören Beleidigungen, Spott, Mobbing und andere Formen der öffentlichen Demütigung vor anderen. Ziel ist es, beim Opfer Scham und Angst hervorzurufen, es in den Augen anderer zu demütigen und den Angreifer in die Rolle des Dominanten zu etablieren.

Soziales Mobbing kann sich auch dadurch äußern, dass Situationen entstehen, in denen sich das Opfer einsam oder zurückgewiesen fühlt. Täter organisieren möglicherweise speziell organisierte Veranstaltungen oder Veranstaltungen, zu denen sie alle außer dem Opfer einladen, oder schaffen eine Umgebung, in der sich das Opfer vom Rest der Gruppe isoliert fühlt.

Im Allgemeinen kann soziales oder relationales Mobbing schwerwiegende psychologische Folgen für das Opfer haben, einschließlich einer schlechten psychischen Gesundheit, Depressionen, Angstzuständen, sozialer Isolation und Problemen mit der Schule oder der Arbeit. Diese Art von Mobbing erfordert ernsthafte Aufmerksamkeit und Maßnahmen seitens der Gesellschaft, einschließlich Bildungsprogrammen zur Schaffung einer Kultur des Respekts und der Toleranz sowie Maßnahmen zur Unterstützung der Opfer und zur Eindämmung aggressiven Verhaltens.

Soziales oder relationales Mobbing basiert oft auf dem Versuch des Mobbingopfers, seine Position in einer Gruppe oder Gesellschaft zu stärken, indem er den sozialen Ruf des Opfers zerstört oder untergräbt. Diese Art von Mobbing tritt häufig bei Jugendlichen und jungen Erwachsenen auf, wenn soziale Beziehungen besonders wichtig werden und die Anfälligkeit für Gruppenzwang zunimmt. Es kann sich in verschiedenen Lebensbereichen manifestieren, darunter in der Schule, am Arbeitsplatz, im Internet, in familiären Beziehungen und bei gesellschaftlichen Ereignissen.

Darüber hinaus geht es bei sozialem Mobbing häufig um den Einsatz von Macht und Kontrolle. Aggressoren versuchen möglicherweise, eine dominante Rolle in einer Gruppe einzunehmen, indem sie das Verhalten und die Entscheidungen anderer Menschen kontrollieren. Dies kann ein Versuch sein, das eigene geringe Selbstwertgefühl oder Minderwertigkeitsgefühle auszugleichen, aber auch eine Möglichkeit, den eigenen Status und Einfluss zu stärken.

Darüber hinaus kann soziales Mobbing auch indirekte Folgen für das Opfer haben, wie z. B. eine Verschlechterung der Beziehungen zu anderen, Vertrauensverlust gegenüber anderen Menschen, erhöhte Angstzustände und Depressionen. Dies kann nicht nur negative Folgen für das Wohlbefinden und die psychische Gesundheit des Opfers haben, sondern auch für seine soziale Anpassung und seinen Erfolg in verschiedenen Lebensbereichen.

Die Bekämpfung von sozialem Mobbing erfordert umfassende Maßnahmen, die nicht nur die Bestrafung von Tyrannen, sondern auch die Vermittlung von Empathie, Respekt und Toleranz sowie die Schaffung eines unterstützenden und sicheren Umfelds für alle in der Gesellschaft umfassen. Dazu kann die Entwicklung von Anti-Mobbing-Programmen, psychologische Unterstützung für Opfer und Mobber sowie Aufklärungs- und Sensibilisierungsmaßnahmen gehören.

4 . Psychisches Mobbing umfasst Manipulation, Drohungen, Einschüchterung und andere Handlungen, die darauf abzielen, beim Opfer Angst oder ein geringes Selbstwertgefühl zu erzeugen. Kann auch die Androhung von Selbst- oder Fremdgefährdung beinhalten, wenn das Opfer bestimmten Forderungen nicht nachkommt.

Psychisches Mobbing ist eine Form von Gewalt, die verborgen und schwer zu erkennen sein kann, gleichzeitig aber schwerwiegende Folgen für das Opfer haben kann. Diese Art von Mobbing ist durch den Einsatz von Manipulation, Drohungen, Einschüchterung und anderen psychologischen Techniken gekennzeichnet, um beim Opfer Angst, Unruhe, ein geringes Selbstwertgefühl und ein Gefühl der Hilflosigkeit hervorzurufen. Psychisches Mobbing kann in verschiedenen Lebensbereichen auftreten, beispielsweise in der Schule, in der Familie, am Arbeitsplatz und sogar online.

Psychisches Mobbing zeichnet sich dadurch aus, dass es für andere unsichtbar sein kann, da Manipulationen und Drohungen oft außerhalb der direkten Wahrnehmung anderer Menschen stattfinden. Dies kann das Erkennen und Stoppen erschweren. Täter können eine Vielzahl von Taktiken wie Isolation, Demütigung, Erpressung, Vernachlässigung und falsche Anschuldigungen anwenden, um das Opfer zu unterdrücken und die Kontrolle über sein Verhalten und seine Gedanken zu erlangen.

Psychisches Mobbing kann auch die Androhung von Eigen- oder Fremdgefährdung beinhalten, wenn das Opfer den Forderungen des Mobbingopfers nicht nachkommt. Dies kann dazu führen, dass sich das Opfer schuldig fühlt, Angst hat und sich Sorgen um die eigene Sicherheit oder die Sicherheit anderer macht. In manchen Fällen drohen Täter mit Selbstverletzung oder Selbstmord, um das Opfer dazu zu manipulieren, das zu tun, was es will.

Die Folgen von psychischem Mobbing können schwerwiegend sein und umfassen ein erhöhtes Maß an Stress, Angstzuständen und Depressionen beim Opfer sowie ein vermindertes Selbstwertgefühl und Selbstwertgefühl. Dies kann zu sozialer Isolation, Beziehungsproblemen und manchmal auch zur Entwicklung psychischer Störungen führen.

Um psychischem Mobbing vorzubeugen, sind umfassende Maßnahmen erforderlich, die nicht nur die Vermittlung von Empathie und Respekt umfassen, sondern auch die Vermittlung zwischenmenschlicher Fähigkeiten, die Entwicklung von Reflexion und Selbstbewusstsein sowie die Schaffung eines freundlichen und unterstützenden Umfelds, in dem sich jeder sicher und respektiert fühlt.

Darüber hinaus ist es wichtig zu beachten, dass psychisches Mobbing sowohl in der realen Welt als auch in einer virtuellen Umgebung auftreten kann. Online können Mobber Tools wie soziale Medien, Messaging, Foren und Chatrooms nutzen, um ihre Macht und Dominanz gegenüber Opfern zu demonstrieren. Dazu können Beleidigungen, Drohungen, Spott, öffentliche Demütigungen und das Verbreiten von Gerüchten über die Opfer gehören.

Darüber hinaus kann psychisches Mobbing ein chronischer und langfristiger Prozess sein, der über einen langen Zeitraum andauert. Dies kann beim Opfer ein ständiges Gefühl von Anspannung, Sorge und Angst hervorrufen und seine psychische Stabilität und Fähigkeit, effektiv mit der Situation umzugehen, schwächen.

Es ist wichtig, sich daran zu erinnern, dass psychisches Mobbing eine Form von Gewalt ist und nicht weniger schwerwiegend ist als physisches oder verbales Mobbing. Es kann verheerende Auswirkungen auf die psychische Gesundheit und das Wohlbefinden des Opfers haben. Daher ist es wichtig, Maßnahmen zu ergreifen, um es zu verhindern und zu kontrollieren. Dazu gehört das Erlernen von Kommunikation und Empathie, die Schaffung eines sicheren und unterstützenden Umfelds und die Einführung von Nulltoleranz gegenüber jeglicher Form von Gewalt und Diskriminierung.

5 . Cybermobbing findet über digitale Plattformen wie soziale Medien, Textnachrichten, E-Mails und Websites statt. Hierzu zählen Beleidigungen und Drohungen im Internet, die Verbreitung falscher oder kompromittierender Informationen sowie die Einrichtung beleidigender Gruppen oder Seiten in sozialen Netzwerken.

Cybermobbing ist eine Form des Mobbings, die über digitale Plattformen wie soziale Medien, Textnachrichten, E-Mails und Websites erfolgt. Diese Art von Mobbing ist durch den Einsatz von Technologie gekennzeichnet, um andere zu stören, zu demütigen, einzuschüchtern oder auf andere Weise zu schädigen. Cybermobbing kann viele Formen und Erscheinungsformen annehmen, darunter die folgenden:

- Online-Missbrauch und Drohungen: Dazu gehört das Versenden von Beleidigungen, Drohungen und hasserfüllten Nachrichten über soziale Medien, Foren oder andere Online-Plattformen. Dies kann auf eine bestimmte Person oder auf Personengruppen ausgerichtet sein.

- Verbreitung falscher oder schädlicher Informationen: Cybermobbing kann auch darin bestehen, dass im Internet falsche oder abfällige Informationen über eine Person veröffentlicht werden. Dabei kann es sich um die Verbreitung von Gerüchten, falschen Fotos oder Videos handeln, die darauf abzielen, den Ruf des Opfers zu schädigen.

- Erstellen von erniedrigenden Gruppen oder Seiten in sozialen Netzwerken: Hierbei versammelt sich eine Gruppe von Menschen in sozialen Netzwerken, um bestimmte Personen oder Gruppen zu beleidigen, zu demütigen oder zu verspotten. Diese Gruppen mögen anonym oder offen sein, ihr Ziel bleibt jedoch dasselbe: den Ruf ihrer Opfer zu zerstören oder ihnen emotionalen Schaden zuzufügen.

- Trolling: Hierbei handelt es sich um eine Form des Cybermobbings, bei der gezielt versucht wird, durch Provokationen, Beleidigungen oder Spott negative Emotionen bei anderen Internetnutzern hervorzurufen.

- Online-Stalking: Hierbei unternimmt ein Cybermobber Schritte, um sich dem Opfer online aufzudrängen, beispielsweise durch aufdringliche Nachrichten, unerwünschte Anrufe oder das Ausspionieren von Online-Aktivitäten.

- Identitätsspoofing: Hierbei erstellt ein Angreifer gefälschte Profile oder andere gefälschte Online-Konten mit dem Ziel, die Identität einer anderen Person zu schädigen oder zu diskreditieren.

- Spott und Mobbing: Dazu gehört auch Online-Mobbing, das auf das Aussehen, die Intelligenz, den sozialen Status oder andere Persönlichkeitsmerkmale abzielen kann.

Cybermobbing kann schwerwiegende Folgen für die psychische Gesundheit, das emotionale Wohlbefinden und die soziale Anpassung des Opfers haben. Es kann zu Depressionen, Angstzuständen, sozialer Isolation und in manchen Fällen sogar zum Selbstmord führen.

Darüber hinaus kann Cybermobbing unmittelbarere Folgen haben. Dies kann beispielsweise zu Datenschutzverletzungen, Diebstahl persönlicher Daten oder sogar Cyberstalking in der realen Welt führen. Opfer von Cybermobbing können langfristig unter Stress und Angst leiden, insbesondere wenn sie ständig online angegriffen werden.

Eines der Merkmale von Cybermobbing ist seine potenzielle Anonymität. Der Angreifer kann seine Identität hinter gefälschten Profilen oder anonymen Konten verbergen, was es schwierig macht, die Täter zu identifizieren und zu bestrafen. Es erhöht auch das Maß an Angst und Hilflosigkeit bei den Opfern, da sie möglicherweise das Gefühl haben, nicht in der Lage zu sein, sich gegen ungerechtfertigte Angriffe zu wehren.

Cybermobbing kann sich auch negativ auf das Bildungsumfeld auswirken. Aufgrund des Stresses und der Ablenkung durch ständige Online-Angriffe kann es zu Leistungseinbußen in der Schule kommen. Darüber hinaus kann es zu einem ungünstigen Unterrichtsumfeld kommen, das das Vertrauen und die Zusammenarbeit zwischen den Schülern untergräbt.

Die Bekämpfung von Cybermobbing erfordert umfassende Maßnahmen, darunter Aufklärung über ethisches Online-Verhalten, die Schaffung strengerer Online-Sicherheitsrichtlinien sowie die Bereitstellung psychologischer Unterstützung und Hilfe für Opfer. Es ist auch wichtig, Offenheit und Vertrauen zu fördern, damit sich die Opfer sicher fühlen, Hilfe zu suchen.

6 . Boykott. Es erscheint in zwei Formen, in realen und virtuellen Umgebungen. Hierbei handelt es sich um eine Mischform aus psychologischem Mobbing und Cybermobbing, die sich darin äußert, dass das Opfer von allen Kommunikationskreisen im gesellschaftlichen Leben oder im Internet ausgeschlossen wird. Gruppen, Chats, öffentliche Seiten – jede Plattform, auf der Gruppenkommunikation oder Meetings stattfinden.

Boykott umfasst eine Form von psychologischem Mobbing und Cybermobbing, die durch den Ausschluss des Opfers aus sozialen Kreisen, sei es im realen Leben oder in einer virtuellen Umgebung, gekennzeichnet ist. Dieses Phänomen impliziert die Weigerung, das Opfer in verschiedene Gruppen, Chats, Communities oder öffentliche Orte einzubeziehen, an denen kollektive Interaktion und Kommunikation stattfinden.

Im wirklichen Leben kann sich ein Boykott darin äußern, dass das Opfer offen ignoriert wird und es von allgemeinen Veranstaltungen, Spielen, Gruppenaktivitäten oder dem geselligen Beisammensein mit Freunden ausgeschlossen wird. Dies kann dazu führen, dass sich das Opfer isoliert, unsichtbar und entfremdet fühlt, was schwerwiegende Auswirkungen auf sein geistiges und emotionales Wohlbefinden hat.

In der virtuellen Welt kann sich ein Boykott im Ausschluss des Opfers aus Online-Gruppen, Chats, Foren oder sozialen Netzwerken äußern. Beispielsweise können sich Teilnehmer weigern, das Opfer zu Online-Spielen einzuladen, es von Diskussionen ausschließen oder sogar spezielle Communities gründen, die darauf abzielen, es zu isolieren und zu demütigen.

Boykott ist ein wirksames Instrument des psychologischen Drucks, da er darauf abzielt, beim Opfer ein Gefühl der Unerwünschtheit, Einsamkeit und Ablehnung zu erzeugen. Dies kann zu schwerwiegenden negativen Folgen für die psychische Gesundheit wie Depressionen, Angstzuständen, geringem Selbstwertgefühl und einem erhöhten Risiko für die Entwicklung sozialer und psychologischer Probleme in der Zukunft führen.

Die Bekämpfung eines Boykotts erfordert eine genaue Überwachung und Intervention durch Eltern, Lehrer, Online-Plattform-Administratoren und die gesamte Community. Es ist wichtig, sichere und unterstützende Umgebungen zu schaffen, in denen sich jeder einbezogen und respektiert fühlt, und Schulungsprogramme zu Toleranz, Empathie und Respekt für andere anzubieten.

Im Zusammenhang mit einem Boykott ist es auch wichtig zu erkennen, dass es sich dabei nicht nur um eine Form der psychologischen und sozialen Einflussnahme auf das Opfer handelt, sondern auch um ein Instrument der Kontrolle und Manipulation seitens der Angreifer. Solche Aktionen können genutzt werden, um Macht und Dominanz über andere aufzubauen sowie Gruppendynamik und Hierarchie im sozialen Umfeld aufrechtzuerhalten.

Ein Boykott kann auf einer Vielzahl von Motiven beruhen, darunter persönliche Konflikte, Neid, der Wunsch, zu dominieren oder Überlegenheit zu zeigen, die mangelnde Bereitschaft, eine bestimmte Person aufgrund ihrer Eigenschaften oder Prinzipien in die Gemeinschaft aufzunehmen usw. Ein Boykott ist unabhängig von der Motivation hinterlässt tiefe Spuren in der Psyche des Opfers und kann schwerwiegende Folgen für sein emotionales und soziales Wohlbefinden haben.

Es ist wichtig zu beachten, dass ein Boykott für das Opfer äußerst traumatisch sein kann, insbesondere wenn es sich von seinen Mitmenschen abgelehnt fühlt. Dies kann zu einem Vertrauensverlust gegenüber anderen Menschen, einem verminderten Selbstwertgefühl und der Entwicklung verschiedener psychischer Probleme, einschließlich Depressionen und sozialer Phobie, führen.

Präventive Maßnahmen zielen darauf ab, ein integratives und freundliches Umfeld zu schaffen, in dem sich jedes Mitglied der Gemeinschaft akzeptiert und respektiert fühlt. Dazu gehört die Aufklärung und Schulung der Community-Mitglieder über die Gefahren des Boykotts sowie die Vermittlung emotionaler Intelligenzfähigkeiten, die dabei helfen, Konflikte und Situationen zwischenmenschlicher Spannungen effektiv zu bewältigen.

7 . Sexuelles Mobbing und Belästigung umfassen unerwünschte sexuelle Bemerkungen, Witze, Gesten oder körperliche Handlungen, die als sexuelle Belästigung wahrgenommen werden können . Dies kann auch das Teilen von sexuellen Gerüchten oder kompromittierenden Fotos oder Videos ohne Zustimmung umfassen. Auch Deepfakes mit sexuellen Themen fallen in diese Kategorie.

Sexuelles Mobbing und sexuelle Belästigung sind eine Form der Aggression, die unerwünschte sexuelle Bemerkungen, Witze, Gesten oder körperliche Handlungen beinhaltet, die als sexuelle Belästigung oder unanständiges Verhalten wahrgenommen werden können. Diese Art von Mobbing kann schwerwiegende negative Folgen für das Opfer haben, einschließlich psychischer Traumata, vermindertem Selbstwertgefühl, Angst und Depression.

Sexuelles Mobbing kann in einer Vielzahl von Lebensbereichen auftreten, darunter im schulischen Umfeld, am Arbeitsplatz, in sozialen Gruppen oder auf Online-Plattformen. Sie kann sich entweder offen manifestieren, wenn der Angreifer sein unanständiges Verhalten vor anderen Menschen absichtlich zur Schau stellt, oder in versteckter Form, wenn das Opfer mit unerwünschten sexuellen Handlungen oder Kommentaren konfrontiert wird, die für andere möglicherweise weniger offensichtlich sind.

Darüber hinaus kann sexuelles Mobbing darin bestehen, dass sexuelle Gerüchte oder schädliches Material über das Opfer ohne dessen Zustimmung verbreitet werden. Dies kann beim Opfer zu Schamgefühlen, Demütigungen und sozialer Isolation führen.

Ein weiterer Aspekt sexuellen Mobbings sind Deepfakes mit sexuellen Themen. Deepfakes sind gefälschte Videos oder Bilder, die mit Deepfake-Techniken erstellt wurden und dazu dienen können, ein Opfer zu beflecken oder zu demütigen.

Es ist wichtig zu erkennen, dass sexuelles Mobbing und sexuelle Belästigung Formen der Verletzung persönlicher Grenzen und des Rechts jedes Einzelnen auf Schutz seiner Intimsphäre sind. Zur Verhütung und Bekämpfung dieser Art von Mobbing gehört Schulung und Aufklärung sowie die Entwicklung strenger Regeln und Richtlinien zur Verhinderung und Bestrafung eines solchen Verhaltens.

Sexuelles Mobbing und Belästigung können schwerwiegende Folgen für das Opfer haben. Erstens kann der Kontakt mit unerwünschten sexuellen Kommentaren, Witzen oder Handlungen dazu führen, dass das Opfer Angst, Sorge und Unruhe verspürt. Dies kann zu einer Verschlechterung der psychischen Gesundheit, einschließlich Depressionen und Angststörungen, führen.

Darüber hinaus kann sexuelles Mobbing das Selbstwertgefühl schädigen und die Beziehungen zu anderen verschlechtern, da sich das Opfer aufgrund negativer Kommentare und Verhaltensweisen möglicherweise verletzlich und minderwertig fühlt.

Die Verbreitung sexueller Gerüchte oder schädlicher Inhalte über ein Opfer kann schwerwiegende Folgen für dessen Ansehen und sein soziales Leben haben. Das Opfer kann mit dem Urteil anderer sowie mit sozialer Isolation und Ablehnung konfrontiert werden.

In Fällen, in denen sexuelles Mobbing zu körperlicher Belästigung oder Belästigung führt, kann dem Opfer körperlicher Schaden und sogar Lebensgefahr drohen.

Daher ist es wichtig, sexuelles Mobbing als eine schwerwiegende Verletzung der Rechte und der Würde des Einzelnen zu betrachten, die sofortiges Eingreifen und Unterstützung sowohl für das Opfer als auch zur

Verhinderung ähnlicher Vorfälle in der Zukunft erfordert. Dazu gehört die Aufklärung und Aufklärung der Gemeinschaft über das Thema sexuelles Mobbing, die Schaffung eines sicheren und unterstützenden Umfelds und die strenge Bestrafung eines solchen Verhaltens.

8 . Diskriminierendes Mobbing beruht auf der Diskriminierung eines Opfers aufgrund seiner Rasse, Nationalität, seines Geschlechts, seiner sexuellen Orientierung, seiner Religion sowie seiner körperlichen oder geistigen Fähigkeiten. Umfasst Handlungen oder Aussagen, die Personen aufgrund ihrer Identität herabwürdigen oder ausschließen.

Diskriminierendes Mobbing ist eine Form des negativen Verhaltens, das auf der Diskriminierung und Herabwürdigung von Menschen aufgrund ihrer Identität, wie Rasse, Nationalität, Geschlecht, sexueller Orientierung, Religion oder körperlicher oder geistiger Fähigkeiten, beruht. Diese Form des Mobbings kann in einer Vielzahl von Umgebungen auftreten, darunter in Bildungseinrichtungen, am Arbeitsplatz, im öffentlichen Raum und sogar in der Familie oder im Internet.

Diskriminierendes Mobbing kann eine Vielzahl von Handlungen oder Äußerungen umfassen, die darauf abzielen, das Opfer aufgrund seiner Eigenschaften herabzusetzen oder auszuschließen. Dazu können abfällige Kommentare, Beleidigungen, Spott, Drohungen, Isolation oder sogar körperliche Gewalt gehören. Beispielsweise kann eine Person am Arbeitsplatz diskriminierenden Äußerungen aufgrund ihrer Rasse oder sexuellen Orientierung ausgesetzt sein, oder Kinder können in der Schule aufgrund ihres körperlichen oder geistigen Zustands diskriminiert werden.

Die Folgen von diskriminierendem Mobbing können für das Opfer äußerst schwerwiegend sein. Dies kann zu psychischen Problemen wie Depressionen, Angststörungen, geringem Selbstwertgefühl und sozialer Isolation führen. In Fällen, in denen Diskriminierung zu körperlicher Gewalt führt, kann das Opfer Verletzungen und sogar Lebensgefahr erleiden.

Um diskriminierendes Mobbing zu verhindern, ist es notwendig, die Gesellschaft über die Bedeutung von Gleichheit und Respekt für Unterschiede sowie über die Folgen diskriminierenden Verhaltens aufzuklären und aufzuklären. Es ist wichtig, sichere und integrative Umgebungen zu schaffen, sowohl in Schulen und am Arbeitsplatz als auch an öffentlichen Orten, in denen sich jeder unabhängig von seiner Identität sicher und respektiert fühlt. Darüber hinaus müssen Gesetze und Richtlinien entwickelt und umgesetzt werden, um die Rechte und die Würde aller Bürger zu schützen und diskriminierende Handlungen oder Äußerungen streng zu bestrafen.

Diskriminierendes Mobbing hat vielfältige negative Folgen für das Opfer. Hier sind einige davon:

1. Psychologische Folgen: Opfer von diskriminierendem Mobbing können mit psychischen Problemen wie Depressionen, Angststörungen, geringem Selbstwertgefühl und einer schlechteren allgemeinen psychischen Gesundheit konfrontiert sein.

Die psychologischen Auswirkungen von diskriminierendem Mobbing können erheblich sein und schwerwiegende Auswirkungen auf die psychische Gesundheit des Opfers haben. Hier finden Sie eine detailliertere Beschreibung dieser Konsequenzen:

- Depression: Anhaltende Diskriminierung kann beim Opfer Depressionssymptome hervorrufen oder verschlimmern. Dies kann sich in Gefühlen der Leere, mangelnder Lebensfreude, Verlust des Interesses an normalen Aktivitäten und sozialer Isolation äußern.

- Angststörungen: Bei Opfern von diskriminierendem Mobbing können Angststörungen wie generalisierte Angstzustände, soziale Phobien oder Panikattacken auftreten. Dies kann sich in übermäßiger Angst, Zukunftssorgen und Angst vor sozialen Situationen äußern.

- Geringes Selbstwertgefühl: Ständige Diskriminierung kann das Selbstwertgefühl des Opfers schwächen und zu Minderwertigkeitsgefühlen, Unwürdigkeitsgefühlen und einem negativen Selbstbild führen. Dies kann ihre Fähigkeit beeinträchtigen, sich anzupassen und effektiv Entscheidungen zu treffen.

- Verschlechterung des allgemeinen psychischen Wohlbefindens: Diskriminierung kann andere psychische Gesundheitsprobleme verschlimmern und zu einer allgemeinen Verschlechterung des Wohlbefindens führen. Opfer können Schwierigkeiten beim Aufbau gesunder Beziehungen, eine verminderte Lebensqualität und sogar ein erhöhtes Risiko haben, schwerwiegendere psychische Störungen zu entwickeln.

Diese psychologischen Folgen können schwerwiegende Auswirkungen auf die Lebensqualität des Opfers haben und erfordern ein sorgfältiges Eingreifen, einschließlich der Unterstützung durch Psychologen, Psychiater oder andere Fachkräfte für psychische Gesundheit. Das Erkennen und Anerkennen dieser Konsequenzen ist ein wichtiger Schritt zur Bekämpfung von Diskriminierung und zur Schaffung eines unterstützenderen und integrativeren Umfelds für alle.

2. Soziale Isolation: Opfer können sich aus Angst oder Scham aufgrund diskriminierenden Verhaltens von der Gesellschaft isoliert fühlen. Sie vermeiden möglicherweise den Umgang mit anderen, gesellschaftliche Veranstaltungen oder Situationen, in denen sie diskriminiert werden könnten.

Soziale Isolation ist eine der häufigsten Folgen diskriminierenden Mobbings. Das bedeutet, dass sich Opfer von der Gesellschaft entfremdet fühlen und den Kontakt zu anderen Menschen aus Angst, Scham oder Schmerzen aufgrund diskriminierenden Verhaltens meiden. Hier ist eine detailliertere Beschreibung dieses Phänomens:

- Angst- und Schamgefühle: Opfer von Diskriminierung empfinden möglicherweise Angst oder Scham davor, aufgrund ihrer Identität oder ihrer Merkmale ins Visier genommen zu werden. Möglicherweise scheuen sie sich davor, neue Leute kennenzulernen, weil sie möglicherweise diskriminiert werden oder negativ auf ihre Persönlichkeit reagieren.

- Soziale Vermeidung: Opfer vermeiden möglicherweise die Kommunikation mit anderen, um mögliche Diskriminierungs- oder Belästigungssituationen zu vermeiden. Dazu kann gehören, gesellschaftliche Veranstaltungen, Schulaktivitäten oder Arbeitstreffen zu meiden, bei denen sie diskriminiert werden könnten.

- Entfremdung: Isolation kann zu einem Gefühl der Entfremdung von der Gesellschaft und sozialen Gruppe führen. Opfer haben möglicherweise aufgrund ihrer Identität oder ihres Status das Gefühl, nicht in der Lage zu sein, mit anderen zu interagieren oder in der Gemeinschaft akzeptiert zu werden.

- Psychische Folgen: Soziale Isolation kann zu vermehrten psychischen Problemen wie Depressionen, Angststörungen und geringem Selbstwertgefühl führen. Mangelnde Unterstützung und soziale Kontakte können diese Probleme noch akuter und schwieriger zu kontrollieren machen.

- Beeinträchtigte Lebensqualität: Isolation kann die Lebensqualität des Opfers stark beeinträchtigen und seine soziale Anpassung, Beziehungsentwicklung und Selbstverwirklichung beeinträchtigen. Dies kann zu Gefühlen der Einsamkeit, Hilflosigkeit und Hoffnungslosigkeit führen.

Soziale Isolation ist eine schwerwiegende und häufige Folge von diskriminierendem Mobbing und erfordert Empathie, Verständnis und Unterstützung von anderen, um den Opfern zu helfen, damit umzugehen und ihre soziale Bindung wiederherzustellen.

3. Körperliche Folgen: In Fällen, in denen Diskriminierung zu körperlicher Gewalt führt, kann es bei den Opfern zu unterschiedlichen Verletzungen kommen, darunter auch zu schweren Verletzungen, die möglicherweise ärztliche Hilfe und Rehabilitation erfordern.

Die körperlichen Folgen von Diskriminierung können schwerwiegend sein und ein breites Spektrum an Verletzungen und Verletzungen umfassen, die erhebliche Auswirkungen auf die Gesundheit und das Wohlbefinden der Opfer haben können. Hier ist eine detailliertere Beschreibung:

- Verletzungen und Schäden: Opfer von Diskriminierung können verschiedene Arten von Verletzungen erleiden, darunter Prellungen, Brüche, Schürfwunden, Wunden usw. Körperliche Gewalt kann zu schweren körperlichen Verletzungen wie Knochenbrüchen, Gehirnerschütterungen, Schäden an inneren Organen usw. führen. d.

- Medizinischer Bedarf: Opfer benötigen möglicherweise

medizinische Hilfe und Behandlung, um ihre Verletzungen und Schäden zu behandeln. Dazu können Arztbesuche, Krankenhausaufenthalte, Operationen, Medikamente und Physiotherapie gehören.

- Psychische Auswirkungen: Körperlicher Missbrauch kann schwerwiegende psychische Auswirkungen wie eine posttraumatische Belastungsstörung (PTSS), Depressionen, Angststörungen und andere psychische Probleme haben. Bei den Opfern kann es zu Angst, Furcht und schmerzhaften Erinnerungen an den Vorfall kommen.

- Gesundheitsbeeinträchtigung: Körperliche Gewalt kann sich negativ auf die allgemeine Gesundheit und das Wohlbefinden des Opfers auswirken. Dies kann zu chronischen Schmerzen, Behinderungen, schlechter körperlicher Funktion und anderen schwerwiegenden Gesundheitsproblemen führen.

- Rehabilitation und Genesung: Opfer benötigen möglicherweise eine umfassende Genesung und Rehabilitation nach körperlicher Misshandlung. Dies kann Physiotherapie, psychologische Unterstützung, Unterstützung durch Sozialarbeiter und andere Maßnahmen umfassen, die ihnen helfen, mit den Auswirkungen des Traumas umzugehen.

Die körperlichen Folgen von Diskriminierung können schwerwiegend sein und erfordern einen umfassenden Behandlungs- und Unterstützungsansatz für die Opfer, um ihnen zu helfen, den Schaden zu bewältigen und in ein normales Leben zurückzukehren.

4. Emotionales und psychologisches Trauma: Mobbing aufgrund von Diskriminierung kann das emotionale Wohlbefinden des Opfers erheblich schädigen und Gefühle von Angst, Furcht, Wut, Demütigung und Hilflosigkeit hervorrufen.

Das durch diskriminierendes Mobbing verursachte emotionale und psychologische Trauma kann tiefgreifende Folgen für das Opfer haben. Hier finden Sie weitere Informationen und Konsequenzen für das exponierte Opfer:

- Verschlechterung des emotionalen Zustands: Opfer können intensive emotionale Erfahrungen wie Angst, Unruhe, Wut, Demütigung und Hilflosigkeit machen. Diese Emotionen können so stark sein, dass sie das tägliche Leben und die Fähigkeit, in der Gesellschaft zu funktionieren, beeinträchtigen.

- Psychische Probleme: Diskriminierendes Mobbing kann die Entwicklung von psychischen Problemen wie Depressionen, Angststörungen, posttraumatischer Belastungsstörung (PTSS), Störungen des Selbstwertgefühls und anderen psychischen Störungen auslösen.

- Soziale Isolation: Opfer können sich aufgrund ihrer Diskriminierungserfahrungen von der Gesellschaft isoliert fühlen. Sie versuchen möglicherweise, den Kontakt mit anderen zu vermeiden, und Isolation kann zu einer Verschlechterung der Beziehungen zu Freunden, Familie und Kollegen führen.

- Schädigung des Selbstwertgefühls: Diskriminierendes Mobbing kann zu einer starken Verschlechterung des Selbstwertgefühls und zu Minderwertigkeitsgefühlen beim Opfer führen. Sie beginnen möglicherweise, an sie gerichtete negative Aussagen und Stereotypen zu glauben, was ihr Selbstvertrauen und ihr Selbstwertgefühl beeinträchtigen kann.

- Traumatische Erinnerungen: Opfer können wiederholt traumatische Erinnerungen an den Vorfall erleben, die in Form von Albträumen, Rückblenden oder intensiven emotionalen Reaktionen auftreten können, wenn sie auf Situationen stoßen, die sie an das Mobbing erinnern.

- Lebensgefahr und Selbstmord: In extremen Fällen kann diskriminierendes Mobbing für das Opfer lebensbedrohlich sein. Sie fühlen sich möglicherweise zurückgewiesen und hilflos, was zu Selbstmordgedanken oder Selbstmordversuchen führen kann.

Das Verständnis dieser Konsequenzen ist wichtig für die Entwicklung wirksamer Strategien zur Unterstützung und zum Schutz von Opfern diskriminierenden Mobbings und zur Verhinderung seines Auftretens.

5. Beeinträchtigte schulische und berufliche Ergebnisse: Diskriminierendes Mobbing kann aufgrund von Stress, Depressionen und anderen negativen emotionalen Zuständen zu schlechteren schulischen Leistungen oder schlechteren beruflichen Ergebnissen führen.

Beeinträchtigte akademische und berufliche Ergebnisse sind eine schwerwiegende Folge von diskriminierendem Mobbing und können erhebliche Auswirkungen auf das Opfer haben. Hier finden Sie weitere Informationen und Konsequenzen für das exponierte Opfer:

- Verminderte Noten und schulische Leistungen: Diskriminierendes Mobbing kann beim Opfer Stress, Ängste und Depressionen verursachen, was sich negativ auf seine Fähigkeit zum Lernen und Erledigen von Aufgaben auswirkt. Das Opfer kann unter Konzentrations-, Gedächtnis- und Motivationsschwierigkeiten leiden, was zu schlechteren Noten und akademischen Ergebnissen führt.

- Verlust des Interesses am Lernen: Das ständige Vorhandensein von diskriminierendem Mobbing kann dazu führen, dass das Opfer das Interesse am Lernen und Lernen verliert. Möglicherweise fühlt sie sich hinsichtlich ihrer Fähigkeiten unsicher oder hat das Gefühl, dass ihre Bemühungen aufgrund der ständigen negativen Einstellung ihrer Peiniger vergeblich sind.

- Einschränkung der Karrieremöglichkeiten: Diskriminierendes Mobbing am Arbeitsplatz kann den beruflichen Aufstieg und die berufliche Entwicklung des Opfers behindern. Möglicherweise hat sie aufgrund der Diskriminierung durch Kollegen oder Vorgesetzte Schwierigkeiten, berufliche Kontakte zu knüpfen, Beförderungen zu erhalten oder Zugang zu neuen Möglichkeiten zu erhalten.

- Psychische Probleme: Eine Verschlechterung der akademischen und beruflichen Leistungen kann die psychischen Probleme des Opfers verschlimmern, wie z. B. Depressionen, Angststörungen und vermindertes Selbstwertgefühl. Dadurch entsteht ein Teufelskreis, in dem negative Emotionen durch unbefriedigende Ergebnisse verstärkt werden und unbefriedigende Ergebnisse negative Emotionen verstärken.

- Hinter Kollegen und Gleichaltrigen zurückfallen: Opfer von diskriminierendem Mobbing können aufgrund des ständigen Stresses und der negativen Auswirkungen, die die Diskriminierung auf sie hat, hinter ihren Kollegen oder Gleichgesinnten zurückfallen. Dies kann zu einem verminderten Selbstwertgefühl und Selbstvertrauen sowie zu sozialer Isolation führen.

6. Verlust des Selbstvertrauens: Ständige Diskriminierung kann zu einem Verlust des Selbstvertrauens, aber auch des Selbstvertrauens in die eigenen Fähigkeiten und Möglichkeiten führen, was die persönliche Entwicklung und Selbstverwirklichung behindern kann.

Der Verlust des Selbstvertrauens ist eine der schwerwiegendsten und schädlichsten Folgen diskriminierenden Mobbings. Zusätzliche Informationen und Konsequenzen für das exponierte Opfer können sein:

- Verminderte Motivation und Ehrgeiz: Ein Opfer, das aufgrund von Diskriminierung sein Selbstvertrauen verloren hat, verliert möglicherweise die Motivation und den Ehrgeiz, seine Ziele zu erreichen. Möglicherweise fühlt sie sich aufgrund der negativen Erfahrungen, die sie macht, nicht in der Lage, erfolgreich zu sein.

- Mangelnde Initiative: Ein Verlust des Selbstvertrauens kann dazu führen, dass es dem Opfer an Initiative mangelt. Aus Angst vor dem Scheitern oder einem negativen Selbstbild kann sie passiv werden und neue Herausforderungen oder Chancen meiden.

- Verlust des Lebenssinns: Langfristige Diskriminierung kann für das Opfer zum Verlust des Lebenssinns führen. Sie beginnt möglicherweise, an ihrem eigenen Wert und Wert zu zweifeln, was zu Depressionen und Verzweiflung führen kann.

- Soziale Isolation: Auch ein Verlust des Selbstvertrauens kann zu sozialer Isolation führen. Das Opfer fühlt sich aufgrund seines negativen Selbstbildes und der Angst vor Ablehnung möglicherweise nicht in der Lage, Beziehungen zu anderen Menschen aufrechtzuerhalten.

- Körperliche und psychische Erschöpfung: Das ständige Erleben von Diskriminierung kann beim Opfer zu körperlicher und psychischer Erschöpfung führen. Sie kann unter ständigem Stress und Anspannung leiden, was sich negativ auf ihre körperliche und geistige Gesundheit auswirkt.

7. Vertrauensverlust in die Gesellschaft: Langfristige Diskriminierungserfahrungen können zu einem Vertrauensverlust in die umgebende Gesellschaft sowie in zwischenmenschliche Beziehungen führen, was zu sozialer Isolation und Verbindungsverlust führen kann.

Eine weitere wesentliche Folge diskriminierenden Mobbings ist der Vertrauensverlust in die Gesellschaft. Zusätzliche Informationen und Konsequenzen für das exponierte Opfer können sein:

- Zwischenmenschliche Distanz: Ein Opfer, das das Vertrauen in die Gesellschaft verloren hat, beginnt möglicherweise, Distanz zu anderen Menschen zu wahren. Aus Angst vor wiederholten Diskriminierungserfahrungen meidet sie möglicherweise den Kontakt mit Fremden und sogar engen Freunden und Verwandten.

- Mangelnde Unterstützung: Der Verlust des Vertrauens in die Gesellschaft kann dazu führen, dass das Opfer in Zeiten von Stress oder Not keine Unterstützung von anderen sucht. Sie hat möglicherweise das Gefühl, dass niemand ihre Situation verstehen oder unterstützen kann, was ihren emotionalen Zustand verschlimmern kann.

- Reduzierte Teilnahme am gesellschaftlichen Leben: Das Opfer fühlt sich möglicherweise in der Gesellschaft unerwünscht oder unerwünscht und reduziert daher seine Teilnahme am gesellschaftlichen Leben. Dies kann dazu führen, dass Möglichkeiten zur persönlichen Weiterentwicklung und zur Stärkung sozialer Verbindungen verloren gehen.

- Zynismus und Entfremdung: Langfristige Diskriminierungserfahrungen können zur Entwicklung von Zynismus und Entfremdung gegenüber der Gesellschaft führen. Das Opfer beginnt möglicherweise, andere Menschen als potenzielle Schädiger oder Quellen negativer Erfahrungen zu betrachten, was sein Gefühl der Isolation und Einsamkeit verstärken kann.

- Verlust der Hoffnung auf Veränderung: Der Verlust des Vertrauens in die Gesellschaft kann zum Verlust der Hoffnung führen, dass sich die Situation in Zukunft ändern wird. Das Opfer beginnt möglicherweise zu glauben, dass Diskriminierung ein unvermeidlicher und unveränderlicher Teil seines Lebens ist, was zu Gefühlen der Hilflosigkeit und Verzweiflung führen kann.

Solche Folgen können tiefgreifende und langfristige Auswirkungen auf das Leben eines Menschen haben und erfordern ernsthafte Aufmerksamkeit und Unterstützung, um sein psychisches und emotionales Wohlbefinden wiederherzustellen.

9 . Wirtschaftliches Mobbing Dazu gehören Handlungen, die darauf abzielen, den Zugang eines Opfers zu Ressourcen wie Geld, Nahrung oder Kleidung einzuschränken, häufig durch Diebstahl, Erpressung oder Zwang, gegen seinen Willen Geld auszugeben, sowie durch die absichtliche Zerstörung des persönlichen Eigentums des Opfers.

Wirtschaftliches Mobbing kann schwerwiegende Folgen für das Opfer haben. Zusätzliche Informationen und Konsequenzen für das exponierte Opfer können sein:

1. Finanzieller Schaden: Das Opfer von wirtschaftlichem Mobbing kann einen Schaden in Form eines finanziellen Verlusts erleiden. Wenn das Opfer beispielsweise gegen seinen Willen zum Kauf gezwungen wird oder ihm Geld oder Wertgegenstände gestohlen werden, kann dies zu ernsthaften finanziellen Schwierigkeiten führen.

Finanzielle Verluste durch wirtschaftliches Mobbing können viele Formen annehmen und schwerwiegende Folgen für das Opfer haben. Hier finden Sie eine ausführlichere Beschreibung zu diesem Thema:

- Zwang zum Ausgeben: Täter können das Opfer dazu zwingen, gegen seinen Willen Geld für verschiedene Dinge oder Dienstleistungen auszugeben. Beispielsweise können sie darauf bestehen, dass das Opfer für seine Ausgaben aufkommt oder bei ihm Einkäufe tätigt, und damit drohen, ihm anderweitig Schaden zuzufügen oder ihm andere negative Konsequenzen zuzufügen. Dies kann zu unnötigen Kosten und einem starken finanziellen Druck für das Opfer führen.

- Diebstahl von Geld oder Wertgegenständen: Eine weitere Form des wirtschaftlichen Mobbings ist der Diebstahl von Geld oder Wertgegenständen vom Opfer. Hierbei kann es sich sowohl um offenen Diebstahl als auch um versteckte Methoden handeln, beispielsweise um Gelddiebstahl aus der Brieftasche des Opfers oder aus seinem Zimmer. Neben finanziellen Verlusten kann es beim Opfer auch das Gefühl geben, dass seine Privatsphäre und Sicherheit verletzt wurden.

- Erpressung: Täter können vom Opfer Geld oder andere Ressourcen erpressen, indem sie mit körperlichen Schmerzen, sozialer Isolation oder anderen negativen Konsequenzen drohen. Dies kann eine Quelle von Stress und Angst für das Opfer sein, da es sich aus Angst gezwungen fühlt, den Forderungen des Tyrannen nachzugeben.

-Schäden an persönlichem Eigentum: Wirtschaftliches Mobbing kann auch die absichtliche Zerstörung oder Beschädigung des persönlichen Eigentums des Opfers beinhalten. Beispielsweise können Angreifer Gegenstände des Opfers beschädigen oder zerstören, was zu materiellen Verlusten und einem Gefühl der Hilflosigkeit gegenüber dem Täter führt.

Die durch wirtschaftliches Mobbing verursachten finanziellen Verluste können schwerwiegende Auswirkungen auf das finanzielle Wohlergehen, das psychische Wohlbefinden und die allgemeine Lebensqualität des Opfers haben. Dies kann zu finanzieller Instabilität, Stress und sogar zu Störungen ihrer sozialen und beruflichen Beziehungen führen.

2. Stress und Angst: Der Verlust des Zugangs zu Ressourcen oder die ständige Gefahr eines wirtschaftlichen Schadens kann beim Opfer Stress und Angst verursachen. Sie machen sich möglicherweise ständig Sorgen um ihre finanzielle Situation und darum, wie sie genug Geld haben können, um ihre Grundbedürfnisse zu befriedigen.

Der durch wirtschaftliches Mobbing verursachte Stress und die Angst können schwerwiegende Auswirkungen auf das Opfer haben. Hier finden Sie eine ausführlichere Beschreibung zu diesem Thema:

- Ständige Angst: Opfer von wirtschaftlichem Mobbing sind möglicherweise ständig um ihre finanzielle Situation besorgt. Sie machen sich möglicherweise Sorgen darüber, wie sie Rechnungen bezahlen, die Grundkosten für Nahrung und Unterkunft decken und wie sie ihr finanzielles Wohlergehen angesichts des ständigen Drucks eines Täters aufrechterhalten können.

- Unfähigkeit, sich zu entspannen: Die Opfer können unter ständiger Anspannung und Angst leiden, was es ihnen schwer macht, sich zu entspannen und das Leben zu genießen. Dies kann zu Schlafstörungen, erhöhtem Stress und sogar körperlichen Symptomen wie Kopfschmerzen, Muskelverspannungen und Verdauungsproblemen führen.

- Angst vor der Zukunft: Opfer können aufgrund von wirtschaftlichem Mobbing Angst vor einer ungewissen Zukunft haben. Sie machen sich möglicherweise Sorgen über die langfristigen Folgen ihrer finanziellen Instabilität, einschließlich der Möglichkeit, ihr Zuhause, ihren Arbeitsplatz oder sogar ihre Gesundheit zu verlieren.

- Konzentrations- und Produktivitätsverlust: Ständiger Stress und Angst können das Opfer von alltäglichen Aufgaben ablenken, was zu Konzentrationsverlust und verminderter Produktivität am Arbeitsplatz oder in der Schule führen kann. Dies kann ihre akademischen und beruflichen Ergebnisse verschlechtern, ihre finanzielle Situation verschlechtern und ihren Stress weiter verschärfen.

Der durch wirtschaftliches Mobbing verursachte Stress und die Angst können schwerwiegende Auswirkungen auf das allgemeine Wohlbefinden des Opfers haben und sein psychisches Wohlbefinden, seine sozialen Beziehungen und seine beruflichen Chancen beeinträchtigen.

3. Verletzung der Würde: Wenn ein Opfer gezwungen wird, gegen seinen Willen Geld auszugeben, oder wenn ihm Diebstahl oder die Zerstörung seines Eigentums droht, kann dies zu einer Verletzung seiner Würde führen. Sie können sich dem Angreifer gegenüber verletzlich und hilflos fühlen.

Der durch wirtschaftliches Mobbing verursachte Verlust der Würde hat schwerwiegende Auswirkungen auf das psychische Wohlbefinden des Opfers. Hier ist eine detailliertere Beschreibung dieses Problems:

- Verlust der Selbstachtung: Wenn das Opfer gezwungen wird, Geld auszugeben oder sein Eigentum gestohlen wird, kann dies zu einem Verlust der Selbstachtung führen. Sie fühlen sich möglicherweise nicht in der Lage, ihre finanziellen und persönlichen Interessen zu schützen, was ihr Selbstvertrauen und Selbstwertgefühl untergräbt.

- Gefühle der Hilflosigkeit: Opfer von wirtschaftlichem Mobbing können sich dem Tyrannen gegenüber hilflos fühlen. Sie spüren möglicherweise ihre Abhängigkeit davon und ihre mangelnde Kontrolle über ihre eigene Situation, was ihr Gefühl der Verletzlichkeit und Machtlosigkeit verstärkt.

- Schädigung des Selbstwertgefühls: Eine Verletzung der Würde kann zu einer Schädigung des Selbstwertgefühls führen. Opfer beginnen möglicherweise, an ihren eigenen Fähigkeiten und ihrem Wert als Individuum zu zweifeln, insbesondere wenn sie nicht in der Lage sind, sich vor wirtschaftlichem Missbrauch zu schützen.

- Sich gedemütigt fühlen: Wenn Opfer wirtschaftliches Mobbing erleben, fühlen sie sich möglicherweise gedemütigt und herabgesetzt. Dies kann für sie besonders schwierig sein, wenn andere Menschen in ihrem Umfeld die Handlungen des Tyrannen unterstützen oder rechtfertigen.

Der durch wirtschaftliches Mobbing verursachte Verlust der Würde kann schwerwiegende Auswirkungen auf das emotionale und psychische Wohlbefinden des Opfers haben und dessen Selbstvertrauen und Selbstwertgefühl schädigen. Dies kann zu Langzeitverletzungen führen und die Genesung nach solchen Ereignissen erschweren.

4. Einschränkung der Möglichkeiten: Wirtschaftliches Mobbing kann den Zugang des Opfers zu Ressourcen einschränken, die es für die persönliche und berufliche Entwicklung benötigt. Beispielsweise kann es sein, dass das Opfer aufgrund finanzieller Verluste nicht in der Lage ist, eine Ausbildung zu erhalten oder auf notwendige Materialien oder Dienstleistungen zuzugreifen.

Wirtschaftliches Mobbing hat erhebliche Auswirkungen auf das Opfer und schränkt seine Möglichkeiten in verschiedenen Lebensbereichen ein. Hier ist eine detailliertere Beschreibung dieses Problems:

- Bildung: Einer der Hauptaspekte, die von wirtschaftlichem Mobbing betroffen sind, ist der Zugang zu Bildung. Für das Opfer kann es schwierig sein, Studienmaterialien, Bücher sowie Schul-, Hochschul- oder Universitätsgebühren zu bezahlen. Aufgrund finanzieller Engpässe ist es ihnen möglicherweise nicht möglich, eine Hochschul- oder Berufsausbildung zu absolvieren.

- Berufliche Weiterentwicklung: Wirtschaftliches Mobbing kann auch die Möglichkeiten des Opfers einschränken, sich beruflich weiterzuentwickeln. Beispielsweise können sie aufgrund finanzieller Schwierigkeiten oder Einkommensverlusten gezwungen sein, einen vielversprechenden Job aufzugeben. Mobbing kann Sie auch daran hindern, die notwendigen beruflichen Ressourcen zu erhalten, wie zum Beispiel berufliche Kurse oder Zertifizierungen.

- Persönliche Bedürfnisse: Wirtschaftliches Mobbing kann dazu führen, dass das Opfer keinen Zugang zu grundlegenden Lebensbedürfnissen wie Nahrung, Kleidung, Unterkunft und medizinischer Versorgung hat. Sie können mit Situationen konfrontiert werden, in denen sie aufgrund finanzieller Engpässe auf wesentliche Dinge verzichten müssen, was sich negativ auf ihre Lebensqualität und ihr Wohlbefinden auswirkt.

- Soziale Möglichkeiten: Wirtschaftliches Mobbing kann aufgrund finanzieller Probleme den Zugang des Opfers zu sozialen Möglichkeiten und Aktivitäten einschränken. Aufgrund begrenzter Budgets ist es ihnen beispielsweise möglicherweise nicht möglich, an Aktivitäten teilzunehmen, in den Urlaub zu fahren oder soziale Kontakte aufrechtzuerhalten. Dies kann zu sozialer Isolation und dem Verlust von Verbindungen führen und die negativen Auswirkungen von Mobbing noch verstärken.

5. Isolation: Ein Opfer von wirtschaftlichem Mobbing kann aufgrund seiner finanziellen Situation soziale Isolation erfahren. Möglicherweise fühlen sie sich aufgrund von Scham oder Angst nicht in der Lage, am gesellschaftlichen Leben teilzunehmen oder Beziehungen aufzubauen, was zu weiterer Isolation und einer Verschlechterung ihres Wohlbefindens führen kann.

Die durch wirtschaftliches Mobbing verursachte soziale Isolation ist eine schwerwiegende Konsequenz für das Opfer und kann vielfältige negative Folgen haben:

- Entfremdung von der Gesellschaft: Ein Opfer von wirtschaftlichem Mobbing kann sich aufgrund seiner finanziellen Situation von der Gesellschaft entfremdet fühlen. Sie haben möglicherweise das Gefühl, dass sie aufgrund begrenzter Ressourcen oder aus Angst, für ihre Situation beurteilt zu werden, nicht in der gleichen Weise am gesellschaftlichen Leben teilnehmen können wie andere Menschen.

- Angst vor dem Aufbau einer Beziehung: Opfer können aufgrund ihrer finanziellen Situation Angst davor haben, eine Beziehung aufzubauen oder aufrechtzuerhalten. Sie befürchten möglicherweise, dass andere um sie herum sie aufgrund ihrer finanziellen Situation beurteilen, was dazu führt, dass sie es vermeiden, mit anderen zu interagieren und Freundschaften oder romantische Beziehungen aufzubauen.

- Verlust des Selbstwertgefühls: Soziale Isolation kann zu einer Verschlechterung des Selbstwertgefühls des Opfers führen. Sie beginnen möglicherweise an ihrem Wert als Person zu zweifeln und fühlen sich aufgrund begrenzter Ressourcen oder ihres Status in der Gesellschaft weniger wichtig.

- Vermindertes psychisches Wohlbefinden: Isolation kann das Gefühl der Einsamkeit und Entfremdung verstärken, was wiederum Depressionen, Angstzustände und andere psychische Gesundheitsprobleme beim Opfer verschlimmern kann. Ohne Unterstützung und soziale Kontakte kann sich das Opfer hilflos und verzweifelt fühlen.

Diese Konsequenzen machen deutlich, wie wichtig es ist, wirtschaftliches Mobbing zu bekämpfen und ein unterstützendes Umfeld zu schaffen, in dem sich alle Menschen respektiert und einbezogen fühlen können.

10 . Intellektuelles Mobbing basiert auf der Herabwürdigung der intellektuellen Fähigkeiten, Bildungsleistungen oder Hobbys des Opfers. Kann auch Spott, Stereotypisierung und die Untergrabung des Vertrauens in die eigenen akademischen oder kreativen Fähigkeiten beinhalten.

Intellektuelles Mobbing ist eine Form der Diskriminierung und Herabwürdigung, die sich gegen die intellektuellen Fähigkeiten, Bildungsleistungen oder Interessen des Opfers richtet. Diese Art von Mobbing kann in vielen Formen auftreten, darunter Spott, Stereotypisierung, abfällige Kommentare, Sarkasmus und sogar aggressive Handlungen, die sich gegen die Intelligenz und das Wissen des Opfers richten. Geistiges Mobbing mag auf den ersten Blick weniger offensichtlich erscheinen als körperlicher oder verbaler Missbrauch, seine Auswirkungen auf das Opfer können jedoch ziemlich verheerend sein.

Formen des intellektuellen Mobbings:

- Spott und Ironie: Dazu können spöttische Kommentare oder Witze gehören, die auf die Intelligenz oder Bildung des Opfers abzielen. Zum Beispiel jemanden schikanieren, weil er im Unterricht eine falsche Antwort gegeben hat oder abfällige Bemerkungen über Wissen oder Hobbys gemacht hat.

- Stereotypisierung: Intellektuelles Mobbing kann dazu führen, dass Gruppen von Menschen aufgrund ihrer Intelligenz oder ihres Bildungsniveaus stereotypisiert werden. Beispielsweise die Verbreitung von Vorurteilen gegenüber Studierenden, deren Mitglieder hohe intellektuelle Fähigkeiten aufweisen, oder gegenüber der Zugehörigkeit zu wissenschaftlichen oder kreativen Bereichen.

- Abfällige Kommentare: Dabei kann es sich um Bemerkungen oder Bemerkungen handeln, die das Vertrauen in die eigenen intellektuellen Fähigkeiten ganz oder teilweise untergraben. Zum Beispiel Kritik oder Urteil wegen ungewöhnlicher oder herausragender Interessen oder Kenntnisse.

- Aggressive Handlungen: Geistiges Mobbing kann auch physische oder psychische Aggressionen umfassen, die sich gegen das Opfer aufgrund seiner intellektuellen Fähigkeiten oder Interessen richten.

Folgen für das Opfer:

- Vermindertes Selbstwertgefühl: Ständiger Spott oder Kritik kann zu einem verminderten Vertrauen in die eigenen Fähigkeiten und Kenntnisse führen, was sich negativ auf das Selbstwertgefühl auswirken kann.

- Angst und Unruhe: Das Opfer kann aufgrund möglicher Lächerlichkeit oder Kritik Angst oder Furcht verspüren, was zu Stress und Angst führen kann.

- Verminderte Motivation: Ein ständiges Gefühl der Unzufriedenheit oder Angst führt beim Opfer zu einem Rückgang der Motivation zum

Lernen und zur Selbstentwicklung.

- Soziale Isolation: Opfer von intellektuellem Mobbing können aus Angst vor Kritik oder Spott isoliert werden, was zu Vertrauensverlust in andere und sozialer Isolation führen kann.

Intellektuelles Mobbing ist ein ernstes Problem, das Aufmerksamkeit und Maßnahmen von Bildungseinrichtungen und der Gesellschaft als Ganzes erfordert.

elf . Kulturelles Mobbing Dies geschieht , wenn Opfer aufgrund ihrer kulturellen Normen, Werte oder Traditionen ausgewählt werden. Umfasst Handlungen, die kulturelle Identitäten oder Praktiken herabwürdigen oder verzerren.

Kulturelles Mobbing ist eine Form der Diskriminierung, bei der Opfer aufgrund ihrer kulturellen Normen, Werte oder Traditionen ausgewählt werden. Diese Art von Mobbing basiert auf dem Prinzip der Voreingenommenheit und der Ablehnung von Unterschieden in kulturellen Praktiken oder Hintergründen. Kulturelles Mobbing kann verschiedene Formen annehmen und unterschiedliche Folgen für das Opfer haben.

Formen von kulturellem Mobbing:

- Kulturelle Demütigung: Dazu gehören Handlungen, die darauf abzielen, kulturelle Normen, Bräuche oder Traditionen einer bestimmten Kultur zu demütigen oder zu verspotten. Zum Beispiel lächerliche oder ironische Bemerkungen über Sprache, Musik, Kleidung oder religiöse Praktiken.

- Kulturelle Falschdarstellung: Kulturelles Mobbing kann eine kulturelle Falschdarstellung oder die Verbreitung von Stereotypen beinhalten, die das kulturelle Erbe oder kulturelle Praktiken herabsetzen oder herabsetzen.

- Verweigerung des Rechts auf kulturelle Identität: Dies äußert sich in der Verweigerung oder Unterdrückung des Rechts des Opfers, seine kulturelle Identität auszudrücken. Beispielsweise ein Verbot, traditionelle Kleidung zu tragen oder an kulturellen Veranstaltungen teilzunehmen.

- Missachtung kultureller Werte: Kulturelles Mobbing kann auch die Verachtung oder Unterbewertung kultureller Werte beinhalten, die als falsch oder weniger wertvoll als die eigenen angesehen werden.

Folgen für das Opfer :

- Psychische Probleme: Opfer von kulturellem Mobbing können mit psychischen Problemen wie Depressionen, Angstzuständen, geringem Selbstwertgefühl und posttraumatischer Belastungsstörung konfrontiert sein.

- Soziale Isolation: Das ständige Erleben von Diskriminierung aufgrund kultureller Merkmale kann zu sozialer Isolation und Vertrauensverlust gegenüber anderen führen.

- Verlust der kulturellen Identität: Opfer von kulturellem Mobbing können aus Angst oder Scham vor dem Tyrannen einen Verlust oder eine Unterdrückung ihrer kulturellen Identität erleiden.

- Verschlechterung der körperlichen und geistigen Gesundheit: Langfristige Erfahrungen mit kulturellem Mobbing können aufgrund von ständigem Stress und Unwohlsein zu einer Verschlechterung der körperlichen und geistigen Gesundheit des Opfers führen.

12. Religiöses Mobbing c beinhaltet die Verfolgung oder Nötigung von Menschen aufgrund ihrer religiösen Überzeugungen oder Praktiken. Religiöses Mobbing kann auch in Form von Spott, Beleidigungen, Drohungen oder Ausgrenzungen aufgrund der Religionszugehörigkeit erfolgen.

Religiöses Mobbing ist eine Form der Diskriminierung und Verfolgung von Menschen aufgrund ihrer religiösen Überzeugungen oder Praktiken. Diese Art von Mobbing beruht oft auf Missverständnissen, Voreingenommenheit oder Ablehnung kultureller und religiöser Unterschiede. Religiöses Mobbing kann viele Formen annehmen und schwerwiegende negative Folgen für das Opfer haben.

Formen religiösen Mobbings:

- Verfolgung und Nötigung: Dazu gehören Handlungen, bei denen Menschen verfolgt oder gezwungen werden, ihre religiösen Überzeugungen oder Praktiken zu ändern oder aufzugeben. Beispiele hierfür sind die Androhung körperlicher oder seelischer Gewalt sowie die Nötigung, eine Religion anzunehmen oder aufzugeben.

- Spott und Beleidigungen: Religiöses Mobbing kann sich in Form von Spott, Beleidigungen oder Demütigungen aufgrund der Religionszugehörigkeit äußern. Dazu können spöttische oder abfällige Bemerkungen über religiöse Rituale, Symbole oder Praktiken gehören.

- Drohungen und Angriffe: Opfer von religiösem Mobbing können aufgrund ihrer religiösen Überzeugung mit Gewalt oder körperlichen Angriffen bedroht werden. Dies kann in Religionsgemeinschaften eine Atmosphäre der Angst und Furcht erzeugen.

- Ausgrenzung und Isolation: Religiöses Mobbing kann sich auch darin äußern, dass das Opfer aufgrund seiner Religionszugehörigkeit vom öffentlichen oder beruflichen Leben ausgeschlossen oder isoliert wird. Dies kann zu sozialer Isolation und dem Verlust der Verbindung zur Gemeinschaft führen.

Folgen für das Opfer:

- Emotionales und psychologisches Trauma: Opfer von religiösem Mobbing können aufgrund systematischer Verfolgung oder Demütigung mit emotionalen Problemen wie Depressionen, Angstzuständen, Ängsten und Gefühlen der Hilflosigkeit konfrontiert sein.

- Körperverletzung: In manchen Fällen kann religiöses Mobbing zu Körperverletzungen oder Verletzungen durch Körperverletzung oder

Gewalt führen.

- Verlust von Vertrauen und Sicherheit: Opfer von religiösem Mobbing verlieren möglicherweise das Vertrauen in die umliegende Gemeinschaft und fühlen sich aufgrund ständiger Bedrohung oder Diskriminierung unsicher.

- Verlust des Selbstwertgefühls: Der ständige Umgang mit religiösem Mobbing kann beim Opfer zu einem Verlust des Selbstwertgefühls und einem Gefühl der Verletzlichkeit führen, was sich negativ auf sein psychologisches und emotionales Wohlbefinden auswirken kann.

13. Mobbing aufgrund des Aussehens s konzentriert sich auf Kritik oder Spott am Aussehen des Opfers, einschließlich, aber nicht beschränkt auf Gewicht, Größe, Kleidung, Akne oder andere körperliche Merkmale. Menschliche Krankheit oder Behinderung. Kann zu schwerwiegenden Problemen des Selbstwertgefühls und psychischen Störungen führen.

Äußerliches Mobbing ist eine Form psychischer Gewalt, bei der das Opfer aufgrund seines Aussehens oder seiner körperlichen Merkmale kritisiert, beleidigt oder verspottet wird. Diese Art von Mobbing kann schwerwiegende Auswirkungen auf das psychische und emotionale Wohlbefinden des Opfers haben und zu Problemen mit dem Selbstwertgefühl und sogar zu psychischen Störungen führen.

Formen von Mobbing aufgrund des Aussehens:

- Kritik am Aussehen: Das Opfer ist ständiger Kritik an seinem Aussehen ausgesetzt, einschließlich Gewicht, Größe, körperlichen Merkmalen, Kleidung usw. Dazu können abfällige Kommentare oder Beleidigungen über sein Aussehen gehören.

- Spott und Mobbing: Äußerliches Mobbing kann sich durch Spott, Spott oder Witze äußern, die auf die körperlichen Merkmale oder Mängel des Opfers abzielen.

-Verspottung und Demütigung: Opfer können aufgrund ihres Aussehens oder ihrer körperlichen Merkmale lächerlich gemacht und gedemütigt werden.

- Diskriminierung aufgrund von Krankheit oder Behinderung: In manchen Fällen kann sich Mobbing aufgrund des Aussehens gegen Menschen mit einer körperlichen Krankheit oder Behinderung richten, was zu zusätzlichem Stress und Leid führt.

Folgen für das Opfer:

- Probleme mit dem Selbstwertgefühl: Ständige Kritik und Spott können beim Opfer zu einem geringen Selbstwertgefühl und dem Gefühl der Unzulänglichkeit führen.

- Psychische Störungen: Opfer von Mobbing aufgrund des Aussehens können mit einer Vielzahl psychischer Probleme konfrontiert sein, darunter Depressionen, Angstzustände, soziale Isolation und sogar posttraumatische Belastungsstörungen.

- Reduzierte Lebensqualität: Diese Art von Mobbing kann die Lebensqualität des Opfers erheblich beeinträchtigen und sich auf seine sozialen Beziehungen, sein Berufsleben und sein allgemeines Wohlbefinden auswirken.

- Körperliche Folgen: Bei einigen Opfern kann es zu körperlichen Folgen von Mobbing aufgrund des Aussehens kommen, wie z. B. Verdauungsstörungen, Schlafstörungen, Kopfschmerzen und andere physiologische Probleme.

14. Mobbing aufgrund von Hobbys oder Interessen p tritt auf, wenn jemand einen anderen wegen seiner Hobbys, Interessen oder Leidenschaft für eine bestimmte Aktivität schikaniert oder herabsetzt. Richtet sich oft an diejenigen, die an weniger beliebten oder gesellschaftlich nicht anerkannten Aktivitäten interessiert sind.

Hobby- oder Interessenmobbing ist eine Form des psychischen Missbrauchs, bei der das Opfer aufgrund seiner Hobbys, Interessen oder Leidenschaften für bestimmte Aktivitäten gemobbt oder herabgesetzt wird. Diese Art von Mobbing kann sich gegen Personen richten, die weniger beliebte oder gesellschaftlich nicht anerkannte Aktivitäten ausüben, was sich negativ auf den emotionalen und psychologischen Zustand des Opfers auswirkt.

Formen von Mobbing aufgrund von Hobbys oder Interessen:

1. Mobbing und Spott : Das Opfer kann aufgrund seiner Hobbys oder Interessen Mobbing, Spott oder Beleidigungen ausgesetzt sein. Dazu können abfällige Kommentare oder Witze gehören, die andeuten, dass das Hobby unpopulär oder seltsam sei.

Hobby- oder Interessenmobbing ist eine Form des Mobbings, bei der das Opfer aufgrund seiner Hobbys oder Interessen lächerlich gemacht, beleidigt oder abfällig geäußert wird. Dies schafft eine negative Atmosphäre für das Opfer und kann sein emotionales und psychisches Wohlbefinden ernsthaft beeinträchtigen.

Merkmale von Mobbing und Spott:

- Abfällige Kommentare: Das Opfer kann abfällige Bemerkungen oder Kommentare hören, die Verachtung oder Verachtung für seine Hobbys zum Ausdruck bringen. Dies kann durch verbalen Spott oder Witze ausgedrückt werden.

- Persönliche Angriffe: Mobbing kann sich gegen die Persönlichkeit des Opfers im Zusammenhang mit seinen Hobbys richten. Spott kann beispielsweise mit wahrgenommenen Mängeln oder Kuriositäten im Zusammenhang mit einem Hobby zusammenhängen.

- Schamförderung: Der Zweck von Mobbing und Spott kann darin bestehen, dass sich das Opfer für seine Interessen oder Hobbys schämt oder in Verlegenheit gebracht wird. Dies kann dazu führen, dass sich das

Opfer verletzlich oder isoliert fühlt.

Folgen für das Opfer:

- Verschlechterung des Selbstwertgefühls: Ständiger Spott kann zu einem Rückgang des Selbstwertgefühls und des Selbstvertrauens des Opfers führen. Sie beginnt möglicherweise, an ihren Interessen oder Leidenschaften zu zweifeln, aus Angst, lächerlich gemacht zu werden.

- Emotionale Belastung: Mobbing kann beim Opfer Stress, Angstzustände und Depressionen verursachen. Möglicherweise fühlen sie sich aufgrund ihrer Hobbys ungeeignet oder nicht akzeptiert.

- Isolation: Opfer vermeiden möglicherweise die Interaktion mit anderen aus Angst vor Spott oder Beleidigungen, was zu sozialer Isolation und Einsamkeit führen kann.

- Negative Einstellung sich selbst gegenüber: Ständiger Spott kann das Opfer kritischer gegenüber sich selbst und seinen Interessen machen, was letztendlich zu einem Verlust der Freude an Hobbys und einer Verschlechterung der Lebensqualität führen kann.

2. Herabwürdigung von Hobbys: Mobbing kann sich auch dadurch äußern, dass die Hobbys oder Interessen der Zielperson herabgesetzt und kritisiert werden, was dazu führen kann, dass sie sich in Bezug auf ihre Vorlieben unwohl oder unbehaglich fühlt.

Hobby-Herabwürdigung ist ein Aspekt von Mobbing, bei dem das Opfer aufgrund seiner Hobbys oder Interessen Kritik oder abfälligen Kommentaren ausgesetzt ist. Dies zeigt einen Mangel an Respekt gegenüber persönlichen Vorlieben und kann den emotionalen Zustand des Opfers ernsthaft beeinträchtigen.

Merkmale herabwürdigender Hobbys:

- Kritik an Hobbys: Mobbing kann durch Kritik an Hobbys oder Interessen des Opfers zum Ausdruck kommen. Dies kann in Form von abfälligen Kommentaren darüber erfolgen, dass das Hobby nutzlos, dumm oder seltsam sei.

- Den Wert von Interessen leugnen: Mobbing kann Aussagen beinhalten, dass die Interessen des Opfers keinen Wert haben oder keinen Respekt verdienen. Dies kann dazu führen, dass sich das Opfer minderwertig oder inakzeptabel fühlt.

- Missachtung von Vorlieben: Mobbing kann sich auch in der Missachtung der persönlichen Vorlieben des Opfers äußern. Dies kann darin bestehen, dass Hobbys oder Interessen nicht erkannt oder ignoriert werden.

Folgen für das Opfer:

- Verschlechterung des Selbstwertgefühls: Ständige kritische Kommentare zu ihren Hobbys können zu einem Rückgang des Selbstwertgefühls und des Selbstvertrauens des Opfers führen. Möglicherweise beginnt sie, an sich selbst und ihren Interessen zu zweifeln.

- Emotionale Belastung: Das Herunterspielen von Hobbys kann beim Opfer zu emotionaler Belastung führen, einschließlich Depressionen, Angstzuständen und Verzweiflungsgefühlen. Sie fühlen sich möglicherweise aufgrund ihrer Interessen unwürdig oder nicht akzeptiert.

- Soziale Isolation: Opfer meiden möglicherweise den Kontakt mit anderen Menschen, weil sie befürchten, kritisiert zu werden oder ihre Hobbys herabzusetzen. Dies kann zu sozialer Isolation und einem verstärkten Gefühl der Einsamkeit führen.

- Verlust der Freude an Hobbys: Die anhaltende Verunglimpfung von Hobbys kann zum Verlust der Freude an eigenen Interessen führen. Aus Angst, verspottet oder kritisiert zu werden, hört das Opfer möglicherweise auf, seinen Hobbys nachzugehen.

3. Ausschluss aus Gruppen: Das Opfer kann aufgrund seiner Hobbys von Gruppen oder gesellschaftlichen Veranstaltungen ausgeschlossen werden, was sein Gefühl der Isolation und Ablehnung verstärkt.

Der Ausschluss aus einer Gruppe ist ein schwerwiegender Aspekt von Mobbing, insbesondere wenn es aufgrund der Hobbys oder Interessen des Opfers geschieht. Dies zeigt eine negative Einstellung gegenüber persönlichen Vorlieben und kann den psychischen Zustand des Opfers stark beeinträchtigen.

Merkmale des Ausschlusses aus einer Gruppe:

- Entfremdung von der Gruppe: Ein Mobbingopfer kann aufgrund seiner Hobbys oder Interessen aus einer Gruppe oder Gemeinschaft ausgeschlossen werden. Dies kann dadurch geschehen, dass man ihr Einladungen zu Veranstaltungen verweigert oder sie aktiv von der Kommunikation ausschließt.

- Ignorieren bei gesellschaftlichen Veranstaltungen: Andere Gruppenmitglieder ignorieren das Opfer möglicherweise absichtlich bei gesellschaftlichen Veranstaltungen oder bei gesellschaftlichen Zusammenkünften aufgrund ihrer Hobbys. Dadurch entsteht ein Gefühl der Isolation und Ablehnung.

- Verweigerung der Teilnahme an gemeinsamen Aktivitäten: Dem Opfer kann aufgrund seiner Hobbys die Teilnahme an gemeinsamen Aktivitäten verweigert oder aktiv von gemeinsamen Aktivitäten ausgeschlossen werden. Dies kann durch die Weigerung geschehen, sie in Gruppenprojekte einzubeziehen oder Einladungen zu Veranstaltungen abzulehnen.

Folgen für das Opfer:

- Erhöhtes Isolationsgefühl: Der Ausschluss aus der Gruppe verstärkt das Isolations- und Einsamkeitsgefühl des Opfers. Sie fühlen sich möglicherweise aufgrund ihrer Hobbys abgelehnt und unerwünscht, was zu einer Verschlechterung ihres psychischen Wohlbefindens führen kann.

- Verlust des Vertrauens in andere: Das Opfer kann aufgrund der

Erfahrung, aus der Gruppe ausgeschlossen zu sein, das Vertrauen in andere verlieren. Dies kann zu negativen Ansichten über Kommunikation und soziale Beziehungen führen.

- Beeinträchtigtes Selbstwertgefühl: Der Ausschluss aus einer Gruppe aufgrund von Hobbys kann das Selbstwertgefühl und das Selbstwertgefühl des Opfers beeinträchtigen. Sie beginnen möglicherweise, an sich selbst und ihren Interessen zu zweifeln, was zu einer Verschlechterung ihres psychischen Zustands führen kann.

Folgen für das Opfer:

1. Rückgang des Selbstwertgefühls: Ständiges Spotten oder Herabwürdigen kann zu einem Rückgang des Selbstwertgefühls und des Selbstvertrauens des Opfers führen.

Ein vermindertes Selbstwertgefühl ist eine der schwerwiegendsten und häufigsten Folgen von Mobbing. Wenn ein Opfer aufgrund seiner Hobbys ständig verspottet, herabgesetzt oder aus einer Gruppe ausgeschlossen wird, kann dies verheerende Auswirkungen auf sein Selbstwertgefühl und sein Selbstvertrauen haben.

Lesen Sie mehr über die Folgen eines verminderten Selbstwertgefühls:

- Minderwertigkeitsgefühle: Ständiges Mobbing oder Spott können dazu führen, dass sich das Opfer minderwertig oder als Versager fühlt. Sie könnten anfangen, an ihren Fähigkeiten zu zweifeln und selbstkritischer zu werden.

- Mangelndes Selbstvertrauen: Ständige Beleidigungen oder Herabwürdigungen können das Selbstvertrauen des Opfers untergraben. Sie beginnen möglicherweise, an ihren Stärken und Fähigkeiten zu zweifeln, wodurch sie weniger bereit sind, neue Herausforderungen und Risiken anzunehmen.

- Soziale Isolation: Ein geringes Selbstwertgefühl kann zu sozialer Isolation führen, da das Opfer aus Scham oder Angst die Interaktion mit anderen vermeidet. Dies verstärkt das Gefühl der Einsamkeit und Verletzlichkeit zusätzlich.

- Psychische Probleme: Ein vermindertes Selbstwertgefühl kann eine Ursache für psychische Probleme wie Depressionen, Angstzustände und soziale Phobie sein. Das Opfer kann aufgrund seines negativen Selbstbildes unter ständigem Stress und Angst leiden.

- Verschlechterung des allgemeinen Wohlbefindens: Ein vermindertes Selbstwertgefühl wirkt sich auf das allgemeine Wohlbefinden des Opfers aus. Sie verspüren möglicherweise eine geringere Lebenszufriedenheit und sind weniger motiviert, ihre Ziele und Wünsche zu erreichen.

Insgesamt hat ein vermindertes Selbstwertgefühl tiefgreifende Folgen für das emotionale und psychische Wohlbefinden des Opfers und wirkt sich negativ auf sein Leben und seine Selbstverwirklichung aus.

2. Psychische Probleme: Mobbing aufgrund von Hobbys oder Interessen kann psychische Probleme wie Depressionen, Angstzustände oder soziale Isolation verursachen.

Psychische Probleme, die durch Mobbing aufgrund von Hobbys oder Interessen verursacht werden, können schwerwiegende Folgen für das Opfer haben. Hier finden Sie eine detailliertere Beschreibung dieser Probleme:

- Depression: Ständiger Spott und Herabwürdigung können beim Opfer zur Entwicklung einer Depression führen. Sie können anfangen, sich hoffnungslos und hilflos zu fühlen, was zu einer schlechten Stimmung und einem Verlust des Interesses an der Schule, der Arbeit und anderen täglichen Aktivitäten führt.

- Angst: Mobbing kann beim Opfer Angst und ständige Sorgen hervorrufen. Möglicherweise haben sie ständig Angst vor weiterem Spott oder Herabwürdigung, was dazu führt, dass sie gestresst und erschöpft sind.

- Soziale Isolation: Opfer von Hobby-Mobbing können soziale Isolation erleben, da sie aus Scham oder Angst vor noch mehr Spott die Interaktion mit anderen meiden. Dies verstärkt das Gefühl der Einsamkeit und Entfremdung.

- Interessenverlust: Ständige Herabwürdigung kann dazu führen, dass das Interesse an Interessen oder Hobbys verloren geht. Opfer haben möglicherweise das Gefühl, dass es keinen Sinn hat, ihre Interessen zu verfolgen, wenn sie zum Anlass für Spott oder Konflikte werden.

- Geringes Selbstwertgefühl: Mobbing kann das Selbstwertgefühl des Opfers erheblich beeinträchtigen, was die Grundlage für viele andere psychische Probleme ist. Sie beginnen möglicherweise, negative Einschätzungen ihrer Persönlichkeit zu glauben, was wiederum Depressionen und Angstzustände verstärkt.

Im Allgemeinen können psychische Probleme, die durch Mobbing aufgrund von Hobbys oder Interessen verursacht werden, das emotionale und geistige Wohlbefinden des Opfers ernsthaft beeinträchtigen und sich negativ auf sein tägliches Leben, seine Schule, seine Arbeit und seine sozialen Beziehungen auswirken.

3. Mangelnde Zufriedenheit: Opfer verlieren möglicherweise das Interesse an ihren Hobbys oder Leidenschaften, weil sie Angst davor haben, verspottet oder herabgesetzt zu werden.

Mangelnde Zufriedenheit aufgrund von Mobbing in Bezug auf Hobbys oder Leidenschaften kann schwerwiegende Folgen für das Opfer haben. Hier ist eine detailliertere Beschreibung dieses Problems:

- Verlust der Freude: Opfer von Mobbing können aufgrund der ständigen Angst, verspottet oder herabgesetzt zu werden, aufhören, ihre Hobbys oder Leidenschaften zu genießen. Dadurch verlieren sie Freude und Befriedigung an Dingen, die ihnen zuvor Freude bereitet haben.

- Verminderte Motivation: Ständiger Spott und Kritik können die Motivation des Opfers untergraben, seinen Hobbys nachzugehen oder seine Leidenschaften zu entwickeln. Möglicherweise hören sie auf, sich in diesem Bereich weiterzuentwickeln, weil sie befürchten, erneut abwertenden Kommentaren ausgesetzt zu werden.

- Identitätsverlust: Hobbys und Leidenschaften sind oft Teil der persönlichen Identität einer Person. Mobbing kann zum Verlust dieser Identität führen, da die Opfer das Gefühl haben, dass ihre Interessen von anderen nicht akzeptiert oder respektiert werden.

- Vermindertes Selbstwertgefühl: Ständiger Spott kann dazu führen, dass das Selbstwertgefühl des Opfers sinkt und es weniger Vertrauen in seine Hobbys und Leidenschaften hat. Sie könnten anfangen, an ihren Fähigkeiten und dem Wert ihrer Interessen zu zweifeln.

- Vermeidung von Aktivitäten: Opfer beginnen möglicherweise, ihre Hobbys oder Leidenschaften zu meiden, weil sie Angst vor Mobbing haben. Dies führt zu einem Verlust der Möglichkeit, sich in dem von ihnen gewählten Bereich weiterzuentwickeln und zu wachsen, was ihr Potenzial und ihre Möglichkeiten zur Selbstverwirklichung einschränken kann.

Insgesamt kann sich die mangelnde Befriedigung von Hobbys oder Leidenschaften aufgrund von Mobbing negativ auf das emotionale und mentale Wohlbefinden des Opfers auswirken und zu einem Verlust von Freude, Motivation und Identität führen.

4. Soziale Isolation: Aus Angst vor Spott oder Herabwürdigung vermeiden Opfer möglicherweise die Interaktion mit anderen und geraten in soziale Isolation.

Soziale Isolation durch Mobbing aufgrund von Hobbys oder Leidenschaften kann schwerwiegende Folgen für das Opfer haben. Hier ist eine detailliertere Beschreibung dieses Problems:

- Vermeidung sozialer Situationen: Opfer können beginnen, Situationen zu meiden, in denen sie aufgrund ihrer Hobbys verspottet oder herabgesetzt werden könnten. Dazu kann gehören, dass sie nicht an gesellschaftlichen Veranstaltungen, Zusammenkünften mit Freunden oder schulischen Aktivitäten teilnehmen, bei denen ihre Interessen lächerlich gemacht werden könnten.

- Isolation von sozialen Gruppen: Opfer fühlen sich möglicherweise nicht in der Lage, sich neuen sozialen Gruppen anzuschließen oder Verbindungen zu bestehenden aufrechtzuerhalten. Sie isolieren sich möglicherweise von Gleichaltrigen und Kollegen, weil sie befürchten, für ihre Interessen abgelehnt oder lächerlich gemacht zu werden.

- Verlust der Unterstützung: Aufgrund der sozialen Isolation verlieren Opfer möglicherweise den Zugang zu sozialer Unterstützung, die eine wichtige Rolle für die Aufrechterhaltung des psychischen Wohlbefindens spielt. Mangelnde Unterstützung und Verständnis von anderen können das Gefühl der Einsamkeit und Hilflosigkeit verstärken.

- Verschlechterung der psychischen Gesundheit: Soziale Isolation kann zu einer Verschlechterung der psychischen Gesundheit des Opfers führen, da es nicht in der Lage ist, mit anderen Menschen zu kommunizieren und ihnen zu vertrauen. Dies kann zur Entwicklung von Angststörungen, Depressionen und anderen psychischen Problemen führen.

- Mangelnde Entwicklung sozialer Fähigkeiten: Aufgrund der Isolation sind Opfer möglicherweise nicht in der Lage, soziale Fähigkeiten zu entwickeln und zu lernen, mit anderen zu interagieren. Dies kann ihre Fähigkeit beeinträchtigen, in Zukunft gesunde Beziehungen aufzubauen und langfristige Beziehungen aufrechtzuerhalten.

Im Allgemeinen stellt die soziale Isolation, die durch Mobbing aufgrund von Hobbys oder Leidenschaften verursacht wird, ernsthafte Hindernisse für die soziale Anpassung und das psychische Wohlbefinden des Opfers dar.

5. Reduzierte Lebensqualität: Mobbing aufgrund von Hobbys oder Interessen kann die Lebensqualität erheblich beeinträchtigen und sich auf soziale Beziehungen, emotionales Wohlbefinden und allgemeines Wohlbefinden auswirken.

Die Einschränkung der Lebensqualität durch Mobbing aufgrund von Hobbys oder Interessen kann erhebliche Auswirkungen auf verschiedene Aspekte des Lebens des Opfers haben. Hier ist eine detailliertere Beschreibung dieses Problems:

- Soziale Beziehungen: Mobbing kann sich negativ auf die sozialen Beziehungen des Opfers auswirken. Opfer fühlen sich möglicherweise von anderen isoliert und meiden den Kontakt mit Freunden und Kollegen, aus Angst, verspottet oder herabgesetzt zu werden. Dies kann zu einem Vertrauensverlust gegenüber anderen Menschen und einer Verschlechterung der Beziehungen führen.

- Emotionaler Zustand: Ständige Lächerlichkeit und Herabwürdigung können beim Opfer zur Entwicklung von Stress, Angstzuständen und Depressionen führen. Sie fühlen sich möglicherweise ständig unwohl und haben Angst vor ihren Hobbys oder Interessen, was sich negativ auf ihr emotionales Wohlbefinden auswirkt.

- Allgemeines Wohlbefinden: Mobbing kann dazu führen, dass die allgemeine Lebenszufriedenheit des Opfers sinkt. Möglicherweise fühlen sie sich hoffnungslos und hilflos, weil sie wegen ihrer Interessen oder Hobbys verspottet oder herabgesetzt werden.

- Qualität der Arbeit und des Lernens: Mobbing aufgrund von Hobbys oder Interessen kann den Erfolg in der Schule oder im Beruf beeinträchtigen. Aufgrund anhaltender Stresssituationen und emotionaler Belastung können Opfer Schwierigkeiten haben, sich zu konzentrieren, zu lernen oder beruflich zu arbeiten.

- Körperliche Gesundheit: Längeres Erleben von Stress und

Ängsten, die durch Mobbing verursacht werden, kann sich negativ auf die körperliche Gesundheit des Opfers auswirken. Dies kann zu Schlafstörungen, Verdauungsproblemen, Kopfschmerzen und anderen körperlichen Beschwerden führen.

Insgesamt kann Mobbing aufgrund von Hobbys oder Interessen die Lebensqualität des Opfers erheblich beeinträchtigen und sich negativ auf seine sozialen Beziehungen, sein emotionales Wohlbefinden, sein allgemeines Wohlbefinden und seine körperliche Gesundheit auswirken.

15. Mobbing aufgrund von Verhaltensmerkmalen basiert auf dem Mobbing oder Ausschluss von Menschen aufgrund ihrer Verhaltensmerkmale, einschließlich Neurosen, Manierismen oder Reaktionen, die von gesellschaftlichen Normen abweichen. Dazu können Opfer mit neurologischen Störungen wie Autismus-Spektrum-Störung (Autismus) oder Aufmerksamkeitsdefizit-Hyperaktivitätsstörung (ADHS) gehören.

Verhaltensmobbing ist eine Form negativen Verhaltens, bei dem Menschen gemobbt, belästigt oder ausgegrenzt werden, weil ihr Verhalten von akzeptierten gesellschaftlichen Normen abweicht. Diese Art von Mobbing kann Menschen mit unterschiedlichen Verhaltensmerkmalen betreffen, darunter neurologische Unterschiede wie Autismus-Spektrum-Störung (Autismus) oder Aufmerksamkeitsdefizit-Hyperaktivitätsstörung (ADHS) sowie andere Formen neurologischer, psychologischer oder emotionaler Unterschiede.

Mobbing aufgrund von Verhaltensmerkmalen beruht auf Ablehnung und Missverständnissen anderer. Menschen mit neurologischen oder Verhaltensstörungen können ein Verhalten an den Tag legen, das von den Standardnormen abweicht, was zu Spott, Mobbing oder Diskriminierung führen kann. Dazu können nonverbale Verhaltensweisen, Sprachmuster, Kommunikationsmuster oder Reaktionen auf Stresssituationen gehören.

Verhaltensbezogenes **Mobbing kann schwerwiegend sein und verschiedene Aspekte des Lebens des Opfers beeinträchtigen:**

- Psychische Folgen: Die Opfer können mit psychischen Problemen wie Angststörungen, Depressionen, geringem Selbstwertgefühl und vermindertem emotionalem Wohlbefinden konfrontiert sein.

- Soziale Isolation: Aus Angst, verspottet oder herabgesetzt zu werden, vermeiden Opfer möglicherweise den Kontakt mit anderen und werden sozial isoliert, was ihre Lebensqualität beeinträchtigen und ihren Zugang zu Unterstützung durch andere einschränken kann.

- Vermindertes Selbstwertgefühl und Selbstvertrauen: Ständiger Spott oder Herabwürdigung kann zu einem Rückgang des Selbstwertgefühls und des Selbstvertrauens des Opfers führen, was wiederum seine Entwicklung und seinen Erfolg in verschiedenen Lebensbereichen behindern kann.

- Beeinträchtigte Bildungs- und Berufsergebnisse: Durch Mobbing verursachter Stress kann sich negativ auf die schulischen Leistungen oder beruflichen Ergebnisse auswirken, was sich langfristig auf ihre Karriere und die Möglichkeiten für persönliches und berufliches Wachstum auswirken kann.

- Mangelnde Befriedigung durch Hobbys und Interessen: Opfer verlieren möglicherweise das Interesse an ihren Hobbys, weil sie befürchten, verspottet oder herabgesetzt zu werden, was sie möglicherweise daran hindert, kreative oder Freizeitaktivitäten zu genießen.

- Risiko für die Entwicklung von psychischen und emotionalen Störungen: Eine langfristige Exposition gegenüber Mobbing aufgrund von Verhaltensmerkmalen kann das Risiko für die Entwicklung von psychischen oder emotionalen Störungen beim Opfer erhöhen, was eine rechtzeitige Unterstützung und Intervention durch Spezialisten erfordert.

Verhaltensbezogenes Mobbing kann schwerwiegende negative Folgen für das Opfer haben und sich auf sein emotionales und psychisches Wohlbefinden, seine soziale Anpassung sowie seine Bildungs- und Berufsaussichten auswirken.

- Verletzung von Rechten und Freiheiten: Opfer von Mobbing aufgrund von Verhaltensmerkmalen können eine Verletzung ihrer Rechte und Freiheiten erleiden, wie beispielsweise das Recht auf sicheres Lernen oder Arbeiten in einer freundlichen Umgebung ohne Diskriminierung.

- Beeinträchtigte Lebensqualität: Mobbing kann die Lebensqualität des Opfers erheblich beeinträchtigen und zu übermäßigem Stress, Angstzuständen, Depressionen und anderen psychischen Problemen führen, die sich negativ auf das allgemeine Wohlbefinden und die Lebenszufriedenheit auswirken können.

- Bedarf an Unterstützung und Schutz: Opfer von Verhaltensmobbing benötigen oft die Unterstützung von Familie, Freunden, Lehrern, Kollegen oder professionellen psychologischen Beratern, um mit den negativen Folgen der Erfahrung fertig zu werden und ihr psychisches Gleichgewicht wiederherzustellen.

- Soziale und kulturelle Folgen: Verhaltensmobbing kann sich auch auf soziale Beziehungen und Interaktionen sowie kulturelle Überzeugungen und Werte auswirken und Hindernisse für die Integration des Opfers in die Gesellschaft und die Entwicklung seiner Selbstidentität schaffen.

Insgesamt ist Verhaltensmobbing ein ernstes Problem, das einen systematischen Ansatz zur Prävention, Erkennung und Reaktion erfordert. Dazu gehören Bildungsprogramme, die den Respekt vor Unterschieden und die Entwicklung von Empathie fördern, sowie Richtlinien und Maßnahmen, die darauf abzielen, sichere und soziale oder organisatorische Umgebungen für Studierende, Arbeitnehmer und Gemeinschaften zu schaffen.

Angesichts der vielen Formen von Mobbing ist es wichtig zu erkennen, dass alle Handlungen oder Worte, die einer anderen Person Kummer oder Unbehagen bereiten, als Mobbing eingestuft werden können. Jede dieser Kategorien weist ein breites Spektrum an Szenarien und Situationen auf, in denen Mobbing auftreten kann, und sie können sich überschneiden oder kombinieren, um einzigartige und herausfordernde Umstände für die Opfer zu schaffen. Obwohl Mobbing viele Formen und Erscheinungsformen annehmen kann, die je nach Kontext und sozialer Dynamik variieren können, bieten die zuvor beschriebenen Hauptkategorien eine umfassende Liste der am häufigsten erkannten und erforschten Formen von Mobbing.

Es ist wichtig zu verstehen, dass innerhalb dieser Kategorien neue Formen und Methoden des Mobbings entstehen können, insbesondere mit der Entwicklung von Technologie und sozialen Medien, was eine ständige Aktualisierung der Ansätze zur Prävention und Reaktion auf Mobbing erfordert. Allerdings deckt die vorgelegte Liste derzeit die wichtigsten bekannten Formen von Mobbing ab. Wenn es bestimmte Formen von Mobbing gibt, die hier nicht erwähnt werden, handelt es sich wahrscheinlich um Variationen oder spezifische Beispiele bereits identifizierter Kategorien.

Diese Arten von Mobbing können in verschiedenen Kombinationen auftreten und sich häufig überschneiden, wodurch ein komplexes und vielschichtiges Problem für die Opfer und die Gesellschaft insgesamt entsteht. Die Bekämpfung von Mobbing erfordert einen umfassenden Ansatz, der Aufklärung, Präventionsprogramme und Unterstützung für die Opfer umfasst.

Kapitel 3. Die Bedeutung der Lösung des Mobbingproblems.

Für die Seele, die die Hauptlast des Mobbings zu spüren bekommt, wird jeder Tag zu einer Herausforderung. Dies ist nicht nur traumatisch und demütigend, sondern untergräbt auch das Selbstwertgefühl, das Selbstvertrauen und den Glauben an die eigenen Fähigkeiten. Die Bedeutung der Lösung des Mobbingproblems für eine solche Person steht außer Zweifel. Jeder Moment der Angst und Unsicherheit, der durch Mobbing verursacht wird, bringt eine eigene Belastung für Herz und Geist mit sich. Dies wirkt sich auf Ihre Denkweise und Ihr Selbstbild aus und führt Sie von der Freude, dem Vertrauen und der Zuversicht in die Zukunft ab.

Mobbing aufzuklären bedeutet mehr, als nur bestimmte Aggressionshandlungen zu stoppen. Dies ist die Wiederherstellung der

Menschenwürde und die Erhebung des Geistes. Es bedeutet, die Kraft zurückzugewinnen, an sich selbst zu glauben und nach seinen Zielen zu streben, ohne ständig tyrannisiert zu werden. Jede Maßnahme zur Bekämpfung von Mobbing öffnet die Tür zu neuen Möglichkeiten und führt zur Befreiung von den Fesseln der Angst und Unsicherheit.

Für diejenigen, die unter Mobbing leiden, besteht die Lösung dieses Problems darin, wieder ein Gefühl der Sicherheit und Ruhe zu erlangen. Dies ist eine Gelegenheit, sich nicht mehr hinter einer Maske zu verstecken und so akzeptiert zu werden, wie man ist. Dies ist eine Chance auf echte Freiheit davor, jeden Tag beleidigt, gedemütigt und verletzt zu werden. Jeder Schritt zur Beendigung von Mobbing ist ein Schritt zur Wiedererlangung verlorener Würde und Glückseligkeit.

Maßnahmen zur Bekämpfung von Mobbing eröffnen auch neue Möglichkeiten für Wachstum und Selbstentwicklung. Wenn ein Mensch von der Last des ständigen Stresses und der Angst befreit ist, kann er sich auf seine Hobbys, Interessen und Ziele konzentrieren. Die Fähigkeit, sich sicher auszudrücken und in einem sozialen Umfeld erfolgreich zu sein, fördert ein gesundes Selbstbewusstsein und Selbstvertrauen.

Darüber hinaus ist die Bekämpfung von Mobbing wichtig, um ein gesundes und unterstützendes Gemeinschaftsumfeld zu schaffen. Mobbing schadet nicht nur seinen direkten Opfern, sondern zerstört auch die Gesellschaft als Ganzes, da es einen Kreislauf aus Gewalt und Ungerechtigkeit anheizt. Maßnahmen zur Bekämpfung von Mobbing fördern eine Kultur des Respekts, der Toleranz und des Verständnisses, was zu weniger Konflikten und einem unterstützenderen und empathischeren Umfeld für alle Mitglieder führt.

Mobbing zu bekämpfen bedeutet natürlich auch, die Menschenrechte auf Freiheit und Sicherheit zu schützen und zu unterstützen. Jeder Mensch hat das Recht, mit Würde und Respekt behandelt zu werden, und Mobbing untergräbt dieses Recht. Das Ergreifen von Maßnahmen zur Bekämpfung von Mobbing ist eine Bestätigung unseres Engagements für den Schutz der Würde und Sicherheit aller Menschen in unserer Gemeinschaft.

Die Lösung des Mobbingproblems ist für die Person, die gemobbt wird, aus mehreren Gründen von großer Bedeutung:

1. Psychisches Wohlbefinden: Langfristige Einwirkung von Mobbing kann zu schwerwiegenden psychischen Problemen wie Depressionen, Angstzuständen, posttraumatischer Belastungsstörung und geringem Selbstwertgefühl führen. Die Bekämpfung von Mobbing trägt dazu bei, die psychische Gesundheit des Opfers zu erhalten und das emotionale Wohlbefinden zu verbessern.

Langfristige Einwirkung von Mobbing kann schwerwiegende Folgen für das psychische Wohlbefinden des Opfers haben. Dieser Prozess beginnt damit, dass Mobbing beim Opfer anhaltenden Stress und Angst erzeugt.

Eine allmählich zunehmende Angst vor weiteren Angriffen oder Mobbing kann zur Entwicklung von Angststörungen wie einer generalisierten Angststörung oder einer sozialen Phobie führen.

Neben Ängsten sind auch Depressionen eine häufige psychische Folge von Mobbing. Ständiger Spott, Demütigung und Isolation können das Selbstwertgefühl schwächen und beim Opfer Gefühle der Hilflosigkeit hervorrufen, die wiederum zu Depressionen führen können. Eine posttraumatische Belastungsstörung kann sich auch bei Mobbingopfern entwickeln, insbesondere wenn sie körperlich oder emotional misshandelt wurden.

Auch ein geringes Selbstwertgefühl und Unsicherheitsgefühle gehören zu den psychischen Problemen, die mit Mobbing einhergehen. Ständige Angriffe auf die Identität und das Selbstwertgefühl können dazu führen, dass das Opfer beginnt, an seinen Fähigkeiten und seinem Wert als Person zu zweifeln.

Die Bekämpfung von Mobbing spielt eine entscheidende Rolle bei der Aufrechterhaltung der psychischen Gesundheit und der Verbesserung des emotionalen Wohlbefindens des Opfers. Die Bereitstellung von Unterstützung, die Schaffung einer sicheren Umgebung und die Umsetzung wirksamer Anti-Mobbing-Strategien können dazu beitragen, Stress und Ängste abzubauen, die Entwicklung von Depressionen und anderen psychischen Problemen zu verhindern und das Selbstwertgefühl und Selbstvertrauen des Opfers zu stärken.

2. Soziale Anpassung: Mobbing kann zu sozialer Isolation führen und den Aufbau gesunder zwischenmenschlicher Beziehungen erschweren. Die Lösung des Mobbingproblems ermöglicht es dem Opfer, seine soziale Anpassung wiederherzustellen, das Vertrauen in andere wiederherzustellen und die Verbindungen zu anderen Menschen wiederherzustellen.

Soziale Anpassung spielt im Leben eines Menschen eine wichtige Rolle und Mobbing kann diesen Prozess erheblich erschweren. Mobbing kann zu sozialer Isolation führen, da sich das Opfer unwohl fühlt oder Angst hat, mit anderen in Kontakt zu treten, aus Angst, gemobbt oder belästigt zu werden.

Aufgrund von Mobbing kann es für das Opfer schwierig sein, gesunde zwischenmenschliche Beziehungen aufzubauen. Möglicherweise vermeidet sie den Kontakt mit anderen und verliert dadurch Gelegenheiten, Freundschaften zu schließen oder enge Beziehungen aufzubauen. Dies kann zu Gefühlen der Einsamkeit, der Wertlosigkeit und noch schwerwiegenderen psychischen Problemen führen.

Die Lösung des Mobbingproblems ist für die Wiederherstellung der sozialen Anpassung des Opfers von großer Bedeutung. Sobald ein Opfer Unterstützung und Schutz vor Mobbing erhält, gewinnt es wieder Vertrauen in andere und fühlt sich im Umgang mit anderen sicherer und selbstbewusster. Nach und nach kann sie ihre sozialen Fähigkeiten wiedererlangen, lernen, anderen Menschen zu vertrauen und gesunde Beziehungen aufzubauen, was ihre Lebensqualität und ihr Wohlbefinden erheblich verbessert.

3. Schulische Leistungen: Mobbing kann sich aufgrund von Stress, Ablenkung und geringem Selbstwertgefühl negativ auf die Noten und schulischen Leistungen des Opfers auswirken. Die Bekämpfung von Mobbing fördert eine sichere und unterstützende Lernumgebung, die es dem Opfer ermöglicht, sich auf die Schule zu konzentrieren und seine Bildungsziele zu erreichen.

Mobbing kann schwerwiegende negative Auswirkungen auf die schulischen Leistungen und Bildungschancen des Opfers haben. Das Opfer von Mobbing ist ständigem Stress und Angst ausgesetzt, was seine Aufmerksamkeit vom Lernen ablenkt und es schwierig macht, neuen Stoff zu lernen. Stress und Angst können auch zu Konzentrations-, Gedächtnis- und Lernproblemen führen, die die schulischen Leistungen beeinträchtigen können.

Darüber hinaus kann das Mobbingopfer aufgrund des ständigen Gefühls der Verletzlichkeit und Hilflosigkeit ein geringes Selbstwertgefühl und eine verminderte Motivation verspüren. Dies kann zu einem Verlust des Interesses am Lernen, vermindertem Ehrgeiz und einem Verlust des Vertrauens in die eigenen Fähigkeiten führen, was sich wiederum auf die schulischen Leistungen auswirkt.

Die Bekämpfung von Mobbing ist entscheidend für die Schaffung einer positiven Lernumgebung, in der das Opfer seine Bildungsziele erreichen kann. Die Unterstützung von Lehrern, Schulverwaltern und der gesamten Gemeinschaft trägt dazu bei, einen sicheren Raum ohne Gewalt und Diskriminierung zu schaffen. Wenn sich das Opfer geschützt und unterstützt fühlt, kann es sich auf sein Studium konzentrieren, seine akademischen Fähigkeiten weiterentwickeln und im Studium erfolgreich sein. Daher verbessert die Bekämpfung von Mobbing nicht nur die schulischen Leistungen des Opfers, sondern auch sein allgemeines Wohlbefinden und seine zukünftigen Lebensaussichten.

4. Körperliche Gesundheit: Einige Formen von Mobbing, wie zum Beispiel körperliche oder verbale Gewalt, können die Gesundheit des Opfers ernsthaft schädigen. Die Bekämpfung von Mobbing trägt dazu bei, Sicherheit und Identitätsschutz zu gewährleisten, die die Grundlage für das körperliche Wohlbefinden bilden.

Die körperliche Gesundheit ist einer der wichtigsten Aspekte des Wohlbefindens einer von Mobbing betroffenen Person. Verschiedene Formen von Mobbing können der körperlichen Gesundheit des Opfers schwere Schäden zufügen und nicht nur psychische, sondern auch körperliche Spuren bei ihm hinterlassen.

Körperliche Misshandlungen wie Schlagen, Treten oder Stoßen können zu Verletzungen, Prellungen, Knochenbrüchen und anderen schweren Verletzungen führen. Auch verbale Drohungen und schüchterne Kommentare können beim Opfer Stressreaktionen hervorrufen, die sich negativ auf das körperliche Wohlbefinden auswirken können, wie etwa Kopfschmerzen, Verdauungs- und Schlafprobleme.

Die Bekämpfung von Mobbing spielt eine Schlüsselrolle bei der Gewährleistung der Sicherheit des Einzelnen. Die Vorbeugung und Bekämpfung von Vorfällen körperlicher und verbaler Gewalt trägt dazu bei, körperliche Schäden zu verhindern und die Gesundheit des Opfers zu erhalten. Dazu gehört das aktive Eingreifen von Institutionen wie Schulen oder Arbeitsplätzen, um ein sicheres und unterstützendes Umfeld zu schaffen, in dem Gewalt und Aggression nicht toleriert werden.

Der Schutz eines Menschen vor körperlichen Gefahren sichert nicht nur sein körperliches Wohlbefinden, sondern schafft auch die Voraussetzungen für seine psychische und emotionale Genesung. Wenn sich eine Person sicher fühlt, kann sie sich auf ihre körperliche Gesundheit, Selbstfürsorge und Erholung von vergangenen traumatischen Ereignissen konzentrieren. Daher spielt die Bekämpfung von Mobbing eine wichtige Rolle, um nicht nur das körperliche, sondern auch das allgemeine Wohlbefinden des Opfers zu gewährleisten.

5. Selbstbestätigung und Selbstentwicklung: Mobbing kann die Selbstbestätigung und Selbstentwicklung eines Individuums beeinträchtigen und seine Individualität und einzigartigen Eigenschaften unterdrücken. Die Bekämpfung von Mobbing trägt dazu bei, ein gesundes Selbstwertgefühl und Selbstvertrauen zu entwickeln und die Fähigkeit zu entwickeln, Ihr Potenzial auszuschöpfen.

Selbstbestätigung und Selbstentwicklung spielen eine wichtige Rolle bei der Persönlichkeitsbildung und Mobbing kann diese Prozesse ernsthaft stören. Mobbing kann zu einem Verlust des Selbstvertrauens und des Selbstwertgefühls sowie zur Unterdrückung von Individualität und einzigartigen Persönlichkeitsmerkmalen führen.

Mobbing schafft ein negatives Umfeld, in dem sich eine Person unwichtig und unwürdig fühlt und ihr Potenzial nicht ausschöpfen kann. Opfer beginnen möglicherweise, an ihren Fähigkeiten zu zweifeln und zögern, ihre Meinungen und Ideen zu äußern, aus Angst, lächerlich gemacht oder kritisiert zu werden. Dies kann zu Isolation, Kommunikationsvermeidung und Einschränkung der eigenen Interessen und Ambitionen führen.

Die Lösung des Mobbingproblems spielt jedoch eine wichtige Rolle für die Möglichkeit der Selbstbestätigung und Selbstentwicklung des Einzelnen. Durch die Schaffung einer sicheren und unterstützenden

Umgebung, frei von Gewalt und Bedrohungen, kann sich der Einzelne wohl und selbstbewusst fühlen. Die Unterstützung anderer, einschließlich Eltern, Lehrer und Freunde, trägt zur Entwicklung eines gesunden Selbstwertgefühls und Selbstvertrauens bei.

Darüber hinaus öffnet die Lösung des Mobbingproblems die Tür zur Selbstentwicklung und zur Verwirklichung des individuellen Potenzials. Wenn sich eine Person sicher und unterstützt fühlt, kann sie ihre Ideen frei äußern, ihre Talente entwickeln und danach streben, ihre Ziele zu erreichen. Dies trägt zur Bildung eines gesunden Selbstwertgefühls und Selbstvertrauens bei, was wiederum den Prozess der Selbstbestätigung und Selbstverwirklichung erleichtert.

Daher trägt die Bekämpfung von Mobbing nicht nur zur Schaffung eines sicheren und unterstützenden Umfelds bei, sondern ist auch ein wichtiger Faktor für die Entwicklung eines gesunden Selbstwertgefühls, Selbstvertrauens und persönlicher Entwicklungsmöglichkeiten.

6. Sicherheit und Wohlbefinden: Die Bekämpfung von Mobbing schafft ein sicheres und unterstützendes Umfeld für alle Mitglieder der Gesellschaft, das das allgemeine Wohlbefinden fördert und das soziale Gefüge stärkt.

Die Sicherheit und das Wohlergehen der Gesellschaft hängen eng mit der Bekämpfung von Mobbing zusammen. Mobbing schafft ein Umfeld voller Angst, Furcht und Unsicherheit, das sich negativ auf das Wohlbefinden aller seiner Mitglieder auswirkt. Die Lösung dieses Problems ist der Schlüssel zur Schaffung eines sicheren und unterstützenden Umfelds für alle Menschen, unabhängig von Alter, Geschlecht, Rasse oder sozialem Status.

In einer Gesellschaft, in der das Problem des Mobbings gelöst ist, können sich die Menschen geschützt und auf ihre Sicherheit verlassen. Dies fördert das Vertrauen und die soziale Bindung seiner Mitglieder und schafft die Grundlage für gesunde Beziehungen und Zusammenarbeit. Eine sichere Umgebung fördert auch das emotionale und psychische Wohlbefinden und ermöglicht es den Menschen, ihr Potenzial auszuschöpfen und nach Selbstverwirklichung zu streben.

Auch die Auseinandersetzung mit dem Mobbing-Problem ist wichtig für die Bildung einer harmonischen Sozialstruktur. Mobbing führt häufig zur Störung sozialer Beziehungen und führt zu Konflikten und Spannungen in der Gesellschaft. Die Bekämpfung dieses Phänomens trägt zum Aufbau friedlicher und für beide Seiten verständnisvoller Beziehungen zwischen den Menschen bei, was wiederum zur Stabilität und zum Wohlstand der gesamten Gesellschaft beiträgt.

Sicherheit und Wohlbefinden sind grundlegende Aspekte eines qualitativ hochwertigen Lebens für jeden Menschen. Die Bekämpfung von Mobbing verbessert nicht nur das individuelle Wohlbefinden der

Betroffenen, sondern trägt auch zu einer gerechteren, menschlicheren und freundlicheren Gesellschaft insgesamt bei.

7. Verringerung des Risikos psychosomatischer Erkrankungen: Langfristige Einwirkung von Mobbing kann das Risiko für die Entwicklung verschiedener psychosomatischer Erkrankungen wie Kopfschmerzen, Magenbeschwerden, Schlaflosigkeit und andere erhöhen. Die Bekämpfung von Mobbing trägt dazu bei, dieses Risiko zu verringern und die körperliche Gesundheit zu erhalten.

Langfristige Einwirkung von Mobbing kann schwerwiegende negative Auswirkungen auf die körperliche Gesundheit einer Person haben und das Risiko für die Entwicklung verschiedener psychosomatischer Erkrankungen erhöhen. Psychosomatische Erkrankungen sind körperliche Manifestationen von Stress und psychischen Problemen und können Kopfschmerzen, Magenbeschwerden, Schlaflosigkeit, Muskelschmerzen und andere Symptome umfassen.

Durch Mobbing verursachter Stress kann den Spiegel des Hormons Cortisol im Körper deutlich erhöhen, was wiederum zu einer Funktionsstörung des Immunsystems und einer erhöhten Anfälligkeit für verschiedene Krankheiten führen kann. Beispielsweise können häufige Kopfschmerzen und Schlaflosigkeit die Folge des ständigen Stresses und der Angst sein, die mit Mobbing einhergehen. Magenbeschwerden können auch durch psychischen Stress verursacht werden und zu einer schlechten Verdauung und anderen Problemen führen.

Die Auseinandersetzung mit der Mobbingproblematik spielt eine wichtige Rolle bei der Reduzierung des Risikos psychosomatischer Erkrankungen. Die Schaffung einer sicheren und unterstützenden Umgebung kann den Stress und die Angst der Überlebenden verringern. Dies wiederum kann zu einem verbesserten körperlichen Wohlbefinden und einem verringerten Risiko für die Entwicklung verschiedener Krankheiten führen. Darüber hinaus können präventive Maßnahmen und psychologische Unterstützung im Rahmen der Mobbing-Bekämpfung Opfern helfen, mit Stress umzugehen und das Gleichgewicht im Körper wiederherzustellen.

Somit fördert die Bekämpfung von Mobbing nicht nur das psychische Wohlbefinden, sondern spielt auch eine Schlüsselrolle bei der Erhaltung der körperlichen Gesundheit und der Verhinderung der Entwicklung psychosomatischer Erkrankungen bei Opfern.

8. Entwickeln Sie Fähigkeiten zur Stressbewältigung: Der ständige Kontakt mit Mobbing kann beim Opfer zu einem hohen Stressniveau führen. Um Mobbing zu bekämpfen, müssen Strategien zur Stressbewältigung entwickelt werden, die im Alltag nützlich sein können und Ihnen helfen, besser mit negativen Emotionen umzugehen.

Der ständige Kontakt mit Mobbing kann für das Opfer zu einem hohen Stressniveau führen. Emotionaler Stress, Ängste und Gefühle der Hilflosigkeit können einen erheblichen Einfluss auf ihren psychischen Zustand haben. Zur Bekämpfung von Mobbing gehört nicht nur die Verhinderung weiterer Mobbingfälle, sondern auch die Vermittlung wirksamer Stressbewältigungsstrategien an die Opfer.

Die Entwicklung von Fähigkeiten zur Stressbewältigung wird für Mobbingopfer zu einem wichtigen Aspekt. Mit geeigneten Stressbewältigungsstrategien können Opfer mit negativen Emotionen und Situationen, die in ihrem täglichen Leben auftreten können, besser umgehen. Zu diesen Fähigkeiten können Entspannungstechniken wie Atemübungen, Meditation und Yoga sowie praktische Zeitmanagement- und Organisationsstrategien gehören, die dazu beitragen können, zugrunde liegende Stressquellen zu reduzieren.

Die Entwicklung von Strategien zur Stressbewältigung kann nicht nur im Zusammenhang mit dem Umgang mit Mobbing hilfreich sein, sondern auch zur Verbesserung des psychischen Wohlbefindens im Allgemeinen. Wenn Sie lernen, effektiv mit Stress umzugehen, kann dies das Opfer widerstandsfähiger gegen zukünftige negative Einflüsse machen, seine Fähigkeit zur Selbstwahrnehmung steigern und seine Lebensqualität verbessern.

Darüber hinaus trägt die Entwicklung von Fähigkeiten zur Stressbewältigung auch dazu bei, die psychische Belastbarkeit und die Fähigkeit des Opfers zu stärken, sich an widrige Umstände anzupassen. Dies trägt dazu bei, das Risiko psychischer Probleme wie Depressionen oder Angststörungen zu verringern und ihr Selbstwertgefühl und Selbstvertrauen zu stärken.

Insgesamt ist die Entwicklung von Stressbewältigungsstrategien ein wichtiger Teil der Mobbingbekämpfung, da sie den Überlebenden hilft, besser mit negativen Emotionen und Situationen umzugehen, ihre Widerstandsfähigkeit erhöht und zu einer allgemeinen Verbesserung ihres psychischen Wohlbefindens beiträgt.

9. Selbstbewusstsein und Selbstverständnis steigern: Der Umgang mit Mobbing kann das persönliche Wachstum des Opfers anregen und ihm ermöglichen, sich selbst, seine Gefühle und Reaktionen auf Stresssituationen besser zu verstehen. Dies kann die Entwicklung von Selbstbewusstsein und Selbstbestimmung fördern.

Der Prozess der Bekämpfung von Mobbing hat das Potenzial, die persönliche Entwicklung des Opfers anzuregen, indem er ein gesteigertes Selbstbewusstsein und Selbstverständnis fördert. Wenn eine Person gemobbt wird, steht sie vor verschiedenen emotionalen Herausforderungen und Stresssituationen, die sie dazu zwingen können, sich selbst und ihre Persönlichkeit genauer zu betrachten.

Im Prozess der Lösung des Mobbingproblems beginnt das Opfer, sich seiner Gefühle, Reaktionen und seines Verhaltens in verschiedenen Situationen bewusst zu werden. Sie hinterfragt möglicherweise ihre eigenen Stärken, Schwächen, Werte und Überzeugungen und wie diese ihre Interaktionen mit der Welt um sie herum beeinflussen. Dieser Prozess des Selbstverständnisses ermöglicht es dem Opfer, sich selbst, seine Bedürfnisse und Vorlieben besser zu verstehen, was wiederum zur Entwicklung des Selbstbewusstseins beiträgt.

Die Entwicklung des Selbstbewusstseins ist ein wichtiger Aspekt des persönlichen Wachstums, da es einem Menschen ermöglicht, seinen Platz in der Welt, seine eigenen Wünsche und Ziele zu verstehen und sich selbst so zu akzeptieren, wie er ist. Dadurch kann das Mobbingopfer eine positivere und gesündere Einstellung zu sich selbst entwickeln und so sein Selbstwertgefühl und Selbstvertrauen stärken.

Darüber hinaus kann der Umgang mit Mobbing dazu beitragen, die Selbstbestimmung des Opfers zu stärken. Indem man sich seiner eigenen Werte, Überzeugungen und Lebensziele bewusst wird, kann man besser verstehen, wer man ist und was man im Leben erreichen möchte. Dies hilft ihm, fundiertere Entscheidungen zu treffen, zufriedenstellendere Beziehungen aufzubauen und größeren persönlichen und beruflichen Erfolg zu erzielen.

Daher spielt der Umgang mit Mobbing eine Schlüsselrolle bei der Förderung der persönlichen Entwicklung des Opfers und ermöglicht ihm, sich selbst, seine Gefühle und Bedürfnisse besser zu verstehen. Die Entwicklung von Selbstbewusstsein und Selbstverständnis trägt zum Aufbau von Selbstwertgefühl und Selbstvertrauen bei und fördert eine größere Selbstakzeptanz und die Entwicklung gesünderer, belastbarerer zwischenmenschlicher Beziehungen.

10. Unterstützen Sie soziale Gerechtigkeit: Die Bekämpfung von Mobbing hilft nicht nur dem einzelnen Opfer, sondern trägt auch dazu bei, eine gerechtere und respektvollere Gesellschaft als Ganzes zu schaffen. Indem wir Mobbingopfer unterstützen, unterstützen wir die Grundsätze der sozialen Gerechtigkeit und Gleichheit.

Die Bekämpfung von Mobbing ist der Schlüssel zur Förderung sozialer Gerechtigkeit und zur Schaffung einer respektvollen Gesellschaft. Mobbing ist oft ein Ausdruck von Ungleichheit und Diskriminierung, da Opfer aufgrund ihrer individuellen Merkmale wie Rasse, Geschlecht, sexuelle Orientierung, religiöse Überzeugungen und andere Aspekte ihrer Persönlichkeit oder Identität ausgewählt werden können. Die Bekämpfung von Mobbing unterstützt die Grundsätze der sozialen Gerechtigkeit und Gleichheit, indem sie dafür sorgt, dass sich alle Mitglieder der Gesellschaft sicher, respektiert und gleich fühlen können.

Indem wir Mobbingopfer unterstützen, setzen wir uns gegen

negative Erscheinungsformen von Ungleichheit und Diskriminierung ein. Wir erkennen das Recht jedes Menschen an, frei von Gewalt und Demütigung zu sein, unabhängig von seinen persönlichen Eigenschaften oder seinem Status. Die Unterstützung von Mobbingopfern fördert auch den Respekt vor Vielfalt und Inklusion in der Gesellschaft. Dies unterstreicht, wie wichtig es ist, Unterschiede zu respektieren und den Wert jedes Einzelnen anzuerkennen.

Darüber hinaus trägt die Bekämpfung von Mobbing dazu bei, soziale Bindungen zu stärken und ein unterstützendes Umfeld in der Gesellschaft zu schaffen. Die Unterstützung von Mobbingopfern hilft ihnen, sich einbezogen und geschützt zu fühlen, was zu ihrem Wohlbefinden und ihrer Teilhabe an der Gesellschaft beiträgt. Es trägt auch zu einer einfühlsameren und fürsorglicheren Gesellschaft bei, in der sich jeder akzeptiert und respektiert fühlen kann.

Auf diese Weise hilft die Bekämpfung von Mobbing nicht nur einzelnen Opfern, sondern trägt auch dazu bei, eine gerechtere, respektvollere und integrativere Gesellschaft als Ganzes zu schaffen. Durch die Unterstützung von Mobbingopfern wahren wir die Werte sozialer Gerechtigkeit, Gleichheit und Respekt vor Vielfalt, was das allgemeine Wohlbefinden und die Harmonie in der Gesellschaft fördert.

11. Gesunde Beziehungen pflegen: Die Bekämpfung von Mobbing trägt dazu bei, gesunde zwischenmenschliche Beziehungen aufrechtzuerhalten und zu stärken. Mobbing kann sich negativ auf die Beziehungen des Opfers zu anderen, einschließlich Familie, Freunden und Kollegen, auswirken. Die Folgen von Mobbing können nicht nur das Opfer selbst, sondern auch sein Umfeld betreffen. Die Auseinandersetzung mit diesem Problem trägt zur Aufrechterhaltung positiver Beziehungen bei und fördert das allgemeine Wohlbefinden.

Die Bekämpfung des Mobbing-Problems spielt eine wichtige Rolle bei der Aufrechterhaltung und Stärkung gesunder zwischenmenschlicher Beziehungen in der Gesellschaft. Mobbing als eine Form des negativen Einflusses kann die Beziehungen des Opfers zu anderen Menschen, einschließlich Familienmitgliedern, Freunden, Kollegen und sogar einfachen Bekannten, ernsthaft stören. Die negativen Folgen von Mobbing können sich auf ein breites Spektrum an Menschen im sozialen Umfeld des Opfers auswirken.

Mobbing betrifft nicht nur das Opfer selbst, sondern auch seine Angehörigen und Kollegen. Menschen, die infolge von Mobbing Verhaltensänderungen oder emotionale Traumata erleben, haben möglicherweise Schwierigkeiten, gesunde Beziehungen aufzubauen oder aufrechtzuerhalten. Dies kann zu Konflikten, Misstrauen und manchmal zum Scheitern einer Beziehung führen, was das psychologische und emotionale Wohlbefinden aller Beteiligten beeinträchtigt.

Die Bekämpfung von Mobbing trägt dazu bei, positive Beziehungen aufrechtzuerhalten und das allgemeine Wohlbefinden in der Gemeinschaft zu verbessern. Die Verhinderung und Beendigung von Mobbing schafft ein sicheres und unterstützendes Umfeld, in dem sich Menschen sicher und respektiert fühlen können. Dies ermöglicht die Entwicklung von Vertrauen, Zusammenarbeit und Verständnis zwischen Menschen, was die Grundlage für gesunde und produktive Beziehungen ist.

Darüber hinaus trägt die Lösung des Mobbingproblems dazu bei, Empathie und Mitgefühl in der Gesellschaft aufzubauen. Die Unterstützung eines Mobbingopfers zeigt Sorge und Respekt für die Gefühle und die Würde anderer, was dazu beiträgt, ein einladenderes und unterstützenderes Umfeld für alle Mitglieder zu schaffen. Solche positiven zwischenmenschlichen Interaktionen tragen dazu bei, das soziale Gefüge der Gesellschaft zu stärken und die Grundlage für Solidarität und gegenseitige Hilfe zu schaffen.

Die Auseinandersetzung mit dem Mobbing-Problem führt nicht nur zu positiven Veränderungen für das einzelne Opfer, sondern trägt auch zur Bildung einer Gesellschaft bei, die auf den Prinzipien der Toleranz und des Respekts basiert. Das bedeutet, dass eine Gemeinschaft, wenn sie Maßnahmen zur Verhinderung und Bekämpfung von Mobbing ergreift, ihren Widerstand gegen abweisendes und aggressives Verhalten zum Ausdruck bringt, indem sie betont, wie wichtig es ist, die Rechte und die Würde jedes Mitglieds der Gemeinschaft zu respektieren. Solche Maßnahmen schützen nicht nur den Einzelnen vor den negativen Folgen von Mobbing, sondern tragen auch dazu bei, ein Umfeld zu schaffen, in dem sich jeder sicher und respektiert fühlt. Dieser Prozess unterstützt die Entwicklung einer offeneren, integrativeren und empathischeren Gesellschaft, in der die Unterschiede und die Integrität jedes Einzelnen geschätzt werden.

Kapitel 4. Mythen über Mobbing.

Weit verbreitete Mythen über Mobbing können zu Missverständnissen und falschen Vorstellungen über das Thema führen. Hier sind einige der wichtigsten Mythen:

1. Mobbing ist nur ein Streich für Kinder: Dieser Mythos legt nahe, dass Mobbing ein normaler Teil der Kindheitserfahrung ist und dass Kinder einfach darüber hinwegkommen müssen. Tatsächlich handelt es sich bei Mobbing um eine schwere Straftat, die für das Opfer langfristige und negative Folgen haben kann.

Der Mythos, dass Mobbing nur ein Kinderstreich sei, ist eines der häufigsten und gefährlichsten Missverständnisse, das zu

Missverständnissen und Missverständnissen bei der Lösung dieses Problems führen kann. Hier ist ein detaillierterer Blick auf diesen Mythos:

- Leugnung der Ernsthaftigkeit des Problems: Dieser Mythos unterschätzt grundsätzlich die Ernsthaftigkeit der Situation. Mobbing sollte nicht als normaler Teil der Kindheitserfahrung betrachtet werden, sondern vielmehr als eine Form psychischer oder physischer Misshandlung, die das Opfer ernsthaft beeinträchtigen kann.

- Negative Auswirkungen auf das Opfer: Mobbing kann zu psychischen Problemen wie Depressionen, Angstzuständen, geringem Selbstwertgefühl, posttraumatischer Belastungsstörung sowie zu körperlichen Problemen wie Verletzungen und Krankheiten wie Kopfschmerzen und Magenbeschwerden führen. Diese Folgen können das Leben des Opfers nachhaltig prägen und sich auf sein emotionales Wohlbefinden, seine sozialen Beziehungen und seinen Erfolg in der Schule oder im Beruf auswirken.

- Schaffung einer negativen Kultur: Die Akzeptanz der Vorstellung, dass Mobbing einfach zur normalen Kindheitserfahrung gehört, kann dazu beitragen, eine Kultur der Toleranz gegenüber Gewalt zu schaffen. Dies kann dazu führen, dass Kinder das Verhalten für akzeptabel halten und es in manchen Fällen sogar fördern, wodurch ein schädliches Umfeld für Wachstum und Entwicklung entsteht.

- Kontraproduktive Problemlösung: Wenn Mobbing nur als kindischer Streich angesehen wird, kann dies dazu führen, dass Erwachsene nicht die notwendigen Schritte unternehmen, um das Verhalten zu stoppen und den Opfern Unterstützung zu leisten. Dies behindert die Entwicklung wirksamer Anti-Mobbing-Strategien und die Schaffung eines sicheren und unterstützenden Umfelds.

Insgesamt unterstreicht dieser Mythos über Mobbing die Notwendigkeit, die Gesellschaft über die Ernsthaftigkeit dieses Problems aufzuklären und zu informieren, und dass Mobbing nicht als etwas Normales oder Akzeptables behandelt werden sollte. Die Zerschlagung dieses Mythos und das Erkennen der Schwere von Mobbing sind wichtige Schritte, um Maßnahmen zur Prävention und Bekämpfung zu ergreifen.

Lassen Sie uns die Diskussion fortsetzen, indem wir uns mit den Auswirkungen befassen, die Mobbing auf das Opfer hat:

- Psychische Folgen: Für das Opfer von Mobbing können die psychischen Folgen äußerst schwerwiegend und langanhaltend sein. Das durch Mobbing verursachte emotionale Trauma kann zur Entwicklung von Depressionen, Angstzuständen, einer posttraumatischen Belastungsstörung (PTSD) und anderen psychischen Problemen führen. Kinder und Jugendliche, die gemobbt werden, leiden häufig unter Angst, Hilflosigkeit und einem Gefühl der Isolation, was ihr Selbstwertgefühl und ihr allgemeines emotionales Wohlbefinden beeinträchtigen kann.

- Körperliche Folgen: Einige Formen von Mobbing können zu

körperlichen Verletzungen und Krankheiten führen. Beispielsweise kann körperliche Gewalt oder die Androhung körperlicher Gewalt zu Verletzungen führen, verbale Angriffe können Stress verursachen, der wiederum zu körperlichen Symptomen wie Kopfschmerzen, Schlaflosigkeit, Verdauungsproblemen und sogar Herzproblemen führen kann.

- Soziale Isolation und Entfremdung: Mobbing kann zur sozialen Isolation und Entfremdung des Opfers von Gleichaltrigen und sogar von Familienmitgliedern führen. Opfer fühlen sich oft sozial unsicher und meiden soziale Kontakte aus Angst vor Spott oder Gewalt. Dies kann in der Zukunft zu ernsthaften Problemen bei der Anpassung und dem Aufbau gesunder zwischenmenschlicher Beziehungen führen.

- Akademische und berufliche Probleme: Mobbing kann den akademischen oder beruflichen Erfolg des Opfers beeinträchtigen. Der durch Mobbing verursachte ständige Stress und die Ablenkung können zu verminderten schulischen Leistungen, schlechter Lernleistung und sogar Fehlzeiten führen. Bei erwachsenen Mobbingopfern können sich auch Probleme im beruflichen Bereich ergeben, da Mobbing am Arbeitsplatz Auswirkungen auf die berufliche Entwicklung und das Wohlbefinden haben kann.

Angesichts dieser Folgen liegt die Notwendigkeit auf der Hand, Mobbing zu bekämpfen und den Opfern Unterstützung und Schutz zu bieten.

2. Das Opfer wird aufgrund seines Verhaltens oder Aussehens gemobbt : Dieser Mythos gibt dem Opfer die Schuld, dass es aufgrund seines Verhaltens oder Aussehens gemobbt wird. In Wirklichkeit basiert Mobbing auf Macht und dem Wunsch, eine andere Person zu kontrollieren oder zu zerstören, und nicht auf dem Verhalten oder Aussehen des Opfers.

Mobbing, das auf dem Mythos basiert, dass sich das Opfer durch sein Verhalten oder Aussehen zu ihm hingezogen fühlt, ist eine gefährliche und irrige Annahme, die dem Opfer die Schuld für das Mobbing zuweist, anstatt die Verantwortung für die negativen Handlungen des Mobbers selbst zu übernehmen.

- Missverständnis der Ursachen von Mobbing: Dieser Mythos besagt fälschlicherweise, dass Mobbing aufgrund des Verhaltens oder Aussehens des Opfers erfolgt. Tatsächlich basiert Mobbing meist auf dem Wunsch des Tyrannen, die Kontrolle über eine andere Person zu übernehmen oder sie zu zerstören und so seine Macht und Dominanz zu demonstrieren.

- Wichtige Faktoren ignorieren: Dieser Mythos spielt die Rolle herunter, die Faktoren wie die Zurückhaltung des Tyrannen, Unterschiede zu akzeptieren, ein geringes Selbstwertgefühl oder Probleme im eigenen Leben spielen. Es ignoriert auch mögliche Gründe für Mobbing, wie etwa den Wunsch, Aufmerksamkeit zu erregen, den Wunsch, andere zu manipulieren oder seine Stärke vor anderen zur Schau zu stellen.

- Negative Auswirkungen auf das Opfer: Die wiederholte Bestätigung dieses Mythos kann beim Mobbingopfer zu verstärkten Schuld- und Schamgefühlen führen, was sein Leiden nur verschlimmert und sein Selbstvertrauen verringert.

- Ablenkung von echten Problemen: Wenn man dem Opfer die Schuld an Mobbing gibt, lenkt es die Aufmerksamkeit von der Notwendigkeit ab, Mobbing selbst zu bekämpfen und ein sicheres Umfeld für alle Teilnehmer der Gesellschaft zu schaffen.

Daher ist es wichtig, diesen Mythos zu bekämpfen, indem man die Öffentlichkeit über die wahren Ursachen und Folgen von Mobbing aufklärt und eine Kultur des Respekts, der Toleranz und der Unterstützung fördert.

3. Ignorieren Sie das Mobbing einfach und es wird aufhören: Dieser Mythos besagt, dass das Ignorieren von Mobbing dazu führen wird, dass es verschwindet. Allerdings kann das Ignorieren von Mobbing die Situation verschlimmern, da Mobbing auf dem Wunsch beruht, Aufmerksamkeit und Kontrolle über andere zu erlangen.

Der Mythos, dass Mobbing durch einfaches Ignorieren verschwinden würde, ist eine unbegründete und sogar gefährliche Behauptung. Deshalb:

- Erhöhte Aggression: Mobbing, das auf dem Wunsch beruht, Aufmerksamkeit und Kontrolle über andere zu erlangen, kann verstärkt werden, wenn es ignoriert wird. Das Versäumnis, auf aggressives Verhalten zu reagieren, kann Mobber dazu veranlassen, aggressiver und durchsetzungsfähiger zu werden, um ihre Ziele zu erreichen.

- Machtbehauptung: Das Ignorieren von Mobbing kann vom Mobber als Zeichen von Schwäche und Hilflosigkeit des Opfers empfunden werden. Dies kann das Vertrauen des Tyrannen in die eigene Macht stärken und ihn dazu ermutigen, sein aggressives Verhalten fortzusetzen.

- Dauer des Mobbings: Wenn Mobbing aufgrund von Vernachlässigung nicht aufhört, kann es andauern und schlimmer werden, was negative Folgen für das Opfer hat. Dies kann zu psychischem Verfall, sozialer Isolation und sogar körperlichen Schäden führen.

- Schaffung einer sicheren Umgebung: Das Ignorieren von Mobbing schafft keine sichere und unterstützende Umgebung, in der sich jeder sicher und respektiert fühlt. Die Bekämpfung von Mobbing erfordert aktives Eingreifen, Unterstützung und Aufklärung.

Daher ist es wichtig, Mobbing nicht zu vernachlässigen, sondern Maßnahmen zu ergreifen, um es zu stoppen. Hierzu gehört auch die Suche nach Hilfe bei Erwachsenen, die Schaffung eines unterstützenden Umfelds und die Schulung der Gesellschaft, einander mit Achtsamkeit und Respekt zu behandeln.

4. Mobbing ist nur körperliche Gewalt: Dieser Mythos besagt, dass Mobbing sich immer durch körperliche Gewalt äußert. Tatsächlich kann Mobbing verbal, emotional, sozial, Cybermobbing und viele andere Formen von Mobbing sein.

Der Mythos, dass Mobbing auf körperliche Gewalt beschränkt sei, ist eine irreführende und schlecht informierte Aussage. Tatsächlich kann Mobbing verschiedene Formen annehmen, die sowohl sichtbar als auch verborgen sein können. Hier eine ausführlichere Erklärung:

- Verbales Mobbing: Hierbei handelt es sich um eine Form des Mobbings, bei der das Opfer verbal beschimpft, bedroht oder verspottet wird. Diese Art von Mobbing kann direkt oder indirekt erfolgen, führt jedoch immer zu ernsthaften Schäden für das psychische Wohlbefinden des Opfers.

- Emotionales Mobbing: Diese Art von Mobbing zielt darauf ab, beim Opfer durch Demütigung, Drohungen oder Manipulation negative Emotionen hervorzurufen. Es kann sich durch Ignorieren, Isolation oder das Verbreiten von Gerüchten äußern und beim Opfer zu Gefühlen der Hilflosigkeit und des Schmerzes führen.

- Soziales Mobbing: Hierbei handelt es sich um eine Form des Mobbings, bei der das Opfer aus sozialen Gruppen ausgeschlossen oder isoliert wird, sein Status oder Ruf geschwächt wird und Gruppendruck erzeugt wird, um es zu manipulieren und zu kontrollieren.

- Cybermobbing: Diese Art von Mobbing findet im digitalen Raum über das Internet und soziale Medien statt. Dabei kann es sich um das Versenden von Drohungen, Beleidigungen, die Verbreitung falscher Informationen oder negativer Kommentare handeln, die verheerende Auswirkungen auf die psychische Gesundheit des Opfers haben können.

Mobbing umfasst daher ein viel größeres Verhaltensspektrum als nur körperliche Gewalt und umfasst verschiedene Formen der Aggression, die für das Opfer gleichermaßen zerstörerisch sein können. Um Mobbing wirksam bekämpfen zu können, muss man sich aller seiner Formen bewusst sein und geeignete Maßnahmen ergreifen, um Mobbing zu stoppen und zu verhindern.

5. Mobbing gehört einfach zum Erwachsenwerden und Teenagerleben dazu: Dieser Mythos besagt, dass Mobbing ein natürliches Phänomen ist, das Kinder und Jugendliche auf ihrem Weg ins Erwachsensein erleben. Tatsächlich ist Mobbing kein unvermeidlicher Teil des Erwachsenwerdens und sollte als schwerwiegende Störung betrachtet werden, die ein Eingreifen erfordert.

Der Mythos, dass Mobbing einfach zum Erwachsenwerden und zur Jugend gehöre, unterschätzt die Schwere des Phänomens und seine möglichen negativen Folgen. Hier finden Sie eine ausführlichere Erläuterung zu diesem Thema:

- Mobbing als schwerwiegende Störung: Die Aufrechterhaltung der Überzeugung, dass Mobbing ein normaler Teil des Erwachsenwerdens ist, verschleiert die Schwere des Verhaltens. Tatsächlich ist Mobbing eine Form von Aggression und Gewalt, die nicht nur das körperliche, sondern auch das psychische Wohlbefinden des Opfers beeinträchtigt.

- Mögliche Folgen für das Opfer: Mobbing kann langfristige und schwerwiegende Folgen für das Opfer haben, darunter psychische Probleme wie Depressionen, Angstzustände, posttraumatische Belastungsstörungen sowie soziale Isolation, vermindertes Selbstwertgefühl und Probleme mit sozialen Netzwerken Anpassung.

- Verantwortung für das Eingreifen: Die Vorstellung, dass Mobbing ein unvermeidlicher Teil des Erwachsenwerdens ist, verschiebt die Verantwortung dafür, es zu stoppen, vom Opfer auf andere. Eine wirksame Bekämpfung von Mobbing erfordert jedoch ein aktives Eingreifen der Gesellschaft, der Schulen, der Eltern und anderer Interessengruppen.

- Schaffung einer Kultur des Respekts und der Toleranz: Die Akzeptanz von Mobbing als integraler Bestandteil der Jugend untergräbt die Bemühungen, in Bildungseinrichtungen und in der Gesellschaft insgesamt eine Kultur des Respekts, der Toleranz und der Sicherheit zu schaffen.

Daher ist es wichtig zu erkennen, dass Mobbing kein unvermeidlicher Teil des Erwachsenwerdens ist, sondern eine schwerwiegende Störung, die sofortiges Eingreifen und Anstrengungen erfordert, um es zu stoppen und zu verhindern. Es ist notwendig, aktiv daran zu arbeiten, sichere und unterstützende Umgebungen zu schaffen, die die Bedürfnisse aller Teilnehmer der Gesellschaft berücksichtigen.

6. Mobbing ist nur ein Problem für das Opfer: Dieser Mythos besagt, dass Mobbing nur das Opfer und nicht das gesamte soziale Umfeld betrifft. Tatsächlich kann Mobbing weitreichende Folgen für alle in der Gesellschaft haben, auch für Unbeteiligte und sogar für die Mobber selbst.

Der Mythos, dass Mobbing nur für das Opfer ein Problem darstellt, existiert in der Gesellschaft und führt zu einer Unterschätzung der gesamten Bandbreite negativer Folgen dieses Phänomens. Hier ist eine ausführliche Erläuterung dieser Aussage:

- Konsequenzen für Zeugen: Menschen, die Mobbing beobachten, können auch psychische Traumata erleiden. Sie fühlen sich oft hilflos, ängstlich oder schuldig, weil sie nicht eingreifen können oder zögern. Dies kann zu Stress, Ängsten und anderen emotionalen Problemen führen.

- Auswirkungen auf andere: Mobbing hat negative Auswirkungen auf das soziale Umfeld und schafft eine Atmosphäre der Angst, Unsicherheit und Ungerechtigkeit. Dies kann zum Zerfall sozialer Bindungen, zum Verlust des Vertrauens in andere Menschen und zu einer allgemeinen Verschlechterung des moralischen Klimas führen.

- Konsequenzen für die Mobber selbst: Basierend auf dem Mythos, dass Mobbing nur das Opfer betrifft, werden die Auswirkungen dieses Verhaltens auf den Mobber selbst oft vergessen. Mobbing kann negative Persönlichkeitsmerkmale wie Aggression, Gewalt und Respektlosigkeit gegenüber anderen verstärken, was in der Folge zu sozialer Isolation, Kommunikationsproblemen und anderen negativen Folgen führen kann.

- Auswirkungen auf den Bildungsprozess: Mobbing wirkt sich auf das Bildungsumfeld aus und behindert das Lernen und die Entwicklung aller am Bildungsprozess Beteiligten. Opfer von Mobbing leiden unter Konzentrationsschwierigkeiten, Schwierigkeiten beim Verstehen von Stoffen und Lernmotivation, während Unbeteiligte möglicherweise auch unter Stress leiden, der sich letztendlich auf die schulischen Leistungen und den gesamten Bildungsprozess auswirkt.

Somit hat Mobbing nicht nur individuelle Auswirkungen auf das Opfer, sondern hat auch weitreichende soziale, psychologische und erzieherische Folgen für alle Beteiligten in der Gesellschaft. Das Bestreben, ein sicheres und unterstützendes Umfeld zu schaffen, muss ein besseres Verständnis aller Aspekte von Mobbing beinhalten.

7. Mobbing ist einfach ein normaler Teil des Schullebens: Manche Leute glauben vielleicht, dass Mobbing nur ein Teil der Schulkultur ist und alle Kinder es erleben. Dies ist jedoch ein Mythos, da Mobbing nicht normal ist und nicht toleriert werden sollte.

Der Mythos, dass Mobbing nur für das Opfer ein Problem darstellt, existiert in der Gesellschaft und führt zu einer Unterschätzung der gesamten Bandbreite negativer Folgen dieses Phänomens. Hier ist eine ausführliche Erläuterung dieser Aussage:

- Konsequenzen für Zeugen: Menschen, die Mobbing beobachten, können auch psychische Traumata erleiden. Sie fühlen sich oft hilflos, ängstlich oder schuldig, weil sie nicht eingreifen können oder zögern. Dies kann zu Stress, Ängsten und anderen emotionalen Problemen führen.

- Auswirkungen auf andere: Mobbing hat negative Auswirkungen auf das soziale Umfeld und schafft eine Atmosphäre der Angst, Unsicherheit und Ungerechtigkeit. Dies kann zum Zerfall sozialer Bindungen, zum Verlust des Vertrauens in andere Menschen und zu einer allgemeinen Verschlechterung des moralischen Klimas führen.

- Konsequenzen für die Mobber selbst: Basierend auf dem Mythos, dass Mobbing nur das Opfer betrifft, werden die Auswirkungen dieses Verhaltens auf den Mobber selbst oft vergessen. Mobbing kann negative Persönlichkeitsmerkmale wie Aggression, Gewalt und Respektlosigkeit gegenüber anderen verstärken, was in der Folge zu sozialer Isolation, Kommunikationsproblemen und anderen negativen Folgen führen kann.

- Auswirkungen auf den Bildungsprozess: Mobbing wirkt sich auf das Bildungsumfeld aus und behindert das Lernen und die Entwicklung aller am Bildungsprozess Beteiligten. Opfer von Mobbing leiden unter Konzentrationsschwierigkeiten, Schwierigkeiten beim Verstehen von Stoffen und Lernmotivation, während Unbeteiligte möglicherweise auch unter Stress leiden, der sich letztendlich auf die schulischen Leistungen und den gesamten Bildungsprozess auswirkt.

Somit hat Mobbing nicht nur individuelle Auswirkungen auf das Opfer, sondern hat auch weitreichende soziale, psychologische und erzieherische Folgen für alle Beteiligten in der Gesellschaft. Das Bestreben, ein sicheres und unterstützendes Umfeld zu schaffen, muss ein besseres Verständnis aller Aspekte von Mobbing beinhalten.

8. Mobbing kommt nur unter Kindern vor: Manche Menschen glauben vielleicht, dass Mobbing ein Problem ist, das hauptsächlich mit Kindergruppen in Verbindung gebracht wird. Mobbing kann jedoch in verschiedenen Lebensbereichen auftreten, darunter im Arbeitsumfeld, in familiären Beziehungen und in Gemeinschaftsgruppen.

Die Aussage, dass Mobbing nur bei Kindern vorkommt, spiegelt das Ausmaß des Problems nicht hinreichend wider. Tatsächlich kann Mobbing in verschiedenen Lebensbereichen auftreten, nicht nur in Kindergruppen, sondern auch im Arbeitsumfeld, in familiären Beziehungen, in Gemeinschaftsgruppen und auch im Online-Bereich. Schauen wir uns dieses Problem genauer an:

- Arbeitsumfeld: Mobbing am Arbeitsplatz, bekannt als Mobbing am Arbeitsplatz oder im Unternehmen, beinhaltet unerwünschtes Verhalten, das darauf abzielt, einen Mitarbeiter durch Kollegen oder Vorgesetzte zu demütigen, zu isolieren oder zu diskriminieren. Dies kann sowohl verbaler als auch nonverbaler Natur sein, etwa durch Kritik, lautes Reden, Ignorieren, Drohungen oder sogar körperliche Gewalt.

- Familienbeziehungen: Mobbing im familiären Umfeld äußert sich oft in Form von emotionalem oder körperlichem Missbrauch, Belästigung, Drohungen oder Kontrolle über andere Familienmitglieder. Dies kann besonders schädlich sein, da die Familie, die normalerweise als sicherer Hafen angesehen wird, zu einer Quelle von Stress und Leid wird.

- Gemeinschaftsgruppen: Mobbing kann auch in Gemeinschaftsgruppen wie Sportmannschaften, Religionsgemeinschaften, Kulturgemeinschaften und anderen auftreten. Dies kann Isolation, Ausschluss aus einer Gruppe, Demütigung aufgrund bestimmter Persönlichkeitsmerkmale oder Verletzung gemeinschaftlicher Normen und Werte umfassen.

- Online-Bereich: Cybermobbing oder Mobbing im Internet kommt in der modernen Welt immer häufiger vor. Dazu gehören das Versenden von Droh- oder Beleidigungsnachrichten, das Versenden von diffamierenden oder abwertenden Kommentaren, das Erstellen falscher Profile und andere Formen digitaler Gewalt.

Daher ist Mobbing nicht nur auf Kindergruppen beschränkt, sondern seine Auswirkungen sind in verschiedenen Bereichen der Gesellschaft spürbar. Wenn wir diese Tatsache verstehen, können wir das Problem effektiver bekämpfen und in verschiedenen Gemeinschaften sichere und unterstützende Umgebungen schaffen.

9. Das Mobbingopfer trägt die Schuld an der Situation: Manche Menschen glauben möglicherweise, dass das Mobbingopfer aufgrund seines Verhaltens oder Aussehens für die Situation verantwortlich ist. Dies ist jedoch ein Missverständnis, da niemand es verdient, gemobbt oder verletzt zu werden.

Die Vorstellung, dass das Opfer von Mobbing für das, was passiert, verantwortlich ist, ist einer der weitverbreiteten Mythen über Mobbing. Hierbei handelt es sich um ein Missverständnis, das häufig dazu führt, dass missbräuchliches Verhalten des Täters gerechtfertigt oder vertuscht wird. Schauen wir uns dieses Problem genauer an:

- Schuldzuweisungen des Opfers: Opfer von Mobbing werden häufig beschuldigt, aufgrund ihres Verhaltens, ihres Aussehens oder einer anderen Eigenschaft selbst für das Geschehen verantwortlich zu sein. Dies ist jedoch eine falsche Annahme, da keine Handlung oder Eigenschaft des Opfers Gewalt oder Mobbing rechtfertigt.

- Verantwortung des Tyrannen: Die Hauptverantwortung für Mobbing liegt beim Tyrannen, der gegenüber dem Opfer Gewalt, Demütigungen oder andere Formen der Aggression ausübt. Dem Opfer die Schuld für die Taten des Täters zu geben, entzieht ihm den Schutz und verstärkt das Gefühl von Hilflosigkeit und Schuldgefühlen.

- Psychologische Aspekte: Mobbing kann schwerwiegende psychologische Auswirkungen auf das Opfer haben, darunter Depressionen, Angstzustände, posttraumatische Belastungsstörungen und sogar Selbstmordgedanken. Dem Opfer die Schuld zu geben, vergrößert nur sein Leiden und vertieft sein psychologisches Trauma.

- Akzeptanz und Unterstützung: Anstatt dem Opfer die Schuld zu geben, sollte die Gesellschaft das Problem des Mobbings anerkennen und den Opfern Unterstützung bieten. Dazu können Aufklärung über Mobbing, die Schaffung sicherer Räume und Programme zur Unterstützung der psychischen Gesundheit für diejenigen gehören, die von dem Problem betroffen sind.

Daher ist es wichtig, sich darüber im Klaren zu sein, dass kein Mobbing-Opfer es verdient, zu leiden, und dass die Verantwortung für die Gewalt immer beim Mobber liegt. Dem Opfer die Schuld zu geben, verschlimmert das Problem nur und verhindert, dass es die Unterstützung und den Schutz erhält, die es braucht.

10. Mobbing ist nur ein Scherz oder ein Spiel: Manche Menschen spielen die Schwere des Mobbings herunter, indem sie es nur als einen freundlichen Witz oder ein Spiel ansehen. Tatsächlich hat Mobbing negative Folgen und kann der geistigen und körperlichen Gesundheit des Opfers ernsthaften Schaden zufügen.

Die Aussage, dass Mobbing nur ein Scherz oder ein Spiel sei, ist einer der weit verbreiteten Mythen über dieses Phänomen. Dieses Missverständnis verdeutlicht eine leichtfertige Herangehensweise an ein ernstes Problem, die schwerwiegende Folgen für das Opfer haben kann. Schauen wir uns dieses Problem genauer an:

- Schwere des Mobbings: Mobbing ist eine Form von Aggression und Gewalt, die schwerwiegende Folgen für das Opfer haben kann. Dabei handelt es sich nicht nur um Witze oder Spielchen, sondern um einen Angriff auf die Persönlichkeit und das Selbstwertgefühl einer Person.

- Psychische Auswirkungen: Opfer von Mobbing können unter Depressionen, Angstzuständen, posttraumatischem Stresssyndrom und anderen psychischen Problemen leiden. Für sie ist Mobbing nicht nur ein Spiel, sondern eine Quelle schweren psychischen Leidens.

- Körperliche Folgen: Einige Formen von Mobbing, wie zum Beispiel körperliche oder verbale Gewalt, können die Gesundheit des Opfers ernsthaft schädigen. Dies ist kein Spiel, sondern eine echte Verletzung des körperlichen Wohlbefindens.

- Schaffung eines negativen Umfelds: Mobbing schafft ein schädliches und toxisches Umfeld, das sich über Einzelfälle hinaus ausbreiten und die gesamte soziale Atmosphäre beeinträchtigen kann.

- Interventionsbedarf: Mobbing als bloßen Scherz oder Spiel zu akzeptieren ist inakzeptabel und erfordert ein aktives Eingreifen von Bildungseinrichtungen, der Gemeinschaft und der Gesellschaft insgesamt.

Insgesamt ist es wichtig zu erkennen, dass Mobbing viel schwerwiegender ist als nur Witze oder Spielchen. Es handelt sich um eine Form von Gewalt und Aggression, die eine ernsthafte Behandlung und Intervention erfordert, um sie zu verhindern und zu stoppen.

11. Mobbing ist ein unvermeidlicher Teil der Kindheit: Manche Menschen glauben vielleicht, dass Mobbing ein unvermeidlicher Teil des Erwachsenwerdens ist und dass Kinder einfach daraus „herauswachsen" sollten. Dies ist jedoch eine falsche Aussage, da Mobbing kein normaler oder unvermeidlicher Aspekt der Kindheit ist. Es kann und muss verhindert und angegangen werden, um ein sicheres und unterstützendes Umfeld für alle Kinder zu gewährleisten.

Die Vorstellung, dass Mobbing ein unvermeidlicher Teil der Kindheit sei, ist ein weit verbreiteter Mythos, der dem Verständnis und der Lösung des Problems abträglich ist. Lass uns genauer hinschauen:

- Inakzeptanz von Mobbing: Es ist wichtig zu verstehen, dass Mobbing niemals als normaler oder unvermeidlicher Aspekt der Kindheit betrachtet werden sollte. Mobbing ist eine Form von Gewalt und Aggression, die gegen die Grundsätze der Sicherheit und des Respekts für jeden Menschen verstößt.

- Folgen für die Opfer: Mobbing kann schwerwiegende Folgen für das geistige und emotionale Wohlbefinden von Kindern haben und zu Depressionen, Angstzuständen und anderen psychischen Problemen führen. Es kann tiefe Wunden hinterlassen, die das Leben des Opfers über Jahre hinweg beeinträchtigen können.

- Die Rolle von Pädagogen und Gesellschaft: Anstatt Mobbing als unvermeidliches Phänomen zu betrachten, müssen Erwachsene und die Gesellschaft als Ganzes aktive Maßnahmen ergreifen, um dieses negative Verhalten zu verhindern und einzudämmen. Bildungseinrichtungen, Eltern, Pädagogen und die Gesellschaft im Allgemeinen müssen zusammenarbeiten, um ein sicheres und unterstützendes Umfeld für Kinder zu schaffen.

- Proaktive Maßnahmen: Zur wirksamen Bekämpfung von Mobbing gehört es, den Kindern die Fähigkeiten emotionaler Intelligenz, Konfliktlösung und respektvoller Kommunikation beizubringen. Es ist auch wichtig, Unterstützungssysteme und -mechanismen zu entwickeln, um auf Mobbingvorfälle zu reagieren.

- Prävention und Reaktion: Es ist wichtig, Präventionsarbeit zu leisten und sowohl Opfern als auch potenziellen Mobbingopfern Aufklärung und Unterstützung zu bieten. Auch die schnelle und effektive Reaktion auf Mobbing-Vorfälle ist ein zentraler Aspekt bei der Bekämpfung dieses Problems.

Insgesamt ist Mobbing kein unvermeidlicher Aspekt der Kindheit und sollte als schwerwiegende Störung betrachtet werden, die sofortiges Eingreifen und geeignete Maßnahmen zur Vorbeugung und Bekämpfung erfordert. Die Schaffung eines sicheren und unterstützenden Umfelds für alle Kinder sollte für Bildungseinrichtungen und die Gesellschaft insgesamt Priorität haben.

Mythen über Mobbing können es sehr schwierig machen, das Problem zu verstehen und zu lösen. Die Verbreitung falscher Überzeugungen über Mobbing kann dazu führen, dass dessen Schwere und Auswirkungen auf die Opfer unterschätzt werden und wirksame Maßnahmen zu seiner Überwindung behindert werden. Daher ist es wichtig, die Öffentlichkeit über die wahre Natur von Mobbing und seine Folgen aufzuklären.

Ein verbreiteter Mythos ist die Vorstellung, dass Mobbing einfach Teil der Kindheits- oder Teenagererfahrung sei und dass Kinder einfach daraus „herauswachsen" sollten. Dies ist jedoch ein Missverständnis, da Mobbing kein unvermeidlicher Aspekt der Kindheit ist und als schwerwiegende Störung betrachtet werden sollte, die sofortiges

Eingreifen erfordert.

Ein weiterer verbreiteter Mythos besagt, dass Mobbing nur das Opfer und nicht die gesamte Gemeinschaft betrifft. In Wirklichkeit hat Mobbing jedoch weitreichende Folgen für alle in der Gesellschaft, auch für Unbeteiligte und sogar für die Mobber selbst.

Es gibt auch den Mythos, dass Mobbing nur ein Scherz oder ein Spiel sei, was die Ernsthaftigkeit des Problems abschwächt. Tatsächlich hat Mobbing negative Folgen und kann sowohl der geistigen als auch der körperlichen Gesundheit des Opfers ernsthaften Schaden zufügen.

Die Verbreitung dieser Mythen kann wirksame Bemühungen zur Bekämpfung von Mobbing behindern. Daher ist es wichtig, die Öffentlichkeit über die wahre Natur dieses Problems und seine schwerwiegenden Folgen aufzuklären. Das Bewusstsein für diese Missverständnisse hilft, Mobbing in der Gesellschaft besser zu verstehen und zu bekämpfen sowie wirksame Maßnahmen zur Vorbeugung und Bekämpfung dieses Problems zu ergreifen.

Teil 2. Wie man aufhört, Opfer von Mobbing zu werden.

Kapitel 5. Erste Hilfe für Mobbingopfer. Verfügbare Ressourcen zur Unterstützung von Mobbingopfern.

Es ist wichtig zu beachten, dass die unten aufgeführten Ressourcen für Mobbingopfer äußerst hilfreich sind, insbesondere in der Anfangsphase dieser negativen Erfahrung. Ganz am Anfang von Mobbing, wenn das Opfer sich des Problems gerade erst bewusst wird oder die ersten Anzeichen von Unbehagen verspürt, können diese Ressourcen eine entscheidende Rolle spielen.

Erstens ermöglichen sie den Opfern Zugang zu Informationen über Mobbing und helfen ihnen so zu verstehen, was passiert und wie ernst die Situation ist. Dies hilft den Opfern, sich mit ihrem Problem weniger allein und isoliert zu fühlen, und hilft ihnen bei der Entscheidung, was als nächstes zu tun ist.

Zweitens bieten diese Ressourcen psychologische Unterstützung und Beratung, um Opfern dabei zu helfen, mit den emotionalen Folgen von Mobbing umzugehen. Dazu können Strategien zur Stressbewältigung, zur Verbesserung des Selbstwertgefühls und zur Entwicklung von Bewältigungsfähigkeiten gehören.

Sie bieten auch praktische Unterstützung in Form von konkreten Ratschlägen, wie man auf Mobbing reagiert, welche Maßnahmen man ergreifen kann, um sich zu schützen, und wie man sich zusätzliche Hilfe holen kann.

Auf diese Weise helfen diese Ressourcen den Opfern nicht nur, die mit Mobbing verbundenen Anfangsschwierigkeiten zu überwinden, sondern stellen ihnen auch die notwendige Unterstützung und Ressourcen zur Verfügung, um diesem negativen Phänomen entschieden und wirksam entgegenzutreten.

Hier sind einige Ressourcen, die Mobbingopfern helfen können:

1. Schulpsychologen und -berater: Viele Schulen verfügen über Psychologen oder Berater, die sich auf die Unterstützung von Schülern im Umgang mit Mobbing spezialisiert haben. Sie können Ratschläge, Unterstützung und Anleitung zur Bewältigung der Situation bieten.

Schulpsychologen und -berater spielen eine wichtige Rolle bei der Unterstützung von Schülern, die von Mobbing betroffen sind. Hier ist ein genauerer Blick auf diese Ressource:

- Beratung und individuelle Betreuung: Schulpsychologen und -berater bieten vertrauliche Beratung für Mobbingopfer an. Sie helfen ihnen, ihre Emotionen zu verstehen, Situationen zu verstehen und Strategien zur Stressbewältigung zu entwickeln. Dies gibt den Opfern das Gefühl, gehört und unterstützt zu werden.

- Entwicklung individueller Aktionspläne: Schulpsychologen und -berater arbeiten mit Mobbingopfern zusammen, um individuelle Aktionspläne zu entwickeln. Diese Pläne können Möglichkeiten zur Konfliktvermeidung, zur Stärkung des Selbstwertgefühls und zur Entwicklung von Kommunikationsfähigkeiten beinhalten.

- Unterstützung für Eltern und Erzieher: Darüber hinaus unterstützen Schulpsychologen und -berater Eltern und Erzieher, damit sie besser auf Mobbingfälle reagieren können. Sie bieten Interventionsempfehlungen, Strategien für die Kommunikation mit Kindern und Schulungen zur Unterstützung von Kindern, die Mobbing erleben.

- Präventive Arbeit leisten: Schulpsychologen und -berater leisten auch präventive Arbeit und führen Schulungen und Aktivitäten zur Bekämpfung von Mobbing in der Schule durch. Sie arbeiten daran, ein sicheres und unterstützendes Umfeld zu schaffen, in dem sich jeder Schüler geschützt fühlt.

- Zusammenarbeit mit anderen Fachleuten: Schulpsychologen und -berater arbeiten häufig mit anderen Fachleuten wie Sozialarbeitern, Pädagogen und Schulverwaltern zusammen, um einen umfassenden Ansatz zur Prävention und Bewältigung von Mobbingproblemen zu entwickeln.

Schulpsychologen und -berater spielen eine Schlüsselrolle im Kampf gegen Mobbing, indem sie die erforderliche Unterstützung, Ressourcen und Schulung bereitstellen, um ein sicheres und unterstützendes Schulumfeld zu schaffen.

2. Familienberater oder Therapeut: Der Besuch eines zugelassenen Psychologen oder Therapeuten kann für Mobbingopfer hilfreich sein, insbesondere wenn das Problem ihr emotionales oder psychisches Wohlbefinden beeinträchtigt.

Der Besuch eines Familienberaters oder Therapeuten für Mobbingopfer kann ein wichtiger Schritt zur Heilung und Wiederherstellung des psychischen Wohlbefindens sein. Hier ist ein genauerer Blick auf diese Ressource:

- Psychologische Unterstützung und Beratung: Familienpsychologen und -therapeuten bieten Mobbingopfern eine vertrauliche Beratung an, um ihnen zu helfen, ihre Emotionen im Zusammenhang mit der Mobbingsituation zu verstehen und zu verarbeiten. Sie helfen Opfern, ihre Gefühle auszudrücken, schwierige Situationen zu meistern und Strategien zur Lösung des Problems zu entwickeln.

- Arbeit am Aufbau von Selbstwertgefühl und Selbstvertrauen: Familienpsychologen und Therapeuten helfen Mobbingopfern dabei, ihr Selbstwertgefühl und Selbstvertrauen aufzubauen. Sie helfen den Opfern, ihren Wert und ihre Einzigartigkeit zu verstehen und Fähigkeiten zur Selbstverteidigung und emotionalen Belastbarkeit zu entwickeln.

- Bewältigungs- und Anpassungsstrategien entwickeln: Familienpsychologen und Therapeuten helfen Mobbingopfern dabei, wirksame Strategien zur Bewältigung schwieriger Situationen und zur Anpassung an negative Einflüsse zu entwickeln. Sie bringen Opfern bei, wie sie mit Stress umgehen, Ressourcen zur Unterstützung finden und gesunde Beziehungen zu anderen aufbauen können.

- Familienunterstützung: Familienpsychologen und -therapeuten unterstützen auch Familien von Mobbingopfern. Sie helfen Eltern, ihr Kind zu verstehen und zu unterstützen, geben Ratschläge für wirksame Interventionen in Mobbingsituationen und tragen dazu bei, ein unterstützendes familiäres Umfeld zu schaffen.

- Therapie zur Heilung von Traumata: Bei schweren psychischen Traumata im Zusammenhang mit Mobbing können Familienpsychologen und Therapeuten therapeutische Behandlungen anbieten, um den Opfern zu helfen, vergangene Traumata zu überwinden, Ängste zu überwinden und ihre psychische Gesundheit wiederzugewinnen.

Der Besuch eines Familienberaters oder Therapeuten kann ein wichtiger Schritt zur Heilung und Wiederherstellung des psychischen Wohlbefindens von Mobbingopfern sein. Sie bieten individuelle Unterstützung, helfen bei der Entwicklung emotionaler Belastbarkeit und bauen gesunde Beziehungen innerhalb der Familie und der Gemeinschaft auf.

3. Nationale Hotlines: In vielen Ländern gibt es Hotlines, die Mobbingopfern und ihren Familien helfen. Diese Dienste bieten in der Regel telefonisch oder online Beratung und Unterstützung an.

Nationale Helplines stellen eine wichtige Anlaufstelle für Mobbingopfer und ihre Familien dar und bieten vertrauliche und professionelle Unterstützung in kritischen Situationen. Hier ist ein genauerer Blick auf diese Ressource:

- Beratung und Unterstützung: Nationale Mobbing-Hotlines bieten Beratung und emotionale Unterstützung für Opfer, die sich möglicherweise isoliert oder ohne Hilfe fühlen. Die professionellen Berater der Hotline sind darauf geschult, mit Mobbingopfern zu arbeiten, ihnen zu helfen, ihre Gefühle zu verstehen, Bewältigungsstrategien anzubieten und psychologische Unterstützung zu leisten.

- Bereitstellung von Informationen und Ressourcen: Hotlines können auch Informationen über die Rechte von Mobbingopfern, verfügbare Ressourcen für Hilfe und Unterstützung sowie Methoden zur Lösung des Problems bereitstellen. Dazu können Informationen über schulische Anti-Mobbing-Richtlinien, Tipps zur Suche nach Unterstützung in der Gemeinde und Online-Ressourcen zur Selbsthilfe gehören.

- Anonymität und Vertraulichkeit: Hotlines bieten Mobbingopfern in der Regel Anonymität und Vertraulichkeit, sodass sie ihre Probleme und Bedenken besprechen können, ohne Angst vor möglichen Konsequenzen haben zu müssen. Dies kann besonders wichtig für diejenigen sein, die negative Reaktionen oder Repressalien seitens der Gesellschaft oder ihrer Täter fürchten.

- Online-Ressourcen und Online-Support: Einige Hotlines bieten Support nicht nur per Telefon, sondern auch über Online-Plattformen wie Websites, E-Mail oder Live-Chats. Dies bietet denjenigen, die lieber in einer Online-Umgebung kommunizieren, einen besseren Zugang zu Hilfe.

- Weiterleitung an spezialisierte Dienste und Organisationen: Helplines können Mobbingopfer auch an andere spezialisierte Dienste und Organisationen verweisen, wo sie längerfristige Unterstützung und Hilfe erhalten können. Dies kann die Überweisung an eine psychologische Therapie, Gruppenunterstützungsprogramme oder Rechtsbeistand umfassen.

Nationale Hotlines stellen eine wichtige Hilfe- und Unterstützungsquelle für Mobbingopfer und ihre Familien dar und stellen sicher, dass sie in kritischen Zeiten Zugang zu professioneller Hilfe, Beratung und Ressourcen haben.

4. Anti-Mobbing-Organisationen und Stiftungen: Es gibt zahlreiche Nichtregierungsorganisationen und Stiftungen, die sich für die Prävention und Bekämpfung von Mobbing einsetzen. Sie können Informationen, Ressourcen und Unterstützung für Opfer und ihre Familien bereitstellen.

Anti-Mobbing-Organisationen und Stiftungen spielen eine Schlüsselrolle bei der Schaffung von Bewusstsein, Ressourcen und Unterstützung für Opfer dieses Phänomens. Schauen wir sie uns genauer an:

- Informationsbereitstellung und Aufklärung: Diese Organisationen verbreiten Informationen über die Art von Mobbing, seine Folgen und Präventionsmethoden. Sie bieten Bildungsveranstaltungen, Seminare, Workshops und Kampagnen für Schulen, Eltern, Fachkräfte und die breite Öffentlichkeit an.

- Psychologische Unterstützung und Beratung: Viele dieser Organisationen bieten Beratung und psychologische Unterstützung für Mobbingopfer und ihre Familien an. Dies kann Einzelsitzungen, Gruppenunterstützungsprogramme und Online-Beratung über Websites oder Chatrooms umfassen.

- Unterstützung durch Schule und Gemeinschaft: Anti-Mobbing-Organisationen arbeiten mit Bildungseinrichtungen und Gemeinschaftsorganisationen zusammen, um Programme und Richtlinien zur Schaffung sicherer und unterstützender Umgebungen umzusetzen. Sie können Schulen und Gemeindegruppen Ressourcen anbieten, die sie bei der Entwicklung von Anti-Mobbing-Strategien unterstützen.

- Durchführung von Forschungs- und Datenanalysen: Einige Organisationen finanzieren und führen Forschungsarbeiten durch, die darauf abzielen, die Ursachen und Folgen von Mobbing sowie die Wirksamkeit von Methoden zu seiner Bekämpfung zu verstehen. Sie sammeln und analysieren Daten über die Prävalenz von Mobbing und seine Auswirkungen auf verschiedene Personengruppen.

- Rechtsbeistand und Interessenvertretung: Einige Organisationen bieten Mobbingopfern Rechtsbeistand und Interessenvertretung an und helfen ihnen, ihre Rechte zu schützen und eine Entschädigung für durch Mobbing oder Gewalt erlittene Schäden zu erhalten.

- Netzwerke und Partnerschaften: Anti-Mobbing-Organisationen arbeiten oft zusammen und tauschen Ressourcen, Erfahrungen und Best Practices aus. Sie können auch Partnerschaften mit anderen Organisationen, Regierungsbehörden und der Wirtschaft eingehen, um die Reaktion auf Mobbing zu verbessern und ein sicheres Umfeld für alle zu schaffen.

Anti-Mobbing-Organisationen und Stiftungen sind eine wichtige Quelle der Unterstützung und Ressourcen für Opfer und ihre Familien und spielen eine Schlüsselrolle bei der Prävention und Bekämpfung von Mobbing in der Gesellschaft.

5. Online-Ressourcen und Support-Communities: Es gibt Online-Ressourcen, darunter Websites, Foren und Social-Media-Communities, in denen Mobbing-Opfer sich mit anderen mit ähnlichen Problemen vernetzen und Unterstützung und Rat erhalten können.

Online-Ressourcen und Support-Communitys bieten Mobbingopfern wertvolle Möglichkeiten, Unterstützung, Rat und ein Gemeinschaftsgefühl zu erhalten. Schauen wir uns die Hauptaspekte dieser Ressource an:

- Online-Foren und Communities: Es gibt viele Online-Foren und Communities, die sich der Bekämpfung von Mobbing und der Unterstützung von Opfern widmen. Diese Plattformen bieten einen anonymen Raum, um Themen im Zusammenhang mit Mobbing zu diskutieren, Erfahrungen auszutauschen und Ratschläge von Menschen zu erhalten, die ähnliche Situationen erlebt haben.

- Online-Chats und Beratungen: Einige Websites bieten Online-Chats und Beratungen mit professionellen Psychologen oder Anti-Mobbing-Trainern an. Dies ermöglicht es den Opfern, vertrauliche Unterstützung und Beratung bequem von zu Hause aus zu erhalten.

- Ressourcen und Informationen: Viele Online-Ressourcen bieten Informationen dazu, wie man Mobbing erkennt, wie man darauf reagiert und wie man Hilfe bekommt. Sie können auch Anleitungen und Ratschläge zur Stressbewältigung, zur Verbesserung des Selbstwertgefühls und zur Entwicklung zwischenmenschlicher Fähigkeiten geben.

- Soziale Medien: Auf Social-Media-Plattformen gibt es Gruppen und Communities, die sich der Bekämpfung von Mobbing und der Unterstützung von Opfern widmen. Menschen können solchen Gruppen beitreten, um ihre Geschichten zu teilen, Unterstützung von anderen Mitgliedern zu erhalten und an Diskussionen teilzunehmen.

- Lehrmaterialien und Kurse: Mehrere Online-Ressourcen bieten Lehrmaterialien und Kurse zum Thema Mobbing an, die Opfern helfen, Selbstverteidigungsfähigkeiten zu entwickeln, ihr Selbstwertgefühl zu stärken und zu lernen, wie sie effektiv auf solche Situationen reagieren können.

- Aufklärungskampagnen und Aktivismus: Über Online-Ressourcen können sich Mobbingopfer an Informationskampagnen, Aktivistenbewegungen und Petitionen beteiligen, die darauf abzielen, Bewusstsein für das Problem zu schaffen und Maßnahmen zu seiner Lösung zu ergreifen.

Online-Ressourcen und Support-Communities spielen eine wichtige Rolle dabei, Opfern von Mobbing Zugang zu Informationen, Unterstützung und Ressourcen zu verschaffen, die ihnen helfen können, damit umzugehen und ihr Wohlbefinden wiederherzustellen.

6. Anti-Mobbing-Programme und -Initiativen an Schulen: Viele Schulen verfügen über Programme und Initiativen zur Prävention und Bekämpfung von Mobbing. Diese Programme können die Schulung von Studenten und Mitarbeitern, die Schaffung sicherer Räume und die Entwicklung von Null-Toleranz-Richtlinien gegenüber Mobbing umfassen.

Anti-Mobbing-Programme und -Initiativen an Schulen sind ein wichtiger Bestandteil der Schaffung eines sicheren und unterstützenden Umfelds im Bildungsumfeld. Schauen wir uns dieses Thema genauer an:

- Bildung von Schülern und Personal: Das Ziel von Anti-Mobbing-

Programmen in Schulen besteht nicht nur darin, Schüler, sondern auch Personal, einschließlich Lehrer, Administratoren und Schulberater, zu schulen. Zum Lernen der Schüler gehört die Einführung in das Konzept von Mobbing, Techniken zur Konfliktprävention, die Entwicklung emotionaler Intelligenzfähigkeiten sowie der Aufbau von Selbstwertgefühl und Selbstvertrauen. Die Schulung des Personals umfasst das Erkennen der Anzeichen von Mobbing, wirksame Interventionen und Unterstützung für Opfer sowie die Entwicklung von Strategien zur Schaffung eines sicheren und integrativen Umfelds.

- Schaffung sicherer Räume: Anti-Mobbing-Programme an Schulen zielen darauf ab, sichere und unterstützende Räume für alle Schüler zu schaffen. Dazu gehört nicht nur die körperliche Sicherheit, sondern auch der emotionale und soziale Schutz. Schulen können „sichere Zonen" einrichten, in denen Schüler Hilfe oder Unterstützung suchen können, und Null-Toleranz-Richtlinien gegenüber Mobbing und anderen Formen der Gewalt entwickeln.

- Entwicklung von Null-Toleranz-Richtlinien für Mobbing: Ein wichtiger Teil schulischer Anti-Mobbing-Programme ist die Entwicklung und Umsetzung von Null-Toleranz-Richtlinien für Mobbing. Diese Richtlinien definieren klare Regeln und Konsequenzen für diejenigen, die Mobbing betreiben, und legen Verfahren für die Reaktion auf Verstöße fest. Sie verlangen außerdem, dass das Schulpersonal schnell und effektiv auf Mobbingvorfälle reagiert.

- Zusammenarbeit mit Eltern und der Gemeinschaft: Anti-Mobbing-Programme an Schulen umfassen auch die Zusammenarbeit mit Eltern und der breiteren Gemeinschaft. Eltern können in Schulungsaktivitäten, Feedback und Unterstützung zu Hause sowie in die Entwicklung und Umsetzung von Anti-Mobbing-Programmen einbezogen werden. Wichtig ist auch die Zusammenarbeit mit lokalen Behörden, Nichtregierungsorganisationen und anderen Interessengruppen, um Schulinitiativen zu unterstützen und bewährte Verfahren auszutauschen.

Anti-Mobbing-Programme und -Initiativen an Schulen spielen eine wichtige Rolle bei der Förderung eines gesunden und sicheren Umfelds, der Förderung des psychischen Wohlbefindens der Schüler und der Verhinderung der negativen Folgen von Mobbing.

Anti-Mobbing-Organisationen und Stiftungen: Es gibt zahlreiche Nichtregierungsorganisationen und Stiftungen, die sich für die Prävention und Bekämpfung von Mobbing einsetzen. Sie können Informationen, Ressourcen und Unterstützung für Opfer und ihre Familien bereitstellen. Werfen wir einen genaueren Blick auf die Organisationen und Stiftungen, die im Kampf gegen Mobbing helfen:

- Nichtregierungsorganisationen: Es gibt viele Nichtregierungsorganisationen, wie zum Beispiel „StopBullying.gov" in den USA, „Anti-Bullying Alliance" im Vereinigten Königreich und

„BullyingCanada" in Kanada. Diese Organisationen bieten eine Vielzahl von Ressourcen an, darunter Informationsbroschüren, Online-Ratschläge, Foren zur Diskussion von Problemen und sogar Telefonleitungen für Hilfe und Unterstützung.

- Stiftungen und Wohltätigkeitsorganisationen: Viele Stiftungen und Wohltätigkeitsorganisationen finanzieren auch Anti-Mobbing-Programme und gewähren Zuschüsse für verschiedene Projekte in diesem Bereich. Beispielsweise arbeiten das Trevor Project und die It Gets Better Foundation in den USA daran, Mobbing unter LGBTQ+-Jugendlichen zu verhindern.

- Online-Ressourcen und Unterstützungsplattformen: Viele Organisationen bieten Online-Ressourcen und Unterstützungsplattformen für Mobbingopfer und ihre Familien an. Dazu können Websites mit Informationen zu Rechten und Ressourcen, Online-Chats mit Beratern und Psychologen sowie Foren zum Erfahrungsaustausch und zur Unterstützung gehören.

- Schulungen und Veranstaltungen: Viele Organisationen bieten Schulungen und Veranstaltungen zum Thema Anti-Mobbing für Schulpersonal, Eltern und die Öffentlichkeit an. Diese Veranstaltungen können Seminare, Webinare, runde Tische und Konferenzen mit Experten aus den Bereichen Psychologie, Pädagogik und Sozialarbeit umfassen.

- Zusammenarbeit mit Regierungsbehörden und Schulen: Einige Organisationen arbeiten aktiv mit Regierungsbehörden und Bildungseinrichtungen zusammen, um Anti-Mobbing-Programme in Schulen und Bezirken umzusetzen. Sie können bei der Entwicklung von Richtlinien und Strategien helfen und Beratung und fachkundige Unterstützung bieten.

Diese Organisationen und Stiftungen spielen eine wichtige Rolle im Kampf gegen Mobbing, indem sie Ressourcen, Informationen und Unterstützung für Opfer und ihre Familien bereitstellen und sich dafür einsetzen, das Problem in der Gesellschaft zu verhindern.

7. Rechtsbeistand: In manchen Fällen können Mobbingopfer rechtlichen Beistand in Anspruch nehmen. Anwälte und Anwälte können dabei helfen, die Situation einzuschätzen, Ratschläge zu den Rechten des Opfers zu geben und bei Bedarf bei der Vorbereitung von Dokumenten für ein Gerichtsverfahren behilflich zu sein.

Rechtsbeistand ist ein wichtiges Instrument zum Schutz der Rechte und Interessen von Mobbingopfern. Schauen wir uns dieses Thema genauer an:

- Beurteilung der Situation: Der erste Schritt, um rechtlichen Beistand für ein Mobbingopfer zu erhalten, ist die Beurteilung der Situation. Anwälte und Anwälte können dabei helfen, herauszufinden, ob Gesetze oder die Rechte des Opfers verletzt wurden, und mögliche rechtliche Schritte zum Schutz seiner Interessen festlegen.

- Beratung zu Opferrechten: Auf Mobbing spezialisierte Anwälte können Opfern ausführliche Informationen zu ihren gesetzlichen Rechten sowie Ratschläge dazu geben, wie sie sich schützen und mit bestimmten Situationen umgehen können.

- Vorbereitung von Dokumenten für rechtliche Verfahren: Bei Bedarf können Anwälte dem Mobbingopfer dabei helfen, die notwendigen Dokumente für rechtliche Verfahren vorzubereiten, beispielsweise für die Einreichung einer Anzeige bei der Polizei, für rechtliche Ansprüche oder für die Kontaktaufnahme mit Bildungseinrichtungen.

- Vertretung vor Gericht: In Fällen, in denen Mobbing zu schweren Gesetzesverstößen oder körperlichen Schäden führt, können Anwälte das Opfer vor Gericht vertreten und dabei helfen, rechtliche Schritte zur Bestrafung der Täter einzuleiten.

- Unterstützung bei der Erlangung einer Entschädigung und beim Schutz vor weiterer Belästigung: Rechtsanwälte können Opfern von Mobbing auch dabei helfen, eine Entschädigung für den verursachten Schaden und Schutz vor weiterer Belästigung durch die Täter zu erhalten.

Es ist wichtig zu beachten, dass rechtlicher Beistand besonders bei systematischem oder schwerem Mobbing hilfreich sein kann, das ein gerichtliches Eingreifen erfordert. Wenn sich ein Mobbingopfer daher an einen Anwalt wendet, kann es nicht nur den Schutz seiner Rechte, sondern auch Gerechtigkeit und Schadensersatz erhalten.

8. Soziale Dienste: In einigen Ländern gibt es soziale Dienste oder Organisationen, die Unterstützung und Schutz für Kinder und Jugendliche bieten, die in ihrem familiären Umfeld oder anderen Umständen Mobbing erlebt haben.

Soziale Dienste spielen eine wichtige Rolle bei der Unterstützung von Kindern und Jugendlichen, die in unterschiedlichen Umgebungen Mobbing erleben. Schauen wir uns dieses Thema genauer an:

- Psychosoziale Unterstützung: Soziale Dienste bieten psychosoziale Unterstützung für Kinder und Jugendliche, die Mobbing erleben. Sie können emotionale Unterstützung bieten, bei der Bewältigung schwieriger Situationen helfen und Ressourcen für die Entwicklung von Anti-Mobbing-Strategien bereitstellen.

- Arbeit mit Familien: Soziale Dienste können auch mit Familien von Mobbingopfern interagieren. Sie helfen Eltern, die Situation zu verstehen, stellen Ressourcen zur Unterstützung ihrer Kinder bereit und bieten Strategien zur Schaffung eines sicheren und unterstützenden familiären Umfelds.

- Hilfe beim Zugang zu anderen Ressourcen: Soziale Dienste können Opfern von Mobbing dabei helfen, Zugang zu anderen benötigten Ressourcen zu erhalten, wie z. B. psychologische Beratung, medizinische

Dienste oder Rechtsbeistand. Sie koordinieren die Dienste und beraten Sie, wie Sie die Hilfe erhalten, die Sie benötigen.

- Schulung und Bildung: Diese Dienste können Bildungsprogramme und Aktivitäten für Kinder, Jugendliche und ihre Eltern über Mobbing, seine Folgen und Methoden zur Bekämpfung anbieten. Sie können sich auch an der Schaffung von Anti-Mobbing-Initiativen in der Gesellschaft und in Bildungseinrichtungen beteiligen.

- Öffentlichkeitsarbeit: Darüber hinaus können soziale Dienste mit Gemeinschaftsorganisationen und Regierungsbehörden zusammenarbeiten, um Anti-Mobbing-Richtlinien und -Programme auf kommunaler und nationaler Ebene zu entwickeln und zu unterstützen.

Insgesamt stellen soziale Dienste eine wichtige Ressource für Mobbingopfer dar und stellen sicher, dass sie Zugang zu vielfältiger Hilfe und Unterstützung in ihrer Situation haben. Sie spielen eine Schlüsselrolle beim Schutz und der Unterstützung der von diesem Problem betroffenen Kinder und Jugendlichen.

9. Medizinische und psychologische Zentren: Viele medizinische und psychologische Zentren bieten Beratungs- und Unterstützungsdienste für diejenigen an, die mit den emotionalen oder psychologischen Folgen von Mobbing zu kämpfen haben.

Gesundheits- und Psychiatriezentren sind eine wichtige Anlaufstelle für diejenigen, die mit den emotionalen oder psychologischen Auswirkungen von Mobbing zu kämpfen haben. Schauen wir uns genauer an, welche Dienste sie anbieten und wie sie Mobbingopfern helfen können:

- Beratung: Medizinische und psychologische Zentren bieten Beratung für Mobbingopfer an. Ärzte und Psychologen helfen dabei, die emotionalen und psychologischen Folgen von Mobbing zu verstehen und helfen bei der Bewältigung von Angstzuständen, Depressionen, posttraumatischen Belastungsstörungen und anderen Problemen, die durch Mobbing entstehen.

- Psychotherapie: Medizinische und psychologische Zentren bieten psychotherapeutische Hilfe für Mobbingopfer an. Psychotherapien können kognitive Verhaltenstherapie, Spieltherapie, Familientherapie und andere Ansätze zur Verbesserung des emotionalen Wohlbefindens und zur Bewältigung der traumatischen Auswirkungen von Mobbing umfassen.

- Ärztliche Untersuchung und Behandlung: In Fällen, in denen Mobbing zu körperlichen Verletzungen oder Erkrankungen führt, bieten Gesundheitszentren eine ärztliche Untersuchung und Behandlung an. Dies kann die Behandlung körperlicher Verletzungen, die Behandlung psychosomatischer Symptome und andere medizinische Eingriffe umfassen.

- Selbsthilfestrategien entwickeln: Fachleute können Mobbingopfern dabei helfen, Selbsthilfestrategien zu entwickeln, die ihnen helfen, effektiv mit den negativen Emotionen und dem Stress umzugehen, die mit Mobbing einhergehen. Dazu können Entspannungsübungen, Techniken zur Stressbewältigung und andere Methoden gehören.

- Erleichterung des Zugangs zu anderen Ressourcen: Gesundheits- und psychologische Zentren können Opfern von Mobbing dabei helfen, Zugang zu anderen Ressourcen wie Gruppentherapie, Unterstützungsprogrammen und sozialen Diensten zu erhalten.

Das übergeordnete Ziel medizinischer und psychologischer Zentren besteht darin, Mobbingopfern umfassende Unterstützung zu bieten, um sie bei der Bewältigung der negativen Folgen dieses gefährlichen Phänomens zu unterstützen. Sie spielen eine wichtige Rolle bei der Heilung körperlicher und emotionaler Wunden und stellen Werkzeuge zur Verfügung, um zu verhindern, dass es erneut zu Mobbing kommt.

10. Selbsthilfe und Selbstbildung: Es gibt viele Bücher, Online-Ressourcen und Apps, die Selbsthilfe- und Selbstbildungstipps für Mobbingopfer bieten. Zu diesen Ressourcen können Techniken zur Stressbewältigung, die Entwicklung sozialer Fähigkeiten und die Verbesserung des Selbstwertgefühls gehören.

Selbsthilfe und Selbstbildung spielen eine Schlüsselrolle bei der Überwindung der Auswirkungen von Mobbing und der Wiederherstellung des emotionalen Wohlbefindens der Opfer. Schauen wir uns genauer an, welche Ressourcen Mobbingopfern in diesem Bereich zur Verfügung stehen:

- Bücher und Literatur: Es gibt viele Bücher und Artikel zum Thema Mobbing, emotionale Gesundheit und Selbsthilfe. Diese Ressourcen können Tipps zur Stressbewältigung, zur Entwicklung sozialer Fähigkeiten und Erfolgsgeschichten von anderen enthalten, die vor ähnlichen Herausforderungen stehen.

- Online-Ressourcen und Websites: Das Internet bietet eine Vielzahl von Online-Ressourcen und Websites zum Thema Mobbing und Selbsthilfe. Zu diesen Ressourcen können Artikel, Videos, Blogs, Diskussionsforen und andere Materialien gehören, die Ratschläge, Unterstützung und Informationen zu Methoden zur Bewältigung von Mobbing bieten.

- Anwendungen für mobile Geräte: Es gibt Anwendungen für mobile Geräte, die speziell darauf ausgelegt sind, Mobbingopfern zu helfen. Diese Apps können Tools zur Stressbewältigung, Meditationstechniken sowie interaktive Übungen und Herausforderungen zur Förderung des psychischen Wohlbefindens enthalten.

- Online-Kurse und -Schulungen: Einige Online-Plattformen bieten Kurse und Schulungen zur Selbsthilfe und Selbstbildung für Mobbingopfer an. Diese Kurse können Lektionen zur Entwicklung von Selbstvertrauen, Kommunikations- und Bewältigungsfähigkeiten sowie Schulungen in

Techniken zur Stress- und Emotionsbewältigung umfassen.

- Soziale Netzwerke und Communities: In sozialen Netzwerken gibt es Communities und Gruppen, die sich der Unterstützung von Mobbingopfern und der Selbsthilfe widmen. Die Teilnehmer können Erfahrungen austauschen, ihre Geschichten teilen und Unterstützung und Verständnis bei anderen Menschen finden, die mit ähnlichen Problemen konfrontiert waren.

Diese Ressourcen bieten Opfern von Mobbing Zugang zu Informationen, Tools und Communities, die ihnen helfen können, Selbsthilfefähigkeiten zu entwickeln, ihr Selbstwertgefühl zu steigern und die negativen Auswirkungen von Mobbing effektiv zu bewältigen. Es ist wichtig, sich daran zu erinnern, dass jeder Mensch einzigartig ist und die Herangehensweise an die Selbstfürsorge unterschiedlich sein kann. Daher ist es wichtig, Ressourcen und Methoden auszuwählen, die den individuellen Bedürfnissen und Vorlieben jedes Einzelnen entsprechen.

11. Jugendzentren und -organisationen: In vielen Ländern gibt es Jugendzentren und -organisationen, die Programme und Aktivitäten anbieten, die darauf abzielen, das emotionale Wohlbefinden junger Menschen zu fördern, einschließlich derjenigen, die Mobbing erleben.

Jugendzentren und -organisationen spielen eine wichtige Rolle bei der Unterstützung und dem emotionalen Wohlbefinden junger Menschen, auch derjenigen, die von Mobbing betroffen sind. Schauen wir uns genauer an, welche Ressourcen und Dienste von diesen Organisationen bereitgestellt werden:

- Programme und Veranstaltungen: Jugendzentren und -organisationen entwickeln und führen verschiedene Programme und Veranstaltungen zur Unterstützung junger Menschen durch. Zu diesen Aktivitäten können Schulungen zu Kommunikationsfähigkeiten und Führung sowie Programme zur Steigerung des Selbstwertgefühls und des Selbstvertrauens gehören.

- Psychologische Unterstützung: Jugendzentren können Psychologen und Berater beschäftigen, die bereit sind, Jugendlichen, die Mobbing ausgesetzt sind, professionelle psychologische Unterstützung zu leisten. Diese Fachkräfte können Beratungen, Gruppen- und Einzeltherapiesitzungen anbieten.

- Gemeinschaften und Unterstützung: Jugendzentren schaffen oft sichere Räume, in denen junge Menschen Kontakte knüpfen, ihre Geschichten teilen und Unterstützung in einer Gemeinschaft von Gleichaltrigen finden können. Diese Gemeinschaften fördern die Bildung von Freundschaften sowie den Erfahrungsaustausch und die gegenseitige Unterstützung.

- Bildungs- und Sensibilisierungsveranstaltungen: Jugendzentren organisieren häufig Veranstaltungen und Kampagnen, um über das

Problem Mobbing aufzuklären. Diese Veranstaltungen können Vorträge, Seminare, runde Tische und andere Formen von Bildungsaktivitäten umfassen, die darauf abzielen, Informationen über Mobbing und Möglichkeiten zu seiner Prävention zu verbreiten.

- Partnerschaften mit anderen Organisationen: Jugendzentren können mit anderen Organisationen und Institutionen wie Schulen, Regierungsbehörden, Nichtregierungsorganisationen und lokalen Gemeinschaften zusammenarbeiten, um gemeinsam das Problem des Mobbings anzugehen und umfassende Unterstützung für Jugendliche bereitzustellen.

Jugendzentren und -organisationen spielen eine wichtige Rolle bei der Schaffung eines unterstützenden und sicheren Umfelds für Jugendliche sowie bei der Bereitstellung von Ressourcen und Dienstleistungen für Mobbingopfer. Es ist wichtig, dass diese Organisationen weiterhin daran arbeiten, ihre Programme und Dienstleistungen weiterzuentwickeln und zu verbessern, um allen jungen Menschen, die Hilfe benötigen, wirksame Unterstützung zu bieten.

12. Unterstützung durch soziale Medien und Online-Foren: Soziale Medien und Online-Foren können ein Ort sein, an dem Mobbingopfer Unterstützung, Rat und Verständnis von anderen finden, die mit ähnlichen Problemen konfrontiert sind.

Die Unterstützung über soziale Medien und Online-Foren spielt eine wichtige Rolle bei der Unterstützung von Mobbingopfern. Schauen wir uns genauer an, welche Arten von Support über diese Plattformen verfügbar sind:

- Ratschläge und Einblicke: Soziale Medien und Online-Foren bieten Mobbingopfern die Möglichkeit, mit anderen in Kontakt zu treten, die ihre Situation aus eigener Erfahrung verstehen. Dies ermöglicht es ihnen, Ratschläge zu erhalten, ihre Emotionen und Gefühle auszutauschen und Unterstützung von denen zu erhalten, die ähnliche Schwierigkeiten durchgemacht haben.

- Anonymität und Vertraulichkeit: Einer der Vorteile der Unterstützung über soziale Netzwerke und Foren ist die Möglichkeit, anonym zu bleiben. Opfer von Mobbing fühlen sich bei der Online-Kommunikation möglicherweise wohler, da sie ihre Identität nicht preisgeben müssen. Dadurch können sie in ihren Aussagen offener und ehrlicher sein.

- Ressourcen und Informationen: Soziale Medien und Foren bieten umfangreiche Wissensdatenbanken, Artikel, Anleitungen und Ressourcen zum Thema Anti-Mobbing. Diese Informationen können Opfern helfen, ihre Situation besser zu verstehen, Selbstschutzstrategien zu entwickeln und geeignete Hilfsquellen zu finden.

- Support-Communitys: Online-Communities bilden oft Gruppen

von Menschen, die mit ähnlichen Problemen konfrontiert sind, die sich gegenseitig unterstützen und Erfahrungen austauschen. Diese Gemeinschaften können eine wichtige Quelle der Unterstützung und Hilfe für Mobbingopfer sein.

- Professionelle Hilfe: Einige soziale Netzwerke und Foren bieten die Möglichkeit, professionelle Psychologen oder Berater zu konsultieren. Dadurch erhalten Sie fachkundige Hilfe und Unterstützung bei der Lösung des Mobbingproblems.

Insgesamt kann die Unterstützung über soziale Medien und Online-Foren eine wertvolle Hilfe für Mobbingopfer sein und ihnen die Möglichkeit bieten, mit anderen in Kontakt zu treten, Informationen und Unterstützung zu erhalten und bei Bedarf professionelle Hilfe in Anspruch zu nehmen. Allerdings ist es wichtig, im Internet vorsichtig zu sein und zuverlässige und sichere Ressourcen zu wählen.

13.   Schulpsychologen   und   Sozialarbeiter: Viele Bildungseinrichtungen beschäftigen Psychologen und Sozialarbeiter , die Mobbing ausgesetzten Schülern Beratung und Unterstützung bieten.

Schulpsychologen und Sozialarbeiter spielen eine wichtige Rolle bei der Unterstützung von Schülern, die von Mobbing betroffen sind. Schauen wir uns genauer an, wie sie helfen können:

- Beratung und Unterstützung: Schulpsychologen und Sozialarbeiter können Mobbingopfern Beratung anbieten, damit sie sich ihre Erfahrungen anhören, ihnen helfen, ihre Emotionen zu verstehen und wirksame Bewältigungsstrategien zu erlernen. Sie bieten auch emotionale Unterstützung und gehen auf Probleme im Zusammenhang mit Selbstwertgefühl und Selbstvertrauen ein.

- Bildung und Ausbildung: Psychologen und Sozialarbeiter können Bildungsaktivitäten und Schulungen für Schüler anbieten, die darauf abzielen, Mobbing vorzubeugen, soziale Anpassungsfähigkeiten zu entwickeln und positive Beziehungen zwischen Schülern zu stärken. Diese Programme können Rollenspiele, Diskussionen und andere Aktivitäten umfassen, die ein freundliches und unterstützendes Schulumfeld fördern.

- Schaffung einer sicheren Umgebung: Schulpsychologen und Sozialarbeiter arbeiten mit der Schulleitung und dem Lehrpersonal zusammen, um eine sichere und unterstützende Umgebung zu schaffen, in der sich Schüler vor Mobbing geschützt fühlen können. Sie helfen bei der Entwicklung und Umsetzung von Null-Toleranz-Richtlinien gegenüber Mobbing sowie bei Feedback- und Reaktionsmechanismen für Vorfälle von Verstößen.

- Zusammenarbeit mit Eltern: Psychologen und Sozialarbeiter können auch mit Eltern von Schülern interagieren, um ihnen Informationen über Mobbing, Anzeichen dafür und Möglichkeiten zur Verfügung zu stellen, Kindern zu helfen. Sie können Eltern-Lehrer-Konferenzen,

Schulungen und Beratungen durchführen, um das Bewusstsein und die Wirksamkeit der Zusammenarbeit zwischen Familie und Schule bei der Bekämpfung von Mobbing zu stärken.

Insgesamt spielen Schulpsychologen und Sozialarbeiter eine Schlüsselrolle bei der Schaffung eines unterstützenden und sicheren Schulumfelds und der Bereitstellung der notwendigen Hilfe und Unterstützung für Schüler, die von Mobbing betroffen sind. Ihre Arbeit fördert gesunde Beziehungen, emotionales Wohlbefinden und erfolgreiches Lernen für alle Schüler.

14. Selbsthilfegruppen: Es gibt verschiedene Selbsthilfegruppen für Mobbingopfer, in denen Menschen ihre Erfahrungen austauschen und Rat und emotionale Unterstützung von anderen Mitgliedern erhalten können.

Selbsthilfegruppen für Mobbingopfer spielen eine wichtige Rolle bei der Bereitstellung emotionaler Unterstützung, Verständnis und Solidarität. Schauen wir uns genauer an, wie sie helfen können:

- Emotionale Unterstützung: Selbsthilfegruppen bieten Mobbingopfern eine Plattform, um ihre Gefühle und Emotionen auszudrücken. Die Teilnehmer können ihre Erfahrungen, Ängste und Befürchtungen teilen und sich von anderen verstanden und unterstützt fühlen, die ähnliche Situationen durchgemacht haben. Dies kann das Gefühl der Isolation und Einsamkeit, das Mobbingopfer häufig verspüren, erheblich verringern.

- Beratung und Unterstützung: In Selbsthilfegruppen können sich die Teilnehmer von anderen Menschen beraten lassen, die bereits mit ähnlichen Problemen konfrontiert waren. Dies kann für die Entwicklung von Anti-Mobbing-Strategien sowie für die Suche nach Möglichkeiten zum Umgang mit bestimmten Situationen hilfreich sein. Die Teilnehmer können darüber diskutieren, wie sie effektiv auf Mobbing reagieren und ihre mentale Stärke bewahren können.

- Unterstützung durch Kommunikation: Die Kommunikation mit Menschen, die ähnliche Schwierigkeiten durchgemacht haben, kann eine wichtige Quelle der Unterstützung sein. Gruppenmitglieder können neue Freundschaften schließen und sich als Teil einer Gemeinschaft fühlen, in der ihre Anliegen ohne Urteil akzeptiert und verstanden werden. Dies fördert das Zugehörigkeitsgefühl und verbessert die Moral unter den Teilnehmern.

- Unterstützung bei der Suche nach Ressourcen: Selbsthilfegruppen können ihren Mitgliedern auch dabei helfen, nützliche Ressourcen wie professionelle Kontakte, Informationsmaterialien, Bücher oder Online-Ressourcen zu finden, die ihnen helfen, die Situation besser zu verstehen und Lösungsansätze zu finden.

Mobbing-Selbsthilfegruppen sind ein wichtiges Instrument zur Bekämpfung dieses Problems. Sie bieten emotionale Unterstützung,

Beratung und ein Zugehörigkeitsgefühl für diejenigen, die unter den negativen Folgen von Mobbing leiden. Ihre Rolle bei der Unterstützung und Wiederherstellung von Opfern ist von unschätzbarem Wert, da sie dazu beitragen, eine sichere und unterstützende Gemeinschaft zu schaffen, in der sich jeder sicher und respektiert fühlt.

15. Rechtsbeistand: Bei schwerem Mobbing, das gegen Gesetze verstößt oder zu Straftaten führt, können Opfer Rechtsbeistand bei Anwälten oder Organisationen suchen, die sich auf Kinderrechte und Schutz vor Gewalt spezialisiert haben.

Rechtsbeistand für Mobbingopfer ist von entscheidender Bedeutung, insbesondere bei schweren Misshandlungen oder Straftaten. Hier ist ein detaillierterer Blick auf dieses Thema:

- Situationsbeurteilung: Auf Kinderrechte und Gewaltbekämpfung spezialisierte Anwälte und Anwälte helfen Mobbingopfern bei der Beurteilung ihrer Situation. Dabei geht es darum, Sachverhalte zu prüfen, Beweise zu sammeln und festzustellen, ob Rechtsverstöße oder Straftaten vorliegen. Oft sind sich die Opfer nicht des vollen Ausmaßes der Verstöße bewusst, mit denen sie konfrontiert sind, und rechtlicher Beistand hilft ihnen, ihre Rechte und mögliche Vorgehensweisen zu verstehen.

- Interessenvertretung vor Gericht: Wenn Mobbing zu rechtlichen Konsequenzen geführt hat, vertreten Anwälte die Interessen des Opfers vor Gericht. Sie können die erforderlichen Unterlagen vorbereiten und vorlegen, den Schutz der Rechte des Opfers gewährleisten und seine Interessen vor Gericht vertreten. Dazu kann die Beantragung einer einstweiligen Verfügung oder einer einstweiligen Verfügung gehören, aber auch die strafrechtliche Verfolgung von Mobbern.

- Beratungen und Beratung: Zur Rechtshilfe gehört auch die Bereitstellung von Beratungen und Ratschlägen zu allen Fragen im Zusammenhang mit den rechtlichen Aspekten von Mobbing. Opfer und ihre Familien können mit erfahrenen Fachkräften über ihre Rechte, mögliche rechtliche Schritte und die Folgen der Situation sprechen. Dies hilft ihnen, fundierte Entscheidungen zu treffen und im Einklang mit dem Gesetz zu handeln.

- Rechtsverteidigung und Prozessführung: Rechtshilfe kann auch die Bereitstellung von Rechtsschutz und die Vertretung der Interessen des Opfers in Gerichtsverfahren umfassen. Dies ist wichtig, um sicherzustellen, dass der Fall fair behandelt wird und die Verantwortlichen bestraft werden. Anwälte können Opfern von Mobbing dabei helfen, eine Entschädigung für ihren Schaden zu beantragen und ihre Rechte wiederherzustellen.

- Aufklärung und Information: Darüber hinaus umfasst die Rechtshilfe die Aufklärung von Mobbingopfern und ihren Familien über Rechte, Verfahren und verfügbare Rechtsressourcen. Dies hilft ihnen, informiert und geschützt zu sein, wenn rechtliche Probleme auftreten.

Prozesskostenhilfe spielt eine wichtige Rolle bei der Gewährleistung der Gerechtigkeit und dem Schutz der Rechte von Mobbingopfern. Es bietet Opfern die Möglichkeit, ihre Interessen zu schützen, eine Entschädigung für den verursachten Schaden zu erhalten und weitere Gewalt zu stoppen.

16. Hotlines und Chats für Mobbingopfer: In vielen Ländern gibt es spezielle Telefonleitungen und Online-Chats, über die Mobbingopfer Rat und Unterstützung von Fachleuten und Freiwilligen erhalten können.

Hotlines und Online-Chats sind wichtige Anlaufstellen für Mobbingopfer, die Unterstützung und Rat suchen. Hier ist ein detaillierterer Blick auf dieses Thema:

- Beratung und Unterstützung: Helplines und Chats bieten Mobbingopfern die Möglichkeit, mit erfahrenen Fachkräften und Freiwilligen zu kommunizieren, die auf psychologische Unterstützung und Beratung spezialisiert sind. Sie können emotionale Unterstützung bieten, Ihnen bei der Bewältigung schwieriger Situationen helfen und Ratschläge geben, was als nächstes zu tun ist.

- Datenschutz: Helplines und Chatrooms bieten Privatsphäre und Anonymität, was besonders wichtig für Mobbingopfer ist, die möglicherweise Angst oder Scham haben, ihre Situation öffentlich zu besprechen. Dadurch fühlen sie sich wohler und sicherer, wenn sie über ihre Probleme sprechen.

- Information und Weiterleitung: Fachleute und Freiwillige an Helplines können Opfern Informationen über verfügbare Ressourcen, Unterstützungsprogramme und Rechtshilfe geben. Sie können Opfer bei Bedarf auch an spezialisiertere Dienste oder Organisationen verweisen.

- Verfügbarkeit: Helplines und Online-Chats sind in der Regel rund um die Uhr verfügbar, sodass Mobbing-Opfer zu jeder Tages- und Nachtzeit Hilfe suchen können, wenn sie diese benötigen. Dies ist besonders wichtig in Krisensituationen, in denen Opfer sofortige Unterstützung benötigen.

- Psychologische Hilfe: Einige Helplines bieten neben Beratung auch kurzfristige psychologische Hilfe in Form von Kriseninterventionen an. Dazu können Stressminderungstechniken, Selbstregulierungstechniken und Krisenunterstützung gehören.

- Bildung und Sensibilisierung: Helplines und Chatrooms können auch Aufklärungsmaterialien und Ressourcen über Mobbing, seine Folgen und Möglichkeiten zur Bekämpfung bereitstellen. Dies hilft den Opfern und der Gesellschaft als Ganzes, das Problem besser zu verstehen und die notwendigen Maßnahmen zu seiner Lösung zu ergreifen.

Helplines und Online-Chats sind wertvolle Ressourcen für Mobbingopfer und bieten ihnen in kritischen Zeiten vertrauliche Unterstützung, Informationen und psychologische Unterstützung.

Diese Ressourcen können in den frühen Stadien von Mobbing eine undurchdringliche erste Verteidigungslinie sein. Sie leisten eine zuverlässige „Erste Hilfe", die Mobbing stoppen kann oder dem Opfer zumindest die nötige Zeit und Unterstützung gibt, sich auf das weitere Vorgehen vorzubereiten.

In den frühen Stadien von Mobbing können diese Ressourcen dem Opfer helfen, Einsicht, Unterstützung und Ratschläge für seine Reaktion zu gewinnen. Sie können auch Strategien anbieten, um Mobbing entgegenzuwirken und dem Opfer beim Aufbau seiner Widerstandsfähigkeit zu helfen.

Darüber hinaus können sie als Plattform zur Schaffung eines unterstützenden Umfelds und zur Stärkung der sozialen Bindung dienen, was ein wichtiger Faktor für die erfolgreiche Bekämpfung von Mobbing ist. Somit leisten diese Ressourcen nicht nur Hilfe in Krisensituationen, sondern fördern auch die Entwicklung von Selbstverteidigungsfähigkeiten und die Bewältigung der Folgen von Mobbing in den frühen Phasen seiner Entwicklung.

Kapitel 6. Erste Unterstützung und Unterstützung. Die Rolle von Familie und Freunden bei der Bewältigung von Mobbing.

Im Umgang mit Mobbing spielt die anfängliche Unterstützung und Hilfe von Familie und Freunden eine entscheidende Rolle. In erster Linie bieten Familie und Angehörige dem Opfer emotionale Unterstützung und Trost, sodass es sich in schwierigen Zeiten beschützt und geliebt fühlt. Dadurch entsteht eine psychologische Unterstützung, die hilft, mit negativen Emotionen und Stress durch Mobbing umzugehen.

Darüber hinaus können Familie und Freunde aktiv an der Lösung des Problems beteiligt werden. Sie können dem Opfer dabei helfen, Strategien für den Umgang mit und die Reaktion auf Mobbing zu entwickeln und es dabei unterstützen, mutige und wirksame Schritte zu unternehmen, um sich selbst zu schützen. Es ist wichtig, dass die unterstützenden Personen dem Opfer beibringen, Grenzen zu setzen, Kommunikations- und Hilfesuchfähigkeiten zu entwickeln und ihm dabei zu helfen, Selbstwertgefühl und Selbstvertrauen zu entwickeln.

Auch Familie und Freunde spielen eine Schlüsselrolle bei der Bereitstellung einer sicheren Umgebung für das Opfer. Sie können dazu beitragen, den Kontakt mit dem Mobber einzuschränken, Sicherheitspläne zu erstellen und das Opfer bei der Entscheidung zu unterstützen, ob es die Schule oder die Strafverfolgungsbehörden um Hilfe bitten soll.

Darüber hinaus kann die Unterstützung von Familie und Freunden dem Opfer helfen, sich von der negativen Erfahrung des Mobbings zu erholen. Sie können den nötigen Raum bieten, um Gefühle und Emotionen auszudrücken, beim Prozess der psychologischen Rehabilitation helfen und Wege finden, das Selbstwertgefühl und das Vertrauen in andere wiederherzustellen.

Daher ist die Rolle von Familie und Freunden bei der Bereitstellung anfänglicher Unterstützung und Hilfe für Mobbingopfer von unschätzbarem Wert. Sie spielen eine Schlüsselrolle bei der Schaffung einer schützenden Umgebung, der Entwicklung der Bewältigungsfähigkeiten des Opfers und der Wiederherstellung seines psychischen Wohlbefindens.

Wenn eine Familie mit ihrem Kind in eine Mobbing-Situation gerät , gibt es verschiedene Möglichkeiten, Hilfe und Unterstützung zu leisten.

1. Unterstützung und Zuhören: Der wichtigste Aspekt der Hilfe für eine Familie besteht darin, dem Opfer Unterstützung und Verständnis zu bieten. Dabei geht es darum, dem Kind einfach zuzuhören, wenn es über das Geschehen spricht, und ihm so die Möglichkeit zu geben, seine Gefühle und Emotionen auszudrücken, ohne Angst davor zu haben, beurteilt zu werden. Die Unterstützung durch die Familie gibt dem Kind das Gefühl, dass es in seinem Kampf nicht allein ist und dass es Menschen hat, die immer bereit sind, ihm zu helfen.

2. Besprechen Sie Strategien und Lösungen: Die Familie kann dem Kind helfen, Strategien für den Umgang mit und die Reaktion auf Mobbing zu entwickeln. Gemeinsam können sie besprechen, welche Maßnahmen in einer bestimmten Situation am effektivsten sein können und wie sich das Kind schützen oder Hilfe von Erwachsenen suchen kann.

3. Unterstützung bei der Kommunikation mit Bildungseinrichtungen: Die Familie kann bei der Kommunikation mit Lehrern oder der Schulleitung als Fürsprecher des Kindes auftreten. Sie können zusätzliche Informationen über Mobbingvorfälle bereitstellen, Maßnahmen zur Verhinderung weiterer Vorfälle fordern und die Sicherheit des Kindes im schulischen Umfeld gewährleisten.

4. Schaffen Sie eine sichere häusliche Umgebung: Es ist wichtig, dass die häusliche Umgebung dem Kind einen Zufluchtsort vor dem durch Mobbing verursachten Stress und der Angst bietet. Eltern können eine Atmosphäre des Vertrauens und der Unterstützung schaffen, in der sich das Kind wohl und beschützt fühlt. Dazu gehört die Einrichtung einer offenen Kommunikation, in der das Kind seine Probleme und Sorgen frei mitteilen kann.

5. Suchen Sie bei Bedarf professionelle Hilfe auf: Wenn die Mobbing-Situation zu schwerwiegend wird, kann die Familie professionelle Hilfe in Anspruch nehmen. Dazu kann die Beratung des Kindes durch einen Psychologen oder Therapeuten gehören, um ihm bei der Bewältigung des durch Mobbing verursachten emotionalen Stresses und Traumas zu helfen.

Zusätzlich zu den oben genannten Methoden können Familien weitere Ansätze nutzen, um Mobbingopfern zu helfen:

6. Aktivitäten und Hobbys: Wenn Sie Ihr Kind in verschiedene Hobbys oder Aktivitäten einbeziehen, die ihm Spaß machen, kann es ihm helfen, Selbstwertgefühl und Selbstvertrauen aufzubauen. Dies gibt dem Kind auch die Möglichkeit, außerhalb der Mobbing-Situation zu sein und eine positive Erfahrung zu machen.

7. Vermittlung sozialer Kompetenzen: Eltern können ihrem Kind dabei helfen, emotionale Intelligenz und effektive Kommunikationsfähigkeiten zu entwickeln. Dazu kann gehören, dass Sie Ihrem Kind beibringen, seine Gefühle auszudrücken, Grenzen zu setzen und mit anderen auf eine Weise zu interagieren, die das Entstehen von Konflikten verhindert.

8. Unterstützung des Selbstwertgefühls: Die Unterstützung Ihres Kindes beim Aufbau seines Selbstwertgefühls und seiner Selbstakzeptanz kann eine wichtige Rolle bei der Bekämpfung von Mobbing spielen. Eltern können die Stärken und Erfolge ihres Kindes hervorheben und ihm klar machen, dass Mobbing nicht bedeutet, dass es minderwertig ist.

9. Vorbeugende Maßnahmen: Die Familie kann mögliche Mobbing-Szenarien mit dem Kind besprechen und einen Aktionsplan entwickeln, um Vorfälle zu verhindern oder effektiv darauf zu reagieren. Dadurch fühlt sich Ihr Kind sicherer und ist auf verschiedene Situationen vorbereitet.

10. Lernen Sie, Konflikte effektiv zu lösen: Das Lernen, Konflikte und Probleme effektiv zu lösen, kann der Schlüssel zur Verringerung der Wahrscheinlichkeit sein, Opfer von Mobbing zu werden. Die Familie kann dem Kind helfen, diese Fähigkeiten zu entwickeln, indem sie Konfliktlösungs- und Kompromissstrategien vermittelt.

11. Eine unterstützende häusliche Umgebung schaffen: Es ist wichtig, dass die häusliche Umgebung ein Ort ist, an dem sich das Kind sicher und unterstützt fühlt. Eltern können eine Atmosphäre schaffen, in der das Kind seine Gefühle und Erfahrungen frei äußern kann, in dem Wissen, dass ihm zugehört und verstanden wird.

12. Offene Kommunikation fördern: Eltern können ihr Kind aktiv ermutigen, über seine Probleme und Sorgen zu sprechen. Dazu können regelmäßige Gespräche über seinen Tag, das Besprechen von Ereignissen in der Schule und Probleme, mit denen er konfrontiert ist, gehören.

Aktivitäten des Schullebens, wie Elterntreffen, Veranstaltungen und Sportwettkämpfe. Dadurch fühlt sich Ihr Kind unterstützt und mit der Schulgemeinschaft verbunden.

Eltern können ihrem Kind helfen, Selbstvertrauen und Selbstverteidigungsfähigkeiten zu entwickeln, damit es Mobbingsituationen besser bewältigen kann. Dazu kann das Erlernen von

Selbstverteidigungstechniken, Übungen zum Aufbau des Selbstwertgefühls und die Teilnahme an verschiedenen Schulungen gehören.

All diese zusätzlichen Hilfsangebote helfen der Familie, das Kind effektiv zu unterstützen und seinen Schutz und sein Wohlergehen in einer Mobbingsituation zu gewährleisten.

Im Allgemeinen spielt die Familie eine entscheidende Rolle bei der Unterstützung und dem Schutz des Mobbingopfers. Sie können Ihrem Kind die emotionale und praktische Unterstützung bieten, die es braucht, um mit den negativen Auswirkungen von Mobbing umzugehen und zu einem gesunden, glücklichen Leben zurückzukehren.

Freunde spielen eine wichtige Rolle bei der Unterstützung des Mobbingopfers, da sie nicht nur Verbündete, sondern auch Beschützer in schwierigen Situationen sein können. Freunde können für das Opfer eine Präsenz und Unterstützung sein und ihm Verständnis, Trost und Solidarität bieten. Ein einfacher Ausdruck von Mitgefühl und Unterstützung kann viel dazu beitragen, den emotionalen Zustand des Opfers zu lindern.

Freunde können Mobbingopfern dabei helfen, praktische Lösungen und Strategien für den Umgang mit Mobbern zu finden. Sie können Sie beraten, wie Sie mit Konfliktsituationen umgehen und sich am besten schützen können.

Freunde können auch an öffentlichen Orten oder in der Schule, wo es zu Mobbing kommt, als Anwälte für das Opfer fungieren. Sie können das Opfer in einer schwierigen Situation unterstützen und ihm helfen, Konflikte zu vermeiden. Freunde können als Vermittler bei der Lösung von Konflikten zwischen Opfer und Angreifer fungieren, ihnen helfen, einen Kompromiss zu finden und die Situation friedlich zu regeln.

Freunde können dem Opfer direkt dabei helfen, geeignete Ressourcen und Organisationen zu finden, die professionelle Hilfe und Unterstützung bieten. Sie können dem Opfer bei Bedarf raten, einen Psychologen, Schulberater oder andere Fachkräfte aufzusuchen.

Insgesamt ist die Unterstützung von Freunden ein wichtiger Aspekt der Hilfe für Mobbingopfer, da diese ihnen Unterstützung bieten und ihnen bei der Bewältigung der durch das Problem verursachten Schwierigkeiten helfen können.

Wie Freunde einem Mobbingopfer helfen können:

1. Moralische Unterstützung: Eine der wichtigsten Möglichkeiten, einem Mobbingopfer zu helfen, ist die moralische Unterstützung durch Freunde. Das Zeigen von Freundschaft, Verständnis und Mitgefühl kann dazu beitragen, dass sich das Opfer weniger allein und isoliert fühlt.

2. Eine Anti-Mobbing-Allianz gründen: Freunde können sich zusammenschließen, um gegen Mobbing Stellung zu beziehen und das Opfer zu unterstützen. Dazu kann gemeinsames Handeln gehören, etwa das Eintreten für das Opfer in der Schule oder das Bitten von Lehrern und Schulleitern um Hilfe.

3. Unterstützung bei der Teilnahme an sozialen Aktivitäten: Freunde können das Mobbingopfer einladen, an verschiedenen sozialen Aktivitäten teilzunehmen, beispielsweise Freunde zu treffen, auszugehen oder Sport zu treiben. Dadurch fühlt sich das Opfer einbezogen und unterstützt.

4. Helfen Sie dabei, soziale Fähigkeiten zu entwickeln: Freunde können einem Mobbingopfer dabei helfen, die sozialen Fähigkeiten zu entwickeln, die es braucht, um Freundschaften zu stärken und mit der Welt um es herum zu interagieren. Dazu können Kommunikationstraining, die Teilnahme an verschiedenen sozialen Aktivitäten und gemeinsame Aktivitäten gehören.

5. Unterstützung bei der Suche nach Hilfe von außen: Freunde können dem Opfer von Mobbing dabei helfen, Hilfe und Ressourcen von außen zu finden, z. B. Schulberater, Sozialdienste, Hotlines oder elterliche Intervention. Die Unterstützung von Freunden kann dem Opfer helfen, die Angst und das Zögern, Hilfe zu suchen, zu überwinden.

6. Schaffen Sie eine sichere Umgebung: Freunde können dazu beitragen, eine sichere Umgebung für Mobbingopfer zu schaffen, in der sie sich geschützt fühlen. Dazu kann gehören, regelmäßig mit dem Opfer zu kommunizieren, seine Interessen zu vertreten und weiteren Belästigungs- oder Angriffsversuchen vorzubeugen.

7. Praktische Hilfe anbieten: Freunde können praktische Hilfe anbieten, z. B. zu Fuß zur Schule oder nach Hause gehen, wenn das Mobbingopfer Angst hat, alleine zu gehen. Dies kann dem Opfer ein Gefühl von Sicherheit und Halt geben.

8. Selbstverteidigungsstrategien lehren: Freunde können dem Opfer von Mobbing dabei helfen, Selbstverteidigungs- und Konfliktbewältigungsstrategien zu erlernen. Dazu kann das Erlernen von Durchsetzungstechniken, das Setzen von Grenzen und das Erlernen angemessener Reaktionen auf Aggressionen gehören.

9. Bereitstellung positiver Aktivitäten: Freunde können positive Aktivitäten und Veranstaltungen anbieten, um das Mobbingopfer zu unterstützen und es von der negativen Erfahrung abzulenken. Das kann etwa gemeinsames Sporttreiben, Hobbys, Spiele oder andere gemeinsame Aktivitäten sein, die Ihnen Freude und Freude bereiten.

10. Erstellen Sie ein Unterstützungsnetzwerk: Freunde können dem Opfer von Mobbing dabei helfen, ein Unterstützungsnetzwerk aufzubauen, zu dem auch andere Freunde, Familie, Lehrer und andere Erwachsene gehören, die bei Bedarf Unterstützung und Schutz bieten können.

11. Zeigen Sie Empathie und Unterstützung: Es ist wichtig, dass Freunde dem Mobbingopfer Empathie und Unterstützung zeigen, auf seine Gefühle und Emotionen hören und in schwierigen Momenten Verständnis und Trost spenden.

12. Aktives Eingreifen: Freunde können aktiv eingreifen, wenn sie

Fälle von Mobbing oder Aggression gegenüber dem Opfer bemerken. Sie können als Fürsprecher und Unterstützer fungieren und sich hilfesuchend an Lehrer oder andere Erwachsene wenden.

13. Training in Kommunikations- und Konfliktlösungsfähigkeiten: Freunde können einem Mobbingopfer dabei helfen, Fähigkeiten in Kommunikation, Konfliktlösung und dem Aufbau gesunder Beziehungen zu anderen zu entwickeln. Dies wird ihnen helfen, effektiv mit Angreifern zu interagieren und Konflikte zu lösen.

14. Stellen Sie Informationen zu Ressourcen und Unterstützung bereit: Freunde können über Ressourcen und Organisationen informiert werden, die Mobbingopfern Hilfe anbieten, und diese Informationen mit dem Opfer teilen. Dies kann dazu beitragen, dass sie mehr Unterstützung und Hilfe im Umgang mit Mobbing erhalten.

Die Hilfe von Familie und Freunden macht für Mobbingopfer einen großen Unterschied. Erstens bieten Familie und Freunde emotionale Unterstützung, indem sie ihr Mitgefühl, ihr Verständnis und ihren Trost zum Ausdruck bringen. Dadurch fühlt sich das Opfer in schwierigen Zeiten weniger allein und isoliert.

Darüber hinaus können Familie und Freunde als vertrauenswürdige Berater fungieren und Ratschläge und Unterstützung bei der Suche nach Lösungen für das Mobbingproblem geben. Sie können Opfern helfen, Strategien zu entwickeln, um Mobbing zu bekämpfen und ihr Selbstwertgefühl und Selbstvertrauen zu stärken.

Auch Familienangehörige und Freunde können als Vermittler fungieren, indem sie sich mit Beschwerden und Bitten um Unterstützung an die Schule oder die zuständigen Behörden wenden. Ihre aktive Teilnahme kann dazu beitragen, ein sicheres Umfeld zu schaffen und Mobbing zu stoppen.

Darüber hinaus können Familie und Freunde dem Opfer von Mobbing dabei helfen, geeignete Ressourcen und Organisationen zu finden, die professionelle Hilfe und Unterstützung bieten. Ihre Unterstützung kann der Schlüssel zur Genesung eines Opfers von den negativen Auswirkungen von Mobbing sein und sein psychisches und emotionales Wohlbefinden fördern.

Kapitel 7. Hilfe bei Mobbing suchen. Wichtige Schritte für Opfer und Zeugen

Mobbing ist ein ernstes Problem, mit dem viele Menschen in verschiedenen Phasen ihres Lebens konfrontiert sind. Es ist jedoch wichtig, sich daran zu erinnern, dass es viele Ressourcen und Organisationen gibt, die denjenigen, die mit diesem Problem zu kämpfen haben, Unterstützung und Hilfe bieten können. Die Suche nach Hilfe ist der erste und wichtige

Schritt zur Lösung einer Mobbing-Situation. In diesem Artikel befassen wir uns mit den wichtigsten Schritten, die Opfer und Zeugen von Mobbing unternehmen können, um Hilfe zu suchen und die Unterstützung zu erhalten, die sie benötigen.

1. Definieren Sie die Situation.

Der erste Schritt bei der Suche nach Hilfe bei Mobbing besteht darin, zu verstehen und sich dessen bewusst zu sein, was passiert. Opfer von Mobbing können verschiedene Formen von Gewalt erfahren, darunter körperliches, verbales, emotionales oder Cybermobbing. Es ist wichtig, sich darüber im Klaren zu sein, was geschieht, und zu verstehen, dass es inakzeptabel ist und Maßnahmen erfordert.

Mobbing ist eine Form aggressiven Verhaltens, das dadurch gekennzeichnet ist, dass einer anderen Person systematisch und vorsätzlich Schaden, Demütigung oder Leid zugefügt wird. Opfer von Mobbing können verschiedene Formen von Gewalt erfahren, darunter körperliches, verbales, emotionales oder Cybermobbing. Körperliches Mobbing umfasst Schlagen, Schlagen, Stoßen und andere Formen direkter körperlicher Gewalt. Zu verbalem Mobbing zählen Beleidigungen, Drohungen, Spott, abfällige Kommentare und andere Formen verbaler Gewalt. Emotionales Mobbing zielt darauf ab, das Selbstwertgefühl und die Selbstachtung des Opfers zu untergraben, einschließlich Isolation, Drohungen, Erpressung und sogar Manipulation. Cybermobbing, eine moderne Form des Mobbings, kommt im Online-Umfeld vor und umfasst Angriffe, Beleidigungen, Drohungen, das Verbreiten schmutziger Gerüchte und andere Formen digitaler Gewalt.

Der erste Schritt bei der Suche nach Hilfe bei Mobbing besteht darin, sich des Geschehens bewusst zu werden und zu verstehen. Opfer von Mobbing empfinden aufgrund der Situation, in der sie sich befinden, häufig Angst, Scham, Verlegenheit oder Schuldgefühle. Es ist jedoch wichtig zu verstehen, dass Mobbing inakzeptabel ist und Maßnahmen erfordert. Dies kann bedeuten, dass Sie erkennen, was passiert, und sich eingestehen, dass Sie Opfer von Mobbing sind. Aufklärung kann Ihnen helfen, die ersten Schritte zu unternehmen, um sich zu schützen und Hilfe zu suchen.

Sobald Sie die Situation verstanden haben, besteht der nächste Schritt darin, Maßnahmen zu ergreifen, um sich zu schützen und Hilfe zu holen. Dazu kann gehören, dass Sie sich an vertrauenswürdige Erwachsene wie Eltern, Lehrer oder einen Schulberater wenden, um Unterstützung und Anleitung zu erhalten. Sie können sich auch an Freunde wenden, um Unterstützung und Rat zu erhalten. Es ist wichtig, sich daran zu erinnern, dass Mobbing nicht Ihre Schuld ist und Sie das Recht auf ein sicheres und unterstützendes Umfeld haben.

2. Schweigen Sie nicht.

Es ist sehr wichtig, über Mobbing nicht zu schweigen. Opfer und Zeugen müssen den Mut aufbringen, jemandem zu erzählen, was passiert. Dies können Eltern, Lehrer, Schulberater, Vertraute oder Freunde sein. Wenn Sie über die Situation sprechen, können Sie die Aufmerksamkeit auf das Problem lenken und den Prozess der Hilfesuche einleiten.

Einer der wichtigsten Aspekte im Umgang mit Mobbing besteht darin, über Gewaltvorfälle nicht zu schweigen. Opfer von Mobbing sowie Zeugen, die Zeugen einer Aggression werden, müssen den Mut aufbringen, jemandem zu erzählen, was passiert. Dies können Eltern, Lehrer, Schulberater, Vertraute oder Freunde sein. Wenn Sie über die Situation sprechen, können Sie die Aufmerksamkeit auf das Problem lenken und den Prozess der Hilfesuche einleiten.

Die Offenlegung von Mobbing ist der Schlüssel zur Überwindung dieses Problems. Wenn ein Opfer oder Zeuge seine Erfahrungen einem vertrauenswürdigen Erwachsenen oder einer Autoritätsperson mitteilt, kann dies dabei helfen, Missbrauch zu erkennen und entsprechende Maßnahmen zu ergreifen. Mobbing geschieht oft im Verborgenen und viele Opfer schämen sich oder haben Angst, den Vorfall zu melden. Eine offene Diskussion ermöglicht es Ihnen jedoch, die Aufmerksamkeit auf das Problem zu lenken und Maßnahmen zu seiner Lösung einzuleiten.

Das Teilen von Mobbinggeschichten trägt dazu bei, dem Opfer Unterstützung und Schutz zu bieten. Wenn das Opfer seine Bedenken äußert, können andere das Ausmaß des Problems verstehen und Maßnahmen zum Schutz des Opfers ergreifen. Ein Lehrer, ein Elternteil oder ein anderer Erwachsener kann Sie bei den nächsten Schritten unterstützen und beraten, z. B. indem Sie geeignete Dienste oder Organisationen um Hilfe bitten.

Das Erkennen von Mobbing ist der erste Schritt, um Hilfe zu bekommen. Sobald Mobbingfälle aufgedeckt werden, beginnt der Prozess der Suche nach Hilfe und Unterstützung für das Opfer. Dies kann Konsultationen mit Psychologen, Ratschläge zur Bewältigung der Situation, die Entwicklung von Strategien zum Schutz und zur Vermeidung von Aggressionen sowie die Vermittlung emotionaler Regulierungsfähigkeiten und die Stärkung des Selbstwertgefühls umfassen.

Eine offene Diskussion über Mobbing trägt auch dazu bei, ein sicheres Umfeld in Bildungseinrichtungen und in der Gesellschaft insgesamt zu schaffen. Wenn Menschen wissen, dass sie offen über Probleme sprechen können, hilft das, Vertrauen und Unterstützung aufzubauen. Darüber hinaus können Institutionen und Organisationen Maßnahmen ergreifen, um künftige Mobbingfälle zu verhindern und die Sicherheit aller Beteiligten zu gewährleisten.

Je mehr Fälle von Mobbing entdeckt und diskutiert werden, desto mehr Aufmerksamkeit wird auf das Problem gelenkt. Dies könnte zur

Schaffung von Bildungsprogrammen, Schulungen und Aktivitäten zur Verhinderung von Mobbing sowie zu Änderungen der Richtlinien und Gesetze zum Schutz der Opfer und zur Bestrafung von Mobbing führen. Darüber hinaus kann die Diskussion des Themas in der Gesellschaft dazu beitragen, die Kultur zu verändern, Nulltoleranz gegenüber Gewalt zu schaffen und gesunde Beziehungen zwischen Menschen zu fördern.

Die Offenlegung von Mobbing-Vorfällen und die anschließende Diskussion helfen dabei, Faktoren zu identifizieren, die zur Gewalt beitragen, und Maßnahmen zu ihrer Prävention zu ergreifen. Dazu kann die Entwicklung sozialer Anpassungsprogramme, die Vermittlung von Empathie- und Respektfähigkeiten, die Bereitstellung positiver Sozialverhaltensinterventionen und die Schaffung von Unterstützungs- und Sicherheitsnetzen für gefährdete Gruppen gehören.

Die Suche nach Hilfe bei Mobbing ist ein wichtiger Schritt zur Überwindung von Gewalt und zur Gewährleistung der Sicherheit aller in der Gemeinschaft. Die Offenlegung von Mobbing-Vorfällen, die Diskussion des Problems und das anschließende Ergreifen von Maßnahmen tragen dazu bei, den Opfern Unterstützung zu bieten, zukünftige Gewaltvorfälle zu verhindern und ein sicheres und unterstützendes Umfeld für alle zu schaffen.

3. Kontaktieren Sie Ihre Eltern oder eine Vertrauensperson.

Für Kinder und Jugendliche ist es wichtig, sich an einen Elternteil oder einen anderen vertrauenswürdigen Erwachsenen zu wenden, um Unterstützung und Hilfe zu erhalten. Eltern können helfen, die Situation zu klären, mögliche Schritte zur Lösung des Problems besprechen und sich an geeignete Ressourcen und Organisationen wenden, um Hilfe zu erhalten.

Für Kinder und Jugendliche, die von Mobbing betroffen sind, ist die Kontaktaufnahme zu einem Elternteil oder einer Vertrauensperson ein wichtiger erster Schritt. Eltern haben Autorität und können Kindern die Unterstützung und Anleitung geben, die sie zur Lösung eines Problems benötigen. Auch eine Vertrauensperson kann eine Stütze für Kinder sein, insbesondere wenn sie sich aus irgendeinem Grund nicht an ihre Eltern wenden können.

Eltern spielen eine Schlüsselrolle bei der Unterstützung von Kindern, die Mobbing erleben. Sie können emotionale Unterstützung bieten, dem Kind helfen, den Ernst der Situation zu verstehen, und Informationen über verfügbare Hilfsquellen bereitstellen. Eltern sollten dem Kind zuhören, Verständnis und Fürsorge zeigen und die notwendigen Maßnahmen zum Schutz und zur Unterstützung ergreifen.

1. Emotionale Unterstützung: Eltern können ihrem Kind emotionale Unterstützung und Trost bieten, um mit den durch Mobbing verursachten Gefühlen der Angst, Hilflosigkeit und Angst umzugehen.

2. Beurteilung der Situation: Die Eltern helfen dem Kind, die

Situation einzuschätzen, ihren Ernst zu verstehen und zu entscheiden, welche Maßnahmen als nächstes ergriffen werden sollen.

3. Besprechen Sie mögliche Schritte: Eine gemeinsame Diskussion mit den Eltern hilft dem Kind, mögliche Schritte zur Lösung des Problems zu ermitteln, einschließlich der Kontaktaufnahme mit der Schule, den Strafverfolgungsbehörden oder anderen Hilfsquellen.

4. Unterstützung finden: Eltern können ihrem Kind dabei helfen, geeignete Ressourcen und Organisationen zu finden, die sich auf die Unterstützung von Mobbingopfern spezialisiert haben, wie etwa Schulpsychologen, Hotlines, Menschenrechtsorganisationen und andere.

5. Beteiligen Sie sich an der Lösung: Eltern können eine aktive Rolle bei der Lösung des Mobbingproblems übernehmen, indem sie mit der Schule, Gemeindeorganisationen und anderen Interessengruppen zusammenarbeiten, um die Sicherheit und das Wohlergehen ihres Kindes zu gewährleisten.

6. Selbstverteidigungsfähigkeiten entwickeln: Eltern können ihrem Kind Selbstverteidigungsstrategien beibringen, einschließlich Selbstvertrauen, Grenzsetzung und effektiver Kommunikation, um ihm zu helfen, besser mit Mobbingsituationen umzugehen.

7. Emotionale Intelligenz entwickeln: Eltern können ihrem Kind helfen, emotionale Intelligenz zu entwickeln, indem sie ihm beibringen, seine Emotionen zu erkennen und zu bewältigen, was ihm helfen kann, besser mit dem Druck und Stress durch Mobbing umzugehen.

8. Förderung der Kommunikation: Eltern können ihr Kind dazu ermutigen, über seine Gefühle und Erfahrungen mit Mobbing zu sprechen, indem sie eine offene und unterstützende Umgebung schaffen, in der sich das Kind wohl fühlt, seine Erfahrungen zu teilen.

9. Suchen Sie spezialisierte Hilfe: Eltern können aktiv nach spezialisierten Organisationen, Programmen und Fachleuten suchen, die Unterstützung und Unterstützung bei der Bewältigung von Mobbingproblemen bieten können.

10. Einen sicheren Raum zu Hause schaffen: Eltern können zu Hause einen sicheren Raum schaffen, in dem sich das Kind geschützt und unterstützt fühlt, und dem Kind auch die Möglichkeit geben, über die Probleme und Gefahren zu sprechen, mit denen es konfrontiert ist.

11. Aktive Teilnahme am Bildungsumfeld: Eltern können sich aktiv am Bildungsumfeld ihres Kindes beteiligen, indem sie mit Lehrern, Schulverwaltern und anderen Eltern interagieren, um ein sicheres und unterstützendes Schulumfeld zu schaffen.

Für von Mobbing betroffene Kinder und Jugendliche ist die Kontaktaufnahme mit einem Elternteil oder einer Vertrauensperson der erste und wichtigste Schritt. Eltern können nicht nur emotionale Unterstützung und Orientierung bieten, sondern auch aktiv an der Lösung teilnehmen, indem sie ein sicheres und unterstützendes Umfeld für ihr

Kind schaffen.

Leidet ein Kind zu Hause unter Mobbing und die Eltern sind keine verlässliche und unterstützende Quelle, kann die Situation für das Kind noch schwieriger werden. In solchen Fällen ist es wichtig, die Hilfe anderer Erwachsener oder Organisationen in Anspruch zu nehmen, die die nötige Unterstützung und den nötigen Schutz bieten können. Hier sind einige mögliche Schritte:

1. Nehmen Sie Kontakt zu anderen Verwandten oder Betreuern auf: Das Kind kann versuchen, Kontakt zu anderen Verwandten wie Großeltern, Onkeln oder Tanten aufzunehmen, wenn diese ihm eine sichere Unterkunft oder Unterstützung bieten können.

2. Bitten Sie die Schule oder Institution um Hilfe: Das Kind bittet möglicherweise Lehrer, einen Schulpsychologen, einen Schulberater oder die Schulverwaltung um Hilfe. Sie können Ratschläge und Anleitungen geben, wie das Kind besser mit der Situation umgehen kann.

3. Kontaktaufnahme mit Kinderschutzdiensten: Befinden sich Eltern in einem Zustand, der eine Gefahr für das Kind darstellt, können sie sich an die entsprechenden Kinderschutzorganisationen oder Sozialdienste wenden, die Hilfe und Schutz bieten können.

4. Konsultation professioneller Dienste: Das Kind kann sich an Psychologen, Therapeuten oder Berater wenden, die auf die Unterstützung von Kindern und Jugendlichen in schwierigen Familiensituationen spezialisiert sind.

5. Sich an vertrauenswürdige Erwachsene in der Gemeinschaft wenden: Das Kind versucht möglicherweise, Unterstützung von anderen Erwachsenen in der Gemeinschaft zu suchen, beispielsweise von religiösen Führern, Jugendgruppenleitern oder professionellen Trainern.

Es ist wichtig, dass das Kind versteht, dass es alternative Quellen der Hilfe und Unterstützung gibt, auch wenn seine eigene Familie kein sicheres Umfeld bietet. Indem ein Kind um Hilfe bittet, kann es die Unterstützung und den Schutz erhalten, die es benötigt, um die Mobbing-Situation wirksam zu bewältigen.

4. Suche nach Unterstützung in einer Bildungseinrichtung.

Schulen und Bildungseinrichtungen verfügen häufig über Fachkräfte, die bei Mobbing helfen können. Dies können Schulpsychologen, Berater, Lehrer oder Administratoren sein. Sie können sich an sie wenden, um Rat, Unterstützung und Hilfe bei der Lösung des Problems zu erhalten.

Für Mobbingopfer ist es ein wichtiger Schritt, in Ihrer Schule Unterstützung zu finden. Der Einsatz von Fachkräften in der Schule, etwa Schulpsychologen, Berater, Lehrer oder Verwaltungsbeamte, kann die Situation erheblich entschärfen und die nötige Hilfe leisten. Schauen wir uns diesen Prozess genauer an.

1. Schulpsychologen und -berater: Diese Fachkräfte sind in der Arbeit mit Jugendlichen geschult und erfahren und können vertrauliche Beratung und Unterstützung anbieten. Sie können dem Opfer von Mobbing helfen, die emotionalen Folgen zu verstehen und zu bewältigen und Strategien zur Bewältigung des Problems zu entwickeln.

2. Lehrer: Lehrer können die ersten Ansprechpartner für Mobbingopfer oder Zeugen des Vorfalls sein. Sie können Unterstützung anbieten, herausfinden, was passiert, und Maßnahmen ergreifen, um das Mobbing zu stoppen.

3. Schulverwaltung: Die Schulleitung trägt die Verantwortung, den Schülern eine sichere Umgebung zu bieten. Opfer von Mobbing können sich an die Verwaltung wenden, um Hilfe und Schutz zu erhalten. Administratoren können den Mobbing-Vorfall untersuchen und Maßnahmen ergreifen, um weitere Vorfälle zu verhindern.

4. Klassenlehrer: Auch Klassenlehrer können Mobbing-Opfern Unterstützung bieten, indem sie im Klassenzimmer für Schutz sorgen und bei der Kommunikation mit anderen Schülern helfen.

5. Anti-Mobbing-Programme: Einige Schulen führen spezielle Programme zur Prävention und Bekämpfung von Mobbing durch. Mobbingopfer können von den Ressourcen und Aktivitäten solcher Programme profitieren.

Die Unterstützung Ihrer Schule ist für Mobbingopfer ein wichtiger Schritt. Dies kann dazu beitragen, den Missbrauch zu stoppen und dem Opfer die Unterstützung und den Schutz zu bieten, die es benötigt.

Wenn Mobbing in einem Land oder in Bildungseinrichtungen nicht ausreichend thematisiert wird und das Opfer aufgrund möglicher negativer Folgen Angst hat, Hilfe zu suchen, gibt es alternative Möglichkeiten, Unterstützung und Schutz zu erhalten. Hier sind einige Schritte, die Sie in einer solchen Situation unternehmen können:

1. Kontaktieren Sie einen Elternteil oder einen vertrauenswürdigen Erwachsenen: Wenn die Schule nicht auf das Mobbingproblem reagiert, ist es wichtig, einen Elternteil oder einen anderen vertrauenswürdigen Erwachsenen um Unterstützung zu bitten. Sie können dabei helfen, die Situation zu erkennen und die notwendigen Maßnahmen zum Schutz des Opfers zu ergreifen.

2. Finden Sie externe Ressourcen: Versuchen Sie, externe Organisationen oder Gruppen zu finden, die sich auf die Unterstützung von Mobbingopfern spezialisiert haben. Diese Organisationen können Rat, Unterstützung und Unterstützung bei der Lösung des Problems bieten.

3. Rücksprache mit einem Anwalt: In manchen Fällen, insbesondere wenn Mobbing zu körperlichen oder psychischen Schäden führt, kann ein rechtlicher Eingriff erforderlich sein. Anwälte können bei der Beurteilung der Situation helfen und Ratschläge zum Schutz der Rechte des Opfers

geben.

4. Finden Sie Unterstützung in Online-Communities: Es gibt Online-Ressourcen und Communities, in denen Mobbingopfer Unterstützung und Rat von Menschen erhalten können, die mit ähnlichen Problemen konfrontiert sind. Dies kann eine nützliche Informationsquelle und emotionale Unterstützung sein.

5. Erforschen Sie Schutzmechanismen: Machen Sie sich mit den Gesetzen und Richtlinien zum Thema Mobbing und zum Schutz der Kinderrechte in Ihrem Land vertraut. Wenn Sie Ihre Rechte kennen, können Sie sich besser verteidigen und wirksamer Hilfe suchen.

Es ist wichtig, sich daran zu erinnern, dass Mobbingopfern auch dann Unterstützung und Ressourcen zur Verfügung stehen, wenn die Schule nicht angemessen auf das Problem reagiert. Es ist wichtig, nicht allein zu sein und andere Hilfe in Anspruch zu nehmen, um sich zu schützen und das Mobbing-Problem zu lösen.

Bei Mobbing ist es neben der Suche nach Unterstützung durch externe Ressourcen auch wichtig, sich verteidigen zu können. Hier sind einige Selbstverteidigungstechniken, die Mobbingopfern helfen können:

1. Grenzen setzen: Lernen Sie, Grenzen zu setzen und Ihre Vorlieben und Ablehnung von unerwünschtem Verhalten klar zum Ausdruck zu bringen. Wenn Sie beispielsweise jemand beleidigt, sagen Sie ihm, dass das inakzeptabel ist, und bitten Sie ihn, damit aufzuhören.

2. Konfliktsituationen vermeiden: Vermeiden Sie den Kontakt mit Personen, die Aggression oder Gewalt zeigen. Wählen Sie ein Unternehmen sorgfältiger aus und versuchen Sie, sich an einem sicheren Ort aufzuhalten.

3. Selbstbewusstes Verhalten: Versuchen Sie, selbstbewusst und ruhig zu wirken, auch wenn Sie sich innerlich unsicher fühlen. Dies kann dazu beitragen, potenzielle Angreifer abzuschrecken und die Wahrscheinlichkeit eines Angriffs zu verringern.

4. Stärkung des Selbstwertgefühls: Arbeiten Sie daran, Ihr Selbstwertgefühl und Ihr Selbstwertgefühl zu stärken. Je mehr Sie sich selbst wertschätzen und respektieren, desto geringer ist die Wahrscheinlichkeit, dass Sie durch das negative Verhalten anderer geschädigt werden.

5. Finden Sie Unterstützung: Finden Sie Freunde oder Erwachsene, denen Sie vertrauen, und teilen Sie ihnen Ihre Probleme mit. Jemanden zu haben, der Sie unterstützt und an Ihrer Seite steht, kann Ihnen helfen, schwierige Situationen zu meistern.

6. Kommunikationsfähigkeiten entwickeln: Verbessern Sie Ihre Kommunikationsfähigkeiten, um bei der Lösung von Konflikten selbstbewusster und erfolgreicher zu sein. Dazu gehört die Fähigkeit, Ihre Gedanken und Gefühle klar und respektvoll auszudrücken.

7. Training zur körperlichen Selbstverteidigung: Im Falle eines

körperlichen Angriffs können Kenntnisse über grundlegende Techniken der körperlichen Selbstverteidigung hilfreich sein. Es ist jedoch wichtig zu bedenken, dass körperliche Gewalt immer das letzte Mittel ist und nur als letztes Mittel zum Selbstschutz eingesetzt werden sollte.

Das Üben dieser Selbstverteidigungstechniken kann Mobbingopfern helfen, sich selbstbewusster zu fühlen und die Wahrscheinlichkeit weiterer Angriffe zu verringern. Es ist jedoch wichtig zu bedenken, dass Selbstverteidigung auf Ihre spezifische Situation zugeschnitten sein muss und es sich immer lohnt, nach Möglichkeit Hilfe und Unterstützung in Anspruch zu nehmen.

5. Nutzen Sie Online-Ressourcen.

Es gibt viele Online-Ressourcen und Organisationen, die Mobbingopfer unterstützen. Dies können spezielle Websites, Foren, Chatrooms oder Hotlines sein, auf denen Sie Rat und Unterstützung von Fachleuten und anderen Menschen erhalten, die sich in einer ähnlichen Situation befinden.

Die Nutzung von Online-Ressourcen zur Hilfe bei Mobbing kann für Opfer ein wichtiger und wirksamer Schritt sein. Hier finden Sie eine detailliertere Übersicht zu diesem Thema:

- Spezialisierte Websites: Es gibt viele Websites, die sich dem Thema Mobbing widmen und Informationen, Ratschläge und Ressourcen für Opfer und ihre Familien bereitstellen. Auf solchen Websites finden Sie Artikel, Videos, Tests sowie Kontakte zu Spezialisten, die Ihnen weiterhelfen können.

- Foren und Communities: Online-Foren und Communities bieten Opfern von Mobbing die Möglichkeit, mit anderen in Kontakt zu treten, die ähnliche Situationen durchgemacht haben oder durchmachen. Hier können Sie Ihre Erfahrungen austauschen und Unterstützung und Rat von Menschen erhalten, die Ihre Situation verstehen.

- Chatrooms und Hotlines: Einige Organisationen bieten Online-Chatrooms oder Hotlines an, bei denen Mobbingopfer in Echtzeit Rat und Unterstützung suchen können. Dies kann besonders nützlich sein für diejenigen, die dringend Hilfe benötigen oder einfach mit jemandem sprechen möchten.

- Selbsthilfematerialien: Selbsthilfematerialien wie Artikel, Bücher, Video-Tutorials und Audio-Podcasts finden Sie in verschiedenen Online-Ressourcen. Diese Ressourcen können Tipps zur Stressbewältigung, zur Entwicklung von Bewältigungsfähigkeiten und zur Verbesserung des Selbstwertgefühls enthalten.

- Finden Sie Hilfe in sozialen Medien: Auf Social-Media-Plattformen finden Sie auch Anti-Mobbing-Gruppen und Communities. Wenn Sie diesen Gruppen beitreten, erhalten Sie Unterstützung von einem breiten Spektrum von Menschen und erhalten Zugriff auf aktuelle

Informationen und Ressourcen.

Der Einsatz von Online-Ressourcen zur Bekämpfung von Mobbing kann eine sinnvolle Ergänzung zu anderen Formen der Unterstützung sein. Allerdings ist es wichtig, bei der Auswahl der Ressourcen vorsichtig zu sein und deren Gültigkeit und Zuverlässigkeit zu prüfen, um nicht auf schädliche oder falsche Ratschläge hereinzufallen.

6. Suchen Sie rechtliche Hilfe.

Bei schwerem Mobbing, das gegen Gesetze verstößt oder zu Straftaten führt, können Sie Rechtsbeistand bei Anwälten oder Organisationen suchen, die sich auf Kinderrechte und Gewaltschutz spezialisiert haben. Anwälte können dabei helfen, die Situation einzuschätzen und Hinweise zu den Rechten des Opfers zu geben.

Für Mobbingopfer kann die Suche nach Rechtsbeistand ein notwendiger Schritt sein, insbesondere wenn die Situation ernst wird und gegen Gesetze verstößt. Hier finden Sie eine detailliertere Übersicht zu diesem Thema:

1. Bewerten Sie die Situation: Anwälte, die sich auf Kinderrechte und Gewaltschutz spezialisiert haben, können eine Beurteilung durchführen, um zu verstehen, wie ernst und komplex das Problem des Mobbings ist. Dabei werden alle Aspekte der Situation untersucht, darunter physisches, verbales, emotionales oder Cybermobbing sowie mögliche Gesetzesverstöße.

2. Beratung zu Opferrechten: Anwälte helfen Mobbingopfern dabei, ihre Rechte und Möglichkeiten zu verstehen. Sie können erklären, gegen welche Gesetze verstoßen wurde, welche Rechte das Opfer hat und welche Maßnahmen zu seinem Schutz ergriffen werden können.

3. Dokumentenerstellung und Unterstützung bei rechtlichen Verfahren: Rechtsanwälte unterstützen bei der Erstellung notwendiger Dokumente, wie z. B. Polizeiberichten, Gerichtsbeschwerden oder Anträgen auf Schutzmaßnahmen. Sie können das Opfer auch vor Gericht oder anderen Gerichtsverfahren vertreten.

4. Mediation und Verhandlung: In manchen Fällen können Anwälte als Vermittler zwischen dem Opfer und dem Angreifer fungieren, um eine friedliche Lösung des Konflikts zu erreichen. Sie können auch mit Behörden oder Organisationen verhandeln, um den Schutz und die Unterstützung des Opfers sicherzustellen.

5. Entschädigung erhalten: Bei durch Mobbing verursachten Schäden können Anwälte dem Opfer dabei helfen, eine Entschädigung für physische oder psychische Verletzungen, medizinische Kosten, Sachschäden und andere Verluste zu erhalten.

In Fällen, in denen andere Methoden der Unterstützung und Konfliktlösung wirkungslos oder unzureichend sind, kann die Inanspruchnahme eines Rechtsbeistands erforderlich sein. Es ist wichtig, erfahrene und qualifizierte Anwälte auszuwählen, die auf Kinderrechte und Gewaltschutz spezialisiert sind, um maximale Unterstützung und Schutz für das Mobbingopfer zu gewährleisten.

7. Suchen Sie Unterstützung bei Freunden.

Freunde können eine wichtige Quelle der Unterstützung für Mobbingopfer sein. Sie können emotionale Unterstützung bieten, bei der Lösung von Konflikten helfen, in sozialen Situationen unterstützen und dabei helfen, Kraft zu finden, um Mobbing zu widerstehen.

Die Suche nach Unterstützung von Freunden kann für Mobbingopfer ein wichtiger Schritt sein, da Freunde emotionale Unterstützung bieten und bei der Lösung von Konflikten helfen können. Hier ist ein detaillierterer Blick auf dieses Thema:

1. Emotionale Unterstützung: Freunde können diejenigen sein, die das Mobbingopfer verstehen und akzeptieren, was die Grundlage für emotionale Unterstützung ist. In schwierigen Zeiten einfach nur zuzuhören und Unterstützung zu leisten, kann viel dazu beitragen, dass sich das Opfer weniger allein und isoliert fühlt.

2. Konfliktlösung: Freunde können dabei helfen, Lösungen zu finden, um Mobbing zu stoppen oder Konflikte zu lösen. Sie können Ihnen Ratschläge geben, Sie bei der Entscheidungsfindung unterstützen und Ihnen sogar dabei helfen, geeignete Vorgehensweisen zu finden.

3. Unterstützung in sozialen Situationen: Freunde können in sozialen Situationen Unterstützung leisten, beispielsweise bei der Fortbewegung in der Schule oder bei außerschulischen Aktivitäten. Freunde in der Nähe zu haben, kann dem Opfer helfen, sich sicherer und selbstbewusster zu fühlen.

4. Hilfe beim Widerstand gegen Mobbing: Freunde können dem Opfer helfen, die Kraft zu finden, Mobbing zu widerstehen. Sie können Ideen anbieten oder Sie dabei unterstützen, Maßnahmen zu ergreifen, um sich selbst zu schützen, wie z. B. das Erlernen von Kommunikationsfähigkeiten, Durchsetzungsvermögen oder sogar Selbstverteidigung.

5. Unterstützung bei der Suche nach professioneller Hilfe: Freunde können dem Opfer auch dabei helfen, Kontakt zu professionellen Ressourcen und Spezialisten aufzunehmen, wenn die Situation zu komplex wird oder spezielle Hilfe erfordert.

Der Kontakt zu Freunden kann den Umgang mit Mobbing weniger beängstigend machen und dem Opfer das Gefühl geben, mit seinem Kampf nicht allein zu sein. Es ist jedoch wichtig, dass Freunde unterstützend sind und die Situation nicht verschlimmern, indem sie das Mobbingopfer ermutigen, bei Bedarf Hilfe zu suchen.

8. Setzen Sie Grenzen und Prioritäten.

Das Verstehen der eigenen Grenzen und Prioritäten kann einem

Mobbingopfer dabei helfen, sich selbst und seine Interessen zu schützen. Es ist wichtig zu lernen, „Nein" zu Situationen zu sagen, die Unbehagen verursachen oder zu Gewalt führen. Dazu kann gehören, sich von Tyrannen fernzuhalten, neue Freunde zu finden oder seinen Lebensstil zu ändern, um Konfliktsituationen zu vermeiden.

Das Setzen von Grenzen und Prioritäten spielt eine wichtige Rolle beim Schutz des Mobbingopfers und seiner Interessen. Schauen wir uns dieses Thema genauer an:

1. Die eigenen Grenzen verstehen: Für ein Mobbingopfer ist es wichtig, seine persönlichen Grenzen zu verstehen und sie zu respektieren. Dazu kann die Erkenntnis gehören, dass sie Respekt und Würde verdient und dass niemand das Recht hat, ihre Grenzen zu verletzen oder Schaden anzurichten.

2. „Nein" sagen: Zu lernen, in Situationen, die Unbehagen bereiten oder zu Gewalt führen, „Nein" zu sagen, ist eine Schlüsselkompetenz, um sich selbst zu schützen. Dazu kann die Weigerung gehören, an Konfliktsituationen teilzunehmen oder mit Angreifern zu kommunizieren, sowie die Weigerung, Aufforderungen oder Forderungen nachzukommen, die persönliche Grenzen verletzen.

3. Prioritäten: Für ein Mobbingopfer ist es wichtig, seine Prioritäten zu erkennen und sich darauf zu konzentrieren. Dazu kann gehören, neue Freunde oder soziale Kreise zu finden, die sie unterstützen und respektieren, sowie ihren Lebensstil zu ändern, um Konfliktsituationen oder Orte zu vermeiden, an denen sie sich unsicher fühlt.

4. Selbstverteidigung: Das Mobbingopfer muss bereit sein, sich im Bedarfsfall zu verteidigen. Dies kann das Erlernen von Selbstverteidigungsfähigkeiten oder die Suche nach Hilfe von Erwachsenen oder Fachleuten umfassen, wenn eine Situation gefährlich wird oder zu schwierig wird, um sie alleine zu bewältigen.

5. Unterstützung finden: Schließlich muss das Mobbingopfer wissen, dass es in seinem Kampf nicht allein ist und dass es viele Ressourcen und Organisationen gibt, die ihm helfen können, Unterstützung und Schutz zu erhalten. Dazu können Schulpsychologen, Berater, Eltern, Freunde oder Berufsverbände gehören.

6. Beteiligen Sie sich an sicheren Gruppen: Opfer von Mobbing können Unterstützung und Schutz finden, indem sie sich sicheren und unterstützenden Gruppen oder Gemeinschaften anschließen. Dies können Schulclubs, Gemeinschaftsorganisationen oder Online-Foren sein, in denen sie ihre Probleme diskutieren und Unterstützung von Menschen erhalten können, die sie verstehen.

7. Einsatz von Sicherheitstechnologien: In der heutigen Welt kann Technologie zu einem leistungsstarken Schutzinstrument werden. Opfer von Mobbing können Blockierungs-, Filter- oder Meldefunktionen in sozialen Medien und Messaging-Apps nutzen, um unerwünschte Kontakte

oder Inhalte zu verhindern.

8. Selbstachtung und positives Denken: Es ist wichtig, dass das Mobbingopfer seine Selbstachtung und sein Selbstvertrauen behält. Positives Denken und Selbstvertrauen können ihr helfen, die negativen Auswirkungen von Mobbing zu überwinden und weiter voranzukommen.

9. Suchen Sie Hilfe bei Fachleuten: Wenn die Situation überwältigend oder gefährlich wird, sollte das Mobbingopfer Hilfe von Fachleuten in Anspruch nehmen. Dies können Psychologen, Sozialarbeiter, Rechtsanwälte oder andere Spezialisten sein, die ihr die nötige Unterstützung und Hilfestellung geben.

10. Selbstbildung und Bewusstsein: Ein Mobbingopfer kann seine Verteidigung stärken, indem es lernt, Mobbing zu verhindern und darauf zu reagieren. Sie kann sich über ihre Rechte informieren, sich über bestehende Ressourcen und Organisationen informieren und sich Wissen über Stressbewältigung und emotionale Unterstützung aneignen.

Das Setzen von Grenzen und Prioritäten hilft Mobbingopfern, sich vor weiterer Gewalt zu schützen und die Kontrolle über ihr Leben zu übernehmen. Diese Methoden werden dem Mobbingopfer helfen, die Kraft, das Selbstwertgefühl und die Unterstützung zu gewinnen, die es braucht, um eine schwierige Situation zu überwinden und mit seinem Leben weiterzumachen.

9. Wenden Sie sich an Berufsverbände.

Es gibt verschiedene Nichtregierungs- und Regierungsorganisationen, die sich auf die Hilfe und Unterstützung für Mobbingopfer spezialisiert haben. Diese Organisationen können Beratung, Konfliktlösung und emotionale Unterstützung bieten und bei der Bewältigung der Auswirkungen von Mobbing helfen.

Professionelle Anti-Mobbing-Organisationen spielen eine Schlüsselrolle bei der Hilfe und Unterstützung für Opfer dieser Art von Gewalt. Hier sind einige Aspekte, die Sie berücksichtigen sollten:

1. Vielfalt der Organisationen: Es gibt viele Organisationen, sowohl Nichtregierungs- als auch Regierungsorganisationen, die sich mit dem Thema Mobbing befassen. Sie können national, regional oder lokal sein und bieten vielfältige Hilfe, einschließlich Beratung, Unterstützung und Ressourcen.

2. Beratung und Hilfestellung: Professionelle Organisationen verfügen in der Regel über Spezialisten, die Mobbingopfern helfen können. Dies können Psychologen, Sozialarbeiter, Rechtsanwälte und andere Fachleute sein, die über Erfahrung und Wissen auf diesem Gebiet verfügen.

3. Konfliktlösung: Organisationen können dabei helfen, Konflikte zu lösen und geeignete Strategien für den Umgang mit Mobbing-Situationen zu finden. Sie bieten individuelle Beratung, Gruppensitzungen oder

Schulungen zur Entwicklung von Selbstvertretung und Konfliktmanagementfähigkeiten an.

4. Emotionale Unterstützung: Ein wichtiger Aspekt der Arbeit von Berufsverbänden ist die Bereitstellung emotionaler Unterstützung für Mobbingopfer. Dies kann psychologische Unterstützung, Hilfe bei der Bewältigung der emotionalen Auswirkungen von Gewalt und die Schaffung eines sicheren Raums zum Ausdruck ihrer Gefühle und Sorgen umfassen.

5. Bewältigung der Folgen: Organisationen unterstützen Mobbingopfer bei der Bewältigung der Folgen dieser Art von Gewalt. Dazu kann die Unterstützung bei der Wiederherstellung des Selbstwertgefühls, die Überwindung einer posttraumatischen Belastungsstörung und die Entwicklung von Strategien zur Bewältigung negativer Emotionen gehören.

6. Aufklärung und Interessenvertretung der Öffentlichkeit: Berufsverbände spielen eine wichtige Rolle bei der Aufklärung der Öffentlichkeit über das Problem des Mobbings und beim Eintreten für die Umsetzung wirksamer Richtlinien und Programme, um Mobbing zu verhindern. Sie können Schulungsaktivitäten und Sensibilisierungskampagnen durchführen und sich an der Entwicklung von Gesetzen zum Schutz von Mobbingopfern beteiligen.

Insgesamt sind Berufsverbände eine wichtige Anlaufstelle für Mobbingopfer und ihre Familien, die in schwierigen Situationen umfassende Hilfe und Unterstützung bieten.

10. Scheuen Sie sich nicht, um Hilfe zu bitten.

Es ist wichtig, sich daran zu erinnern, dass das Bitten um Hilfe kein Zeichen von Schwäche ist, sondern ein Zeichen der Sorge um Ihr eigenes Wohlergehen und Ihre Sicherheit. Niemand hat es verdient, unter Mobbing zu leiden, und um Hilfe zu bitten ist der erste Schritt zur Lösung des Problems.

Die Suche nach Hilfe bei Mobbing ist ein wichtiger und erster Schritt zur Bewältigung des Problems. Hier sind einige Aspekte, die Sie berücksichtigen sollten:

1. Die Bedeutung der Selbsthilfe: Hilfe zu suchen, wenn man gemobbt wird, ist kein Zeichen von Schwäche, sondern zeigt vielmehr, dass man sich um sein Wohlergehen und seine Sicherheit sorgt. Eine Verweigerung der Hilfe kann die Situation nur verschlimmern und zu weiteren negativen Folgen führen.

2. Selbstachtung und Rechte: Niemand hat es verdient, unter Mobbing zu leiden. Hilfe zu suchen ist ein Ausdruck von Selbstachtung und dem Schutz Ihres Rechts auf ein sicheres und zufriedenes Leben. Jeder hat das Recht auf Respekt und Schutz vor Gewalt.

3. Unterstützung durch andere: Oft haben Menschen Angst, um Hilfe

zu bitten, weil sie Angst davor haben, beurteilt oder unterschätzt zu werden. Es ist jedoch wichtig, sich daran zu erinnern, dass Familie, Freunde, Lehrer und Berufsverbände zur Verfügung stehen, um Unterstützung und Hilfe im Umgang mit Mobbing zu leisten.

4. Mögliche Folgen des Schweigens: Die Weigerung, Hilfe zu suchen, kann zu langfristigem Leiden unter Mobbing, einer Verschlechterung des psychischen und emotionalen Wohlbefindens sowie einer Verschlechterung der Beziehungen zu anderen führen. Daher ist es wichtig, nicht zu zögern, bei Anzeichen von Missbrauch Hilfe in Anspruch zu nehmen.

5. Hilfsmöglichkeiten: Es gibt viele Ressourcen und Organisationen, die bereit sind, Mobbingopfern zu helfen. Dazu können Schulpsychologen, Sozialarbeiter, professionelle Berater, Hotlines, Online-Ressourcen und vieles mehr gehören. Wer um Hilfe bittet, eröffnet vielfältige Unterstützungs- und Beratungsmöglichkeiten.

Insgesamt ist die Suche nach Hilfe bei Mobbing ein wichtiger Schritt, um sich selbst und Ihre Interessen zu schützen und den Prozess der Lösung des Problems einzuleiten.

Hilfe bei Mobbing zu suchen ist ein wichtiger und notwendiger Schritt, um sich selbst zu schützen oder anderen zu helfen. Unabhängig davon, ob Sie Opfer von Mobbing oder Unbeteiligter sind, denken Sie daran, dass Ihnen viele Ressourcen und Organisationen zur Verfügung stehen, die Sie unterstützen und helfen können. Zögern Sie nicht, um Hilfe zu bitten und denken Sie daran, dass Sie in dieser Situation nicht allein sind.

Die Suche nach Hilfe bei Mobbing spielt eine entscheidende Rolle bei der Gewährleistung der Sicherheit und des Wohlergehens von Opfern und Zeugen.

Der erste Schritt beim Bitten um Hilfe besteht darin, den Bedarf an Unterstützung zu erkennen. Dies kann durch psychischen Verfall, Angst oder Verzweiflung verursacht werden, die sich ohne Intervention verschlimmern können. Es ist wichtig zu wissen, wo man Hilfe finden kann. Zu den Ressourcen können Schulpsychologen, Sozialarbeiter, Hotlines, Online-Ressourcen, medizinische und psychologische Zentren, Kinderrechtsorganisationen und andere gehören.

Oft ist es Menschen peinlich, Hilfe zu suchen, weil sie befürchten, beurteilt oder unterschätzt zu werden. Es ist wichtig, sich daran zu erinnern, dass das Bitten um Hilfe ein mutiger und verantwortungsvoller Schritt ist, der zu einer Verbesserung der Situation führen kann.

Wenn Sie Unterstützung und Rat von Fachleuten erhalten, können Sie die Situation besser verstehen, Strategien zur Lösung des Problems entwickeln und lernen, mit emotionalem Unbehagen umzugehen. Wenn Sie sich Hilfe suchen, können Sie sich selbst und andere vor weiterer Gewalt schützen und Ihr allgemeines Wohlbefinden verbessern. Dies trägt auch dazu bei, mögliche negative Folgen von Mobbing langfristig zu verhindern.

Insgesamt ist die Suche nach Hilfe bei Mobbing ein wichtiger und notwendiger Schritt, der dazu beiträgt, die Sicherheit, den Schutz und die Unterstützung von Opfern und Zeugen zu gewährleisten. Zögern Sie nicht, um Hilfe zu bitten. Denken Sie daran, dass Sie in dieser Situation nicht allein sind und es viele Ressourcen und Menschen gibt, die bereit sind, Ihnen zu helfen.

Kapitel 8. Wer ist schuld daran, dass Sie Opfer von Mobbing geworden sind?

Hier muss sofort entschieden werden, wer genau anfällig für Mobbing ist, und in diesem Stadium interessiert uns nur, ob die Person gesund ist:

- Der menschliche Körper weist einen erheblichen geistigen oder körperlichen Schaden auf, der so groß ist, dass er dem Angreifer nicht selbstständig ausreichend Widerstand leisten kann.

- Aufgrund vieler Faktoren gibt es nur noch sehr wenige gesunde Menschen auf dem Planeten, die zu 100 % gesund sind. Das heißt, wir sind daran interessiert, dass der Körper eines Menschen ausreichend gesund ist, um innerhalb der angemessenen Grenzen der eigenen ausreichenden Fähigkeit zur Kontrolle des eigenen Körpers zu liegen mentale Prozesse.

Im ersten Fall wird es für eine Person leider viel schwieriger oder sogar unmöglich sein, mit den Aggressoren während des Mobbings alleine fertig zu werden. In diesem Fall ist Hilfe von außen erforderlich, dies kann die Hilfe von Familienangehörigen, Verwandten, Bekannten oder staatlichen Sicherheitskräften des Einzelnen sein, beispielsweise Sozialarbeiter oder Menschenrechtsaktivisten und die Polizei.

Im zweiten Fall, wenn Sie Opfer von Mobbing werden, tragen Ihre Eltern und Sie persönlich die direkte Schuld. Schauen wir uns nun die Gründe an, die ich genannt habe. Aber vorher wollen wir einen kleinen Schritt zurücktreten und uns mit einer wichtigen Frage befassen: Wer oder was ist ein Mensch aus biologischer Sicht?

Im Klartext: Ganz gleich, was Sie über sich selbst und andere Menschen denken, wir sind alle Teil des biologischen Systems dieses Planeten und gehören zur Kategorie der Tiere. Aus biologischer Sicht ist der Mensch ein biologischer Organismus, der zum Tierreich gehört. Der Mensch ist eine Art des Homo sapiens, der zu den Primaten gehört. Somit ist der Mensch Teil des biologischen Systems des Planeten Erde und hat mit anderen Tierarten gemeinsame Vorfahren.

Ich denke, Sie haben bereits bemerkt, dass fast alle Lebewesen auf dem Planeten den gleichen Körperbau haben, nur mit geringfügigen Änderungen. Die Körper fast aller Lebewesen auf dem Planeten haben:

Es wurde zu Recht beobachtet, dass viele Lebewesen auf dem Planeten eine ähnliche Körperstruktur mit einigen Abweichungen haben. Diese allgemeine Struktur umfasst die folgenden Funktionen:

- Kopf: Er beherbergt normalerweise Sinnesorgane wie die Augen für die visuelle Wahrnehmung der Umgebung, die Ohren oder ähnliche Strukturen für die auditive Wahrnehmung sowie eine Öffnung zum Essen und zur Kommunikation mit der Außenwelt.

- Wirbelsäule: Dies ist die zentrale Achse, an der alle äußeren und inneren Körperteile befestigt sind. Die Wirbelsäule unterstützt und schützt das Nervensystem und ist die Grundlage für die Bewegung und den Erhalt der Körperstruktur.

- Gliedmaßen in der Nähe des Kopfes: Typischerweise sind dies Hände oder andere Organe zur Manipulation und Interaktion mit der Umwelt.

- Gliedmaßen am Ende der Wirbelsäule: Typischerweise sind dies Beine oder ähnliche Strukturen, die der Fortbewegung und Bewegung in der Umwelt dienen.

- Fortpflanzungs- und Verdauungssystem: Dies sind wichtige anatomische Systeme, die für die Fortpflanzung und die Gewinnung von Nährstoffen aus der Nahrung sowie für die Beseitigung von Abfallstoffen verantwortlich sind.

Diese anatomischen Merkmale sind Schlüsselelemente für das Überleben und Funktionieren von Lebewesen auf dem Planeten und sind typischerweise bei allen Arten vorhanden, obwohl sie je nach Umgebung und evolutionären Anpassungen variieren können.

Wir haben also festgestellt, dass der Mensch eine der Tierarten ist. Es muss jedoch berücksichtigt werden, dass diese Kreatur auf dem Planeten die gefährlichste, intelligenteste und grausamste bis zur Sinnlosigkeit ist. Kein anderes Lebewesen auf dem Planeten tötet zum eigenen Vergnügen, noch missbraucht es andere Lebewesen, insbesondere seinesgleichen, zum Vergnügen. Und das war schon immer so, egal wie tief man in die Geschichte der Menschheit blickt. Und selbst Jahrhunderte später hat sich absolut nichts geändert.

Ja, Gemeinschaften haben Rechtssysteme geschaffen, die auf territorialen Merkmalen basieren. Aber nur, um andere wie sich selbst zu kontrollieren und diejenigen zu schützen, die in diesem Gebiet herrschen.

Wohin möchte ich dieses Gespräch führen? Alles ist sehr einfach. Ich möchte Ihnen zeigen, dass der Mensch das grausamste und rücksichtsloseste Geschöpf ist, das es genießt, andere zu töten und zu foltern. Und ja, Sie haben, wie alle anderen auch, diese Eigenschaften. Aber von Geburt an waren die meisten von uns darauf programmiert, sagen wir es anders: Uns wurde beigebracht, dass der Mensch ein gutmütiges Wesen ist. Dies kommt vor allem denjenigen zugute, die über die böse Masse herrschen, deren Zähne und Krallen sie seit ihrer Kindheit abzuschleifen versuchen. Auf diese Weise ist es einfacher, die Menge zu kontrollieren und ihnen den Anschein zu erwecken, dass sie etwas meinen und entscheiden, anstatt im wahrsten Sinne des Wortes Sklaven zu bleiben, die über andere herrschen.

Aber nicht alle sind mit dieser allgemeinen Propaganda einverstanden und viele praktizieren diese Praxis nicht in ihren Familien. Besonders in ungünstigen Familien, in denen Kinder ohne eine so dicke kulturelle Schicht aufwachsen, die das Unterbewusstsein eines Menschen auf der unterbewussten Ebene kontrolliert. Im Grunde werden sie zu direkten Angreifern anderer Menschen. Menschen, die aus diesem Umfeld stammen, werden meist auch zu Kriminellen, insbesondere mit einer Neigung zu grausamen und blutigen Verbrechen.

Aber wenn eine Person mit „Verhaltensregeln" und „Kultur" aufgewachsen ist, ist sie möglicherweise nicht auf eine andere Verhaltensreaktion vorbereitet als Menschen mit anderen kulturellen Werten und einer anderen Erziehung.

Doch wer trägt die Schuld daran, dass ein Mensch Opfer von Mobbing wurde:
- deine Eltern,
- Sie persönlich.

Und absolut im gleichen Verhältnis. Es gibt keine anderen Menschen, die für Ihre Viktimisierung verantwortlich gemacht werden könnten. Schuld daran sind Sie persönlich und diejenigen, die Sie großgezogen haben.

Und warum? Alles ist ganz einfach: Die Angreifer, die ihr wahres Wesen als Menschen zum Ausdruck bringen, tun genau das, was Geschöpfe von Natur aus tun . Wie gesagt, der Mensch ist das grausamste und rücksichtsloseste Geschöpf auf dem Planeten, dem es Freude macht, seinesgleichen zu töten, ihn zu quälen und zu verspotten. Ja, natürlich gilt diese Regel auch für andere Lebewesen, ein Mensch umarmt glücklich und vollständig alle Lebewesen um ihn herum und verspottet und quält auch andere Lebewesen grausam. Dennoch verfolgt der Mensch in größerem Maße als alle anderen Lebewesen seinesgleichen.

Viele sind bereit, mit mir in dieser Frage zu streiten. Ich bin damit einverstanden. Und ich möchte sofort eine Frage stellen: Wie sehr sind Sie bereit, mit mir zu streiten? Vor der Schlacht, vor der Verfolgung, vor der Zerstörung von mir und meiner Theorie? Aber ist das nicht schon ein Beweis für meine Theorie? Wenn Sie tief nachdenken, sich umschauen und sich an die Geschichte der Menschheit in den letzten Jahrhunderten erinnern, werden mir leider alle zustimmen, denn das ist wahr.

Warum habe ich also gesagt, dass Ihre Schüler oder Eltern schuld daran sind, dass Sie zum Opfer geworden sind? Weil sie dich nicht auf die reale Welt vorbereitet, dich nicht richtig erzogen, dir keine Wahl gelassen und dich zum Opfer gemacht haben. Nach modernen Erziehungsmethoden, die auf Freundlichkeit und Respekt basieren, kann es leider äußerst gefährlich sein, wenn eine Person, die auf der Grundlage dieser Methode erzogen wurde, in einer anderen Umgebung landet, die nicht von denselben Prinzipien getragen wird. Und wenn Sie das Buch lesen, ist genau das passiert. Deine Eltern haben dich, ohne darüber nachzudenken, ungewollt so erzogen, dass du irgendwann im Leben zum Opfer werden musstest, denn das wirkliche Leben ist kein Märchen über rosa Einhörner, sondern ein grausamer Kampf. Ob in der Schule oder am Arbeitsplatz, für die berufliche Weiterentwicklung.

Und warum habe ich gesagt, dass es daran liegt, dass Sie selbst schuldig geworden sind, Opfer von Mobbing geworden zu sein? Auch hier habe ich eine einfache Antwort. Deine Eltern haben dich erzogen und dir unrealistische Ansichten über das Leben eingeimpft, das stimmt, aber schon im ersten Schuljahr konntest du erkennen, dass das alles eine Lüge war und die Realität sehr grausam war. Und Kinder sind sehr grausam, und in Ihrer Bildungseinrichtung könnten sie schon in den ersten Jahren Beispiele von Mobbing gegenüber anderen Kindern oder sogar Ihnen selbst erleben. Und an diesem Punkt hätten Sie dies erkennen und entsprechende Maßnahmen ergreifen müssen, um kein Opfer mehr oder nie ein Opfer zu sein. Dies ist allein Ihre Schuld, denn Sie hätten die notwendigen Maßnahmen ergreifen können, um nicht zum Opfer zu werden.

Kapitel 9. Wie man aufhört, ein Opfer zu sein. Keine traditionelle Selbsterneuerung.

Im vorherigen Kapitel wurde gesagt, dass der Mensch als Spezies das Potenzial für die schrecklichsten, rücksichtslosesten und grausamsten Taten auf diesem Planeten hat. Diese Aussage kann unterschiedliche Reaktionen hervorrufen und die Notwendigkeit hervorrufen, unsere Haltung gegenüber der Menschheit zu überdenken.

Warum halten wir einen Menschen für ein so grausames und rücksichtsloses Wesen? Vielleicht ist es seine Geschichte voller Kriege, Konflikte und Gewalt. Vielleicht liegt es an seiner Fähigkeit, die Umwelt und andere Lebewesen zu zerstören. Oder vielleicht handelt es sich um eine genetisch bedingte Fähigkeit und den Wunsch im Unterbewusstsein eines Menschen, seinen Mitmenschen Leid zuzufügen, wofür es immer einen Grund gibt, sei es aufgrund von Unterschieden im Glauben, in der Rasse, in der Politik oder anderen Faktoren. Um Gründe zu finden, genug zu sehen und zu versuchen, jemanden wie ihn selbst zu zerstören, sucht ein Mensch manchmal nicht einmal nach Gründen, sondern wählt ein Opfer aus seiner Umgebung. Aber hier fällt diese Wahl immer auf denjenigen, der körperlich oder geistig schwächer ist.

Man kann sagen, dass in jedem Menschen auch das Potenzial für

Mitgefühl, Freundlichkeit und Gerechtigkeit steckt. Die Menschheit hat zahlreiche Wohltätigkeitsorganisationen, Hilfsprogramme sowie wissenschaftliche und medizinische Fortschritte geschaffen, die dazu beitragen, das Leben von Millionen Menschen zu verbessern.

Aber sagen Sie mir, worauf richten all diese Wohltätigkeitsorganisationen ihre Bemühungen? Ich werde Ihnen antworten: zum Schutz derer, die unter anderen Menschen gelitten haben, derjenigen, die Opfer geworden sind. Sei es eine wirtschaftlich unsichere Bevölkerung, bei der die Reichen den Armen den Reichtum entziehen, Arbeitsplätze vernichten oder die Preise in die Höhe treiben. Wer macht das alles? Das ist richtig, eine andere Person, die ein direkter Angreifer ist. Aber hier sind die meisten von uns direkt von ihnen abhängig und können in den meisten Fällen nichts dagegen tun. Diese Angreifer beherrschen die Welt und haben Gesetze zu ihrem Schutz erlassen.

Vergessen Sie aber auch nicht, dass es andere Opfer gibt, die von anderen Menschen direkt körperlich geschädigt wurden. Und hier ist anzumerken, dass Opferhilfezentren eingerichtet wurden, teilweise auf Landesebene. Aber hier sollten wir darauf achten, ob diese Organisationen den Opfern umfassend helfen können? Ja, in vielen Fällen helfen diese Organisationen bei der Bewältigung des Angreifers und erhalten möglicherweise sogar eine Entschädigung. Aber ich versichere Ihnen, dass derjenige, der ein Opfer war, wieder ein Opfer wird, wenn er den Angreifer nicht aus eigener Kraft besiegt. In 60 % der Fälle werden ehemalige Opfer erneut Angriffen durch andere Angreifer ausgesetzt, in der Hälfte der Fälle sogar durch denselben Angreifer. Aber dieses Mal kann die Aggression bereits tödliche Folgen haben, da der Angreifer es dem Opfer in vielen Fällen nicht erlaubt, Hilfe zu suchen und in diesem Fall sein Opfer zu töten.

Es ist auch sehr wichtig zu verstehen, dass Ihre Aggressoren genau wie Sie selbst sind. Die Menschen auf dem Planeten teilen die gleichen grundlegenden Merkmale der menschlichen Natur, und die Unterschiede zwischen ihnen sind zwar in mancher Hinsicht erheblich, aber letztendlich gering. Physiologische und psychologische Merkmale können das Verhalten einer Person bestimmen, sie machen eine Person jedoch nicht wertvoller oder minderwertig als andere.

Es ist wichtig zu erkennen, dass alle Unterschiede zwischen uns durch die Gesellschaft und Kultur geschaffen werden und nicht unser Selbstwertgefühl oder unsere Beziehungen zu anderen beeinflussen sollten. Das Überdenken Ihrer eigenen Einstellung zu sich selbst und anderen kann dabei helfen, den Prozess der Veränderung Ihrer mentalen Wahrnehmung der Situation und Ihrer Persönlichkeit als Ganzes einzuleiten.

Das heißt, auch Sie sind ein Mensch wie sie. Verstehst du das? Sie verstehen, dass alle Menschen auf dem Planeten gleich sind und sich nur durch eine kleine Reihe von Faktoren unterscheiden, zu denen physiologische und psychologische Unterschiede gehören. Und gleichzeitig sind sie überhaupt nicht groß. Diese Unterschiede wirken sich natürlich auf das Verhalten eines Menschen und darauf aus, wie er sein gesamtes Leben verbringen wird.

Als Inspiration ist es für Sie wichtig zu verstehen, dass Sie und Ihr Angreifer bis auf zwei Faktoren in allen Punkten gleich sind. Denken Sie darüber nach: Sie haben dieselben menschlichen Eigenschaften wie Ihr Täter. Sie haben das Recht auf Ihre eigenen Gedanken, Gefühle und Wünsche, genau wie er oder sie. Dieses Verständnis kann der Schlüssel sein, um sich von der Opferrolle zu befreien.

Und wenn Sie das jetzt lesen, bedeutet das, dass sich etwas in Ihnen bewegt, etwas verändert. Vielleicht ist es der Wunsch, nicht in der Opferrolle zu bleiben. Das ist ein toller erster Schritt. Aber hören Sie hier nicht auf. Tiefer, irgendwo in dir, in deinem Unterbewusstsein, vielleicht sogar unbewusst, verspürst du diesen Wunsch nach Veränderung. Dies ist der Wunsch, Ihre innere Welt zu verändern und Ihre Einstellung zu sich selbst und der Welt um Sie herum zu überdenken.

Stellen Sie sich nun vor, Sie könnten Ihre psychologische Rolle, Ihr Selbstwertgefühl und Ihre Denkweise ändern. Stellen Sie sich vor, wie sich diese Veränderung auf jeden Aspekt Ihres Lebens auswirken könnte. Sie können selbstbewusster, stärker und entscheidungsfreudiger werden. Möglicherweise beginnen Sie, die Welt aus einer anderen, positiveren Perspektive zu sehen. Sie können sich von den Fesseln der Angst und Negativität befreien, die Sie lange Zeit in einem Teufelskreis gehalten haben.

Dieser psychologische Faktor ist Ihr Schlüssel zur Veränderung. Das ist Ihr innerer Schatz, der Ihre Welt verändern kann. Hab keine Angst vor ihm, heiße ihn willkommen. Erlaube dir, es anzunehmen und es in deinem Leben umzusetzen. Es ist nicht schwierig, es ist einfach. Aber das ist unglaublich wichtig. Das ist Ihre Chance. Deine Zeit. Verpassen Sie es nicht.

Lassen Sie uns tiefer in diesen zweiten Faktor eintauchen. Denken Sie an Ihre körperliche Verfassung. Vielleicht fühlst du dich verletzlich und nicht stark genug, um dich zu schützen. Dies ist häufig der Fall, nachdem Sie Mobbing erlebt haben, das Sie nicht nur emotional, sondern auch körperlich verletzen kann. Möglicherweise haben Sie das Gefühl, dass Ihr Körper nicht bereit ist, Widerstand zu leisten und sich vor einem Angreifer zu schützen.

Aber wenn Sie dieses Buch lesen, bedeutet das, dass Sie den Wunsch verspüren, das zu ändern. Sie möchten, dass Ihr äußeres Erscheinungsbild Ihre innere Stärke und Ihr Selbstvertrauen widerspiegelt. Es ist möglich. Es ist nicht so schwierig, wie es scheint. Aber dennoch wird es Mühe erfordern und Zeit brauchen. Ja, ich verstehe, dass Sie sofort Ergebnisse erzielen möchten, aber das ist nicht möglich. Sie haben Jahre damit verbracht, zu lernen, wie man ein Opfer ist, und es wird einige Zeit dauern, bis Sie damit aufhören, ein Opfer zu sein. Aber ich habe eine gute Nachricht: Sie müssen dafür nicht Jahre aufwenden, ich kann Ihnen sogar einen Zeitrahmen nennen, innerhalb dessen Sie, wenn Sie meinen Anweisungen folgen, kein Opfer mehr sind, nämlich zwischen drei Monaten und einem Jahr. Es hängt alles von Ihrem Zustand ab und auch davon, wie sehr Sie sich dem Prozess des Wiederaufbaus von sich selbst, Ihrem Bewusstsein und Ihrem Körper zu einer anderen Persönlichkeit hingeben.

Nennen wir den zweiten Faktor physiologisch. Es ist Ihr Körper, Ihre physische Form, die Sie verändern können, um stärker und verteidigungsbereiter zu werden. Das kann Sport, Fitness, Kampfsport sein, etwas, das Ihnen dabei hilft, Ihren Körper zu stärken und Ihr Selbstvertrauen zu steigern.

Das kann Sport, Fitness, Kampfsport sein, etwas, das Ihnen dabei hilft, Ihren Körper zu stärken und Ihr Selbstvertrauen zu steigern. Schauen wir uns das genauer an, um zu verstehen, wo man anfangen soll und was für wen geeignet ist.

Aber denken Sie daran, dass dies ein Prozess ist. Dies ist keine sofortige Lösung des Problems. Aber jeder Schritt, jede Übung, jedes Training bringt Sie Ihrem Ziel näher – stark und selbstbewusst zu sein. Sie sollten keine Angst haben, Mühe und Zeit dafür zu investieren. Letztendlich stehen Ihre Gesundheit, Ihre Stärke und Ihr Leben auf dem Spiel. Sie beschließen, nie wieder ein Opfer zu sein.

Werfen wir einen Blick auf die Ergebnisse der Änderung dieser beiden Faktoren. Stellen Sie sich vor, wie Ihr neuer geistiger und körperlicher Zustand Ihre Situation verändern wird. Du wirst nie wieder ein Opfer sein. Sie werden nicht nur ein gewöhnlicher, normaler Mensch sein, sondern auch einer mit Stärke, Selbstvertrauen und Entschlossenheit. Dadurch werden Sie von den Fesseln des Mobbings und der Gewalt gegen Sie befreit und können Ihr Potenzial voll ausschöpfen.

Und nicht nur das. Wenn Sie möchten, können Sie vielleicht sogar zum Fürsprecher anderer gegen Mobbing werden. Sie können Ihre Erfahrung und Ihre Kraft nutzen, um diejenigen zu unterstützen, die sich in einer ähnlichen Situation befinden. Ihr Wunsch, andere zu schützen, wird ein Zeichen Ihrer inneren Transformation, Ihres Wachstums und Ihrer Stärke sein.

Aber denken Sie daran, dass es Ihre Entscheidung ist. Ihr Wunsch, sich selbst und Ihre Welt zu verändern. Niemand kann das für Sie tun. Dies ist Ihr Weg zur Freiheit von Mobbing und zu einem neuen, stärkeren und selbstbewussteren Leben. Natürlich ist der Weg dorthin nicht einfach, da man so viele Jahre lang ein Opfer war. Es erfordert Anstrengung, Entschlossenheit und Zeit von Ihnen. Aber jeder Schritt, jede Anstrengung bringt Sie Ihrem Ziel näher.

Lassen Sie uns über den ersten Faktor sprechen, der vielleicht am wenigsten schwer zu ändern ist, aber gleichzeitig eine wichtige Rolle bei der Überwindung von Mobbing spielt. Es ist ein Bewusstsein für die eigene Menschenwürde und die Gleichberechtigung mit den Tätern.

Ja, Sie sind ein Mensch, genau wie Ihr Angreifer. Die gleichen Organe, Knochen, Gehirn, Haut gehören Ihnen. Unabhängig von Ihrer Körpergröße oder Ihrem Aussehen sind Sie Ihrem Angreifer in fast jeder Hinsicht absolut ebenbürtig. Hier ist es wichtig zu verstehen, dass Ihr inneres Selbst nicht weniger wertvoll und mächtig ist als das anderer.

Möglicherweise haben Sie sich aufgrund Ihrer Erziehung oder Umstände in der Vergangenheit weniger wichtig oder verletzlich gefühlt. Oder seien Sie einfach nicht auf das wirkliche Leben vorbereitet, das voller Grausamkeiten ist, von denen Sie nicht einmal wussten. Aber es muss nicht Ihre Zukunft bestimmen. Die Illusion einer „gerechten und gleichberechtigten" Welt, die sich im Laufe Ihres Lebens in Ihrem Kopf aufgebaut hat, zu durchbrechen, ist ein wichtiger Schritt zur Befreiung aus der Opferrolle.

An sich selbst glauben. Glauben Sie, dass Sie stark und in der Lage sind, Ihr Leben zu verändern. Machen Sie diesen ersten Schritt in Richtung Selbstverständnis und Selbstachtung. Denn wenn Sie an sich selbst glauben und Ihren Wert erkennen, öffnen Sie die Tür zu neuen Möglichkeiten und der Freiheit von Angst und Demütigung.

Damit alles nach unserem Plan funktioniert, müssen beide Faktoren gleichzeitig wirken und sich verändern. Wenn wir praktische Ratschläge in Betracht ziehen, werden wir immer wieder auf beide Faktoren zurückkommen und sie als ein Ganzes überdenken, das nicht getrennt existieren kann.

Kapitel 10. Harmonie zweier Faktoren. Was Sie selbst wählen sollten.

Um sich auf den Widerstand gegen Aggressionen vorzubereiten, muss nicht nur der physische Körper gestärkt werden, sondern auch der mentale Zustand überdacht werden. Das ist kein einfacher Weg, aber ein wichtiger Schritt zur Befreiung aus der Opferrolle.

Dabei spielt die Wahl der sportlichen Aktivität eine zentrale Rolle. Es gibt viele Sportarten, von denen jede ein Werkzeug zur Entwicklung von körperlicher Stärke, Koordination und Selbstvertrauen sein kann. Allerdings sind nicht alle Sportarten dazu geeignet, Selbstverteidigung und schnelle Reaktion in kritischen Situationen zu lehren.

So kann beispielsweise ein Kampfsporttraining nicht nur Ihre Fitness verbessern, sondern Ihnen auch effektive Verteidigungstechniken vermitteln. Sie entwickeln nicht nur den Körper, sondern auch den Geist unter Berücksichtigung von Taktik und Strategie. Es ist wichtig, eine

Sportart zu wählen, die Ihnen nicht nur dabei hilft, stärker zu werden, sondern auch zu lernen, in Stresssituationen Entscheidungen zu treffen.

Darüber hinaus sollte die Vorbereitung auf die Abwehr von Aggressionen die Arbeit an psychologischen Aspekten umfassen. Opfer von Mobbing verspüren oft Gefühle der Hilflosigkeit, Angst und mangelndes Selbstwertgefühl. Neben der Schulung ist es wichtig, die Unterstützung eines Psychologen oder Trainers in Anspruch zu nehmen, der auf die Arbeit mit Gewaltopfern spezialisiert ist. Dies wird Ihnen nicht nur helfen, Traumata zu überwinden, sondern auch Ihre Situation neu zu gestalten, Selbstvertrauen zu gewinnen und zu lernen, wie Sie effektiv auf Aggressionen reagieren können.

Es ist wichtig, sich daran zu erinnern, dass die Vorbereitung auf den Widerstand gegen Aggressionen ein Prozess ist, der Zeit, Geduld und die ständige Weiterentwicklung sowohl physischer als auch psychischer Fähigkeiten erfordert. Sie müssen darauf vorbereitet sein, dass Veränderungen zwar Zeit brauchen, aber jeder Schritt auf dem Weg Sie näher daran bringt, sich von der Opferrolle zu befreien und die Kontrolle über Ihr eigenes Leben zu erlangen.

In diesem Abschnitt tauchen wir in die Welt des Sports ein, der Ihr zuverlässiger Verbündeter im Kampf gegen Aggression sein kann. Wir erkunden verschiedene einzigartige Wege, die Ihnen den Weg zu körperlicher und geistiger Stärke ebnen und Sie in die Lage versetzen, Ihren Angreifer herauszufordern.

Stellen Sie sich vor, dass jede Ihrer Bewegungen von Anmut und Kraft erfüllt sein könnte und dass Sie ein Selbstvertrauen haben, das sich von innen nach außen ausbreitet. Und das sind keine Träume, sondern eine Realität, die durch Sport erreicht werden kann. Deshalb empfehle ich Ihnen, den Weg der Selbstverbesserung durch sportliche Aktivitäten einzuschlagen.

Die Wahl der richtigen Sportart ist entscheidend. Ich habe nur einige Sportarten ausgewählt und Ihnen diese angeboten, um Ihre Aufmerksamkeit auf diejenigen Sportarten zu lenken, die leicht zu beherrschen und in jedem Winkel der Welt verfügbar sind. Schließlich ist es unser Ziel, Ihnen die Werkzeuge an die Hand zu geben, mit denen Sie dem Angreifer in kürzester Zeit wirksam widerstehen können.

Außerdem sind diese Schulungsarten sehr gut, da sie über erweiterte Online-Trainingsmöglichkeiten und viele Video-Tutorials auf YouTube verfügen. Heutzutage sind viele Video-Tutorials und Ressourcen online verfügbar, sodass Sie Ihre Transformationsreise noch heute direkt zu Hause beginnen können. Dies ist nicht nur eine Gelegenheit, Ihren Körper zu stärken, sondern auch Ihre Meinung zu ändern , Selbstvertrauen zu gewinnen und sich selbst zu verändern .

Denken Sie vor allem daran, dass Sie mit jedem Schritt in diese Richtung Ihrem Ziel näher kommen. Und auch wenn Sie nicht die

Möglichkeit haben, bei einem Trainer in einem Sportverein zu lernen, und wir verstehen natürlich, dass das Selbststudium eine professionelle Ausbildung nicht ersetzt, kann es in manchen Situationen eine durchaus würdige Alternative sein und zu Ihrer Rettung werden. Ab heute haben Sie die volle Chance, die Kontrolle über Ihr Leben zu übernehmen, und in ein paar Monaten werden Sie vollständig darauf vorbereitet sein, dem Angreifer und allen Herausforderungen, die das Leben an Sie stellt, eine würdige Abfuhr zu erteilen.

Betrachten wir einige beliebte Sportarten, die in fast jedem Teil der Welt trainiert werden können und relativ schnell erlernt werden können, um dem Mobbingopfer zu helfen:

1. Boxen: Boxen ist eine Sportart, die dabei hilft, Kraft, Ausdauer, Koordination und Selbstbeherrschung zu entwickeln. Das Beherrschen grundlegender Boxtechniken kann einem Opfer helfen, sich selbst zu verteidigen und gegen einen Angreifer zu kämpfen.

Boxen ist nicht nur ein Sport, es ist ein Werkzeug, das nicht nur Ihr körperliches Erscheinungsbild, sondern auch Ihren geistigen Zustand verändern kann. Es ist kein Zufall, dass es als eine der wirksamsten Möglichkeiten gilt, Mobbingopfern zu helfen.

Das Positive daran ist, dass man beim Boxen vollkommen konzentriert sein und die Kontrolle behalten muss. Im Trainingsprozess lernen Sie, mit Ihren Emotionen umzugehen, Selbstdisziplin zu entwickeln und die Selbstkontrolle zu stärken. Diese Fähigkeiten sind für Mobbingopfer äußerst wichtig, da sie nicht nur dabei helfen, ihre Emotionen in Konfliktsituationen zu kontrollieren, sondern auch in kritischen Momenten durchdachte Entscheidungen zu treffen.

Darüber hinaus fördert das Boxen körperliche Kraft, Ausdauer und Koordination. Dies verbessert nicht nur Ihre körperliche Fitness, sondern gibt Ihnen auch Vertrauen in Ihre Fähigkeiten. Mobbingopfer können sich, wenn sie grundlegende Boxtechniken erlernt haben, sicherer und bereiter fühlen, sich dem Angreifer zu stellen.

Einer der wichtigsten Punkte beim Boxen ist die Entwicklung von Selbstverteidigungsfähigkeiten. Sie lernen nicht nur Schläge und Blockaden, sondern auch Strategien, um Angriffen auszuweichen. Dadurch sind Sie kompetenter und auf reale Situationen auf der Straße oder in der Schule vorbereitet, in denen es zu Konflikten kommen kann.

Somit ist Boxen nicht nur eine Sportdisziplin, sondern eine ganze Reihe von Werkzeugen, die Ihren Lebensstil verändern und Ihnen helfen können, kein Opfer mehr zu sein. Es trainiert nicht nur Ihren Körper, sondern auch Ihren Geist und macht Sie zu einem starken und selbstbewussten Menschen, der in der Lage ist, sich gegen einen Angreifer zu wehren und sich zu verteidigen.

Darüber hinaus ist zu berücksichtigen, dass Boxen neben dem

körperlichen Training auch die Entwicklung psychologischer Fähigkeiten fördert, die notwendig sind, um Aggressionen wirksam entgegenzuwirken.

Erstens trägt regelmäßiges Boxtraining dazu bei, das Selbstwertgefühl und Selbstvertrauen des Mobbingopfers zu stärken. Das Gefühl der Stärke und des Vertrauens in die eigenen Fähigkeiten, das durch die Überwindung physischer und psychischer Barrieren beim Boxen gewonnen wird, hilft dem Opfer, seinen Wert und seine Bedeutung zu erkennen.

Zweitens lehrt das Boxtraining dem Opfer, seine Reaktionen auf Stresssituationen zu kontrollieren. Beim Boxen lernt man nicht nur, mit körperlichen Herausforderungen umzugehen, sondern auch, seine Emotionen zu kontrollieren und in kritischen Situationen einen kühlen Kopf zu bewahren. Dies ist besonders wichtig für Mobbingopfer, da die Fähigkeit, ruhig zu bleiben, dazu beitragen kann, Konflikte und eine Eskalation der Gewalt zu vermeiden.

Boxen hilft Mobbingopfern auch dabei, strategisches Denken und Planen zu entwickeln. Während des Trainings lernen Sie, Situationen zu analysieren, die Aktionen Ihres Gegners vorherzusagen und wirksame Gegenstrategien zu entwickeln. Diese Fähigkeiten können nicht nur im Ring, sondern auch im Alltag angewendet werden und helfen dem Opfer, kluge Entscheidungen zu treffen und in seinem besten Interesse zu handeln.

So stärkt Boxen nicht nur den physischen Körper, sondern entwickelt auch die psychologischen Fähigkeiten, die für eine wirksame Abwehr von Mobbing notwendig sind. Angesichts des ganzheitlichen Ansatzes des Sports ist er eines der wirksamsten Mittel, um Mobbingopfern auf ihrem Weg zur Selbstbestimmung und Interessenvertretung zu helfen.

Boxen ist eine Kampfsportart, bei der die Hauptwaffen nur die Hände sind. Boxwettkämpfe werden in einem speziellen Ring ausgetragen, in dem zwei Boxer nur mit Schlägen gegeneinander antreten. Das Ziel des Boxens ist es, so viele Schläge wie möglich auf den Gegner zu landen und dabei den Kontakt mit seinen Schlägen zu vermeiden.

Beim Boxen wird viel Wert auf die Schlagtechnik gelegt: Gerade, Haken, Aufwärtshaken und andere. Wichtige Elemente des Boxens sind auch die Verteidigung und das Ausweichen vor gegnerischen Schlägen. Boxtraining fördert die Entwicklung von Geschwindigkeit, Kraft, Ausdauer und Reaktionszeit und verbessert die körperliche Fitness und Koordination.

2 . Kickboxen: Kickboxen kombiniert Elemente des Boxens und verschiedene Tritttechniken. Es hilft, Kraft, Koordination und Selbstvertrauen zu entwickeln.

Kickboxen ist nicht nur ein Sport, es ist eine Lebensweise, die für Mobbingopfer ein wirksames Instrument auf ihrem Weg zur

Selbstverbesserung und zum Schutz sein kann. Lassen Sie uns herausfinden, wie dieser Sport Ihnen helfen kann, kein Opfer mehr zu sein und sich gegen den Angreifer zu wehren.

Erstens bietet Kickboxen ein umfassendes Training, das sowohl Boxelemente als auch verschiedene Tritttechniken umfasst. Dadurch erhalten Sie die Möglichkeit, nicht nur die Kraft und Koordination Ihrer Arme, sondern auch Ihrer Beine zu entwickeln, wodurch Sie vielseitiger und für eine Vielzahl von Situationen gerüstet sind. Diese vielfältigen Trainings ermöglichen es Mobbingopfern, Fähigkeiten zu erwerben, die ihnen helfen, effektiv mit verschiedenen Arten von Aggression umzugehen.

Zweitens trägt Kickboxen zur Entwicklung des Selbstvertrauens bei. Ständiges Training, die schrittweise Verbesserung der Technik und das Erreichen neuer Ziele schaffen ein Gefühl des Fortschritts und des Selbstwertgefühls. Dies ist besonders wichtig für Mobbingopfer, die oft unter einem geringen Selbstwertgefühl und Selbstvertrauen leiden. Selbstvertrauen wird ihnen helfen, sich sicherer zu fühlen und bereit zu sein, sich gegen einen Angreifer zu verteidigen.

Darüber hinaus vermittelt Kickboxen dem Opfer von Mobbing Selbstverteidigungsstrategien. Im Training lernt man nicht nur, effektiv anzugreifen, sondern sich auch zurückzuziehen und sich gegen Angriffe zu verteidigen. Dies hilft dem Opfer von Mobbing dabei, Fähigkeiten zu erlernen, die in realen Situationen auf der Straße oder in der Schule, in denen es zu Konflikten kommen kann, nützlich sein können.

Kickboxen ist also nicht nur ein Sport, sondern eine ganze Reihe von Werkzeugen, die das Leben eines Mobbingopfers verändern können. Es schult nicht nur körperliche Stärke, sondern auch Selbstvertrauen, strategisches Denken und Selbstverteidigungsfähigkeiten und macht sie stärker und fähiger, sich gegen einen Angreifer zu wehren.

Zusätzlich zu diesen Vorteilen fördert Kickboxen auch das emotionale Wohlbefinden und die Stressbewältigung von Mobbingopfern. Während des Trainings werden Endorphine ausgeschüttet — Glückshormone, die helfen, die Stimmung zu verbessern und Stress und Ängste abzubauen. Dies ist besonders wichtig für diejenigen, die unter den psychischen Auswirkungen von Mobbing wie Depressionen, Angstzuständen oder einer posttraumatischen Belastungsstörung leiden.

Darüber hinaus kann das Kickboxtraining zu einer Art Kanal für den Ausdruck negativer Emotionen und Aggression werden. Anstatt ihre Emotionen zu unterdrücken, können Mobbingopfer das Training nutzen, um negative Gefühle und Energie loszulassen. Dies hilft ihnen nicht nur, mit emotionalem Unbehagen umzugehen, sondern entwickelt auch gesündere Wege, auf Stresssituationen zu reagieren.

Darüber hinaus kann Kickboxen ein wirksames Instrument zum Aufbau sozialer Kontakte und Unterstützung sein. Die Teilnahme an Gruppentrainings bietet die Möglichkeit, Menschen mit ähnlichen

Erfahrungen oder Interessen kennenzulernen und sich gegenseitig bei der Erreichung gemeinsamer Ziele zu unterstützen. Dies hilft Mobbingopfern, sich als Teil einer Gemeinschaft zu fühlen und zusätzliche Unterstützung auf ihrem Weg zur Selbstverbesserung zu erhalten.

Somit ist Kickboxen nicht nur ein Mittel zum körperlichen Training, sondern auch ein wirksames Instrument zur Verbesserung des psychischen Wohlbefindens und der sozialen Anpassung von Mobbingopfern. Es hilft ihnen nicht nur, stärker und selbstbewusster zu werden, sondern lernt auch, effektiv mit negativen Emotionen und Stress umzugehen und schafft so die Grundlage für ein gesundes und glückliches Leben.

Kickboxin kombiniert Elemente des Boxens und der Tritttechniken. Beim Kickboxen kommen neben dem Schlagen auch Tritte zum Einsatz, was diesen Sport abwechslungsreicher und dynamischer macht. Beim Kickboxen sind verschiedene Arten von Schlägen möglich: niedrige, mittlere und hohe Schläge, die es den Kämpfern ermöglichen, verschiedene Bereiche des Körpers des Gegners anzugreifen.

Zum Kickboxtraining gehört auch die Arbeit an Schlagtechnik, Verteidigung, Ausweichen und körperlicher Fitness. Darüber hinaus fördert Kickboxen die Entwicklung von Flexibilität, Beinkraft und Ausdauer. Im Gegensatz zum Boxen können Sie beim Kickboxen nicht nur Ihre Arme, sondern auch Ihre Beine im Kampf einsetzen, was es in verschiedenen Situationen vielseitiger und effektiver macht.

3. Karate: Karate ist eine Kampfkunst, die Block-, Schlag- und Verteidigungstechniken lehrt. Es hilft auch, Konzentration und Selbstdisziplin zu entwickeln.

Karate ist nicht nur eine Verteidigungsmethode, sondern auch eine Lebensphilosophie, die Mobbingopfern helfen kann, sich körperlich und geistig zu verändern. Schauen wir uns an, wie dieser Sport Ihnen helfen kann, kein Opfer mehr zu sein und die Fähigkeiten zu erwerben, sich gegen einen Angreifer zu wehren.

Erstens lehrt Karate Selbstverteidigungstechniken, einschließlich Block-, Schlag- und Verteidigungstechniken. Diese Fähigkeiten ermöglichen es Mobbingopfern, sich bei Angriffen effektiv zu verteidigen, wodurch ihr Selbstvertrauen und ihre Fähigkeit, sich gegen den Mobber zu wehren, gestärkt werden. Durch regelmäßiges Karate-Training werden diese Fähigkeiten gestärkt und Reflexe trainiert, was für eine schnelle und adäquate Reaktion in Stresssituationen wichtig ist.

Zweitens hilft Karate dabei, Konzentration und Selbstdisziplin zu entwickeln. Durch das Training lernen die Schüler, ihre Gedanken und Emotionen zu kontrollieren, was ihnen hilft, sich auf eine Aufgabe zu konzentrieren und durchdachte Entscheidungen zu treffen. Diese Fähigkeiten sind für Mobbingopfer besonders wichtig, da sie ihnen helfen, einen kühlen Kopf zu bewahren und rational auf Druck und Drohungen zu reagieren.

Darüber hinaus lehrt Karate Respekt vor sich selbst und anderen, was zur Bildung einer positiven Einstellung sich selbst gegenüber und einem gesteigerten Selbstwertgefühl beiträgt. Dies ist besonders wichtig für Mobbingopfer, die möglicherweise unter Minderwertigkeitsgefühlen und einer negativen Selbstwahrnehmung leiden. Selbstvertrauen und Respekt vor den eigenen Grenzen helfen ihnen, weniger anfällig für Aggressoren zu werden und sich bei Bedarf zur Wehr zu setzen.

Somit stellt Karate ein wirksames Instrument dar, um Mobbingopfern auf ihrem Weg zur Selbstverbesserung und zum Schutz zu helfen. Es vermittelt nicht nur Selbstverteidigungstechniken, sondern fördert auch Konzentration, Selbstdisziplin und Selbstachtung und ist damit ein wirksames Instrument zur Bekämpfung von Aggressionen und zur Entwicklung einer positiven Persönlichkeit.

Darüber hinaus sollte berücksichtigt werden, dass Karate neben körperlichem Training auch dazu beiträgt, innere Stärke und Selbstvertrauen bei Mobbingopfern zu entwickeln. Ständiges Training in dieser Sportart trägt dazu bei, die spirituellen und psychologischen Aspekte des Einzelnen zu stärken, was für einen wirksamen Widerstand gegen den Angreifer nicht weniger wichtig ist.

Karate lehrt Mobbingopfer nicht nur, sich körperlich zu verteidigen, sondern auch, innere Stärke und Frieden in sich selbst zu finden. Im Trainingsprozess lernen sie, ihre Emotionen zu kontrollieren, innere Harmonie zu finden und ihre innere Welt auszugleichen. Dies hilft ihnen nicht nur, mit den negativen Folgen von Mobbing umzugehen, sondern entwickelt auch einen starken und widerstandsfähigen Charakter, der nicht anfällig für den Einfluss von Mobbing ist.

Darüber hinaus vermittelt Karate Opfern von Mobbing moralische und ethische Grundsätze, die ihnen helfen, in schwierigen Situationen die richtigen Entscheidungen zu treffen. Sie lernen, ihre Rivalen zu respektieren, auch wenn diese aggressiv sind, und friedliche Lösungen für Konflikte zu finden. Diese Fähigkeiten helfen ihnen nicht nur, sich vor Mobbing zu schützen, sondern auch Konflikte zu vermeiden und friedliche Lösungen für Probleme zu finden.

Somit ist Karate nicht nur eine körperliche Disziplin, sondern auch eine Lebensphilosophie, die die innere und äußere Welt von Mobbingopfern verändern kann. Es lehrt sie nicht nur, sich gegen Aggressionen zu verteidigen, sondern auch, innere Stärke, Selbstvertrauen und Weisheit zu entwickeln, die sie unerschütterlich und bereit machen, alle Herausforderungen zu meistern, die das Leben ihnen stellt.

Karate und Taekwondo sind ebenfalls Kampfsportarten, sie haben jedoch unterschiedliche Wurzeln und Methoden. Das aus Japan stammende Karate konzentriert sich häufig auf Schlag- und Blocktechniken, während das aus Korea stammende Taekwondo auf Tritttechniken spezialisiert ist.

Karate und Taekwondo sind beides alte orientalische Kampfkünste, die sich in unterschiedlichen kulturellen und historischen Kontexten entwickelt haben und ihnen ihre einzigartigen Eigenschaften verleihen.

Karate ist eine japanische Kampfkunst, die auf der Insel Okinawa entwickelt wurde. Die Grundlage des Karate sind Schlag-, Tritt- und Blocktechniken. Im Karate wird nicht nur auf die Schlagtechnik geachtet, sondern auch auf die innere Entwicklung des Kämpfers, seine mentale Stärke und spirituelle Aspekte. Karate ist ein wirksames System der Selbstverteidigung, das dem Kämpfer beibringt, Gewalt zu kontrollieren und sie zu Verteidigungszwecken einzusetzen.

Taekwondo ist eine koreanische Kampfkunst, die sich auf Tritttechniken konzentriert. Dieser Sport ist bekannt für seine hohen und kraftvollen Tritte, die sowohl mit Kraft als auch mit schnellen Bewegungen ausgeführt werden können. Taekwondo umfasst auch verschiedene Elemente des Schlagens, Blockens und der Verteidigung. Das Besondere daran ist jedoch, dass es sich speziell auf Tritttechniken konzentriert, was es zu einer ausgezeichneten Wahl für diejenigen macht, die Kraft und Flexibilität der unteren Extremitäten entwickeln möchten.

Obwohl Karate und Taekwondo wirksame Formen der Selbstverteidigung sind, haben sie doch ihre eigenen Eigenschaften, die je nach Vorlieben und Zielen für unterschiedliche Menschen attraktiv sein können. Karate mit seinem Schwerpunkt auf Schlagtechnik und innerer Entwicklung könnte für diejenigen geeignet sein, die die Koordination und die spirituellen Aspekte der Kampfkunst entwickeln möchten. Während Taekwondo mit seinem Schwerpunkt auf Tritten und Ausdauer möglicherweise für diejenigen vorzuziehen ist, die ihre Flexibilität und Trittfähigkeiten verbessern möchten.

4. Taekwondo: Taekwondo ist eine koreanische Kampfkunst, die Tritt- und Schlagtechniken umfasst. Es hilft, Koordination, Flexibilität und Ausdauer zu verbessern.

Karate und Taekwondo sind beides alte orientalische Kampfkünste, die sich in unterschiedlichen kulturellen und historischen Kontexten entwickelt haben und ihnen ihre einzigartigen Eigenschaften verleihen.

Karate ist eine japanische Kampfkunst, die auf der Insel Okinawa entwickelt wurde. Die Grundlage des Karate sind Schlag-, Tritt- und Blocktechniken. Im Karate wird nicht nur auf die Schlagtechnik geachtet, sondern auch auf die innere Entwicklung des Kämpfers, seine mentale Stärke und spirituelle Aspekte. Karate ist ein wirksames System der Selbstverteidigung, das dem Kämpfer beibringt, Gewalt zu kontrollieren und sie zu Verteidigungszwecken einzusetzen.

Taekwondo ist eine koreanische Kampfkunst, die sich auf Tritttechniken konzentriert. Dieser Sport ist bekannt für seine hohen und kraftvollen Tritte, die sowohl mit Kraft als auch mit schnellen Bewegungen ausgeführt werden können. Taekwondo umfasst auch verschiedene Elemente des Schlagens, Blockens und der Verteidigung. Das Besondere daran ist jedoch, dass es sich speziell auf Tritttechniken konzentriert, was es zu einer ausgezeichneten Wahl für diejenigen macht, die Kraft und Flexibilität der unteren Extremitäten entwickeln möchten.

Obwohl Karate und Taekwondo wirksame Formen der Selbstverteidigung sind, haben sie doch ihre eigenen Eigenschaften, die je nach Vorlieben und Zielen für unterschiedliche Menschen attraktiv sein können. Karate mit seinem Schwerpunkt auf Schlagtechnik und innerer Entwicklung könnte für diejenigen geeignet sein, die die Koordination und die spirituellen Aspekte der Kampfkunst entwickeln möchten. Während Taekwondo mit seinem Schwerpunkt auf Tritten und Ausdauer möglicherweise für diejenigen vorzuziehen ist, die ihre Flexibilität und Trittfähigkeiten verbessern möchten.

Taekwondo ist nicht nur eine Kampfkunst, sondern auch ein Weg zur Selbstverbesserung, der das Mobbingopfer stärker und selbstbewusster machen kann. Schauen wir uns an, wie dieser Sport einem Opfer von Mobbing dabei helfen kann, nicht mehr selbst zum Opfer zu werden und sich gegen den Angreifer zur Wehr zu setzen.

Erstens lehrt Taekwondo wirksame Selbstverteidigungstechniken, einschließlich Treten und Schlagen. Diese Techniken ermöglichen es Mobbingopfern, schnell und effektiv auf Angriffe zu reagieren und sich selbst und ihre Grenzen zu schützen. Regelmäßiges Taekwondo-Training verbessert die Koordination und entwickelt Reflexe, die für eine wirksame Selbstverteidigung in realen Situationen notwendig sind.

Zweitens trägt Taekwondo dazu bei, die mentale Stärke und das Selbstvertrauen von Mobbingopfern zu stärken. Während des Trainings lernen sie, ihre Ängste und Zweifel zu überwinden sowie positives Denken und Selbstvertrauen zu entwickeln. Dies hilft ihnen, an sich selbst und ihre Fähigkeiten zu glauben, was sie weniger anfällig für Mobbing macht und ihnen hilft, ein positives Selbstbild zu entwickeln.

Darüber hinaus lehrt Taekwondo Opfern von Mobbing Disziplin und Selbstbeherrschung. Durch Training lernen sie, ihre Emotionen zu kontrollieren und auf Stresssituationen gelassen zu reagieren. Dies hilft ihnen nicht nur, mit negativen Emotionen umzugehen, sondern auch, in schwierigen Situationen durchdachte Entscheidungen zu treffen, was ein wichtiger Aspekt bei der Bekämpfung von Aggressionen ist.

Somit ist Taekwondo nicht nur eine Sportdisziplin, sondern auch ein Weg zur persönlichen Weiterentwicklung und zum Schutz vor Mobbing. Es vermittelt wirksame Selbstverteidigungstechniken, stärkt mentale Stärke und Selbstvertrauen und entwickelt Disziplin und Selbstbeherrschung. Diese Fähigkeiten machen Mobbingopfer stärker und fähiger, mit den Herausforderungen des Lebens umzugehen und sich gegen den Mobber zu wehren.

Darüber hinaus hilft Taekwondo Mobbingopfern dabei, eine respektvolle und tolerante Haltung gegenüber anderen zu entwickeln. Durch das Training lernen sie, ihre Trainer, Trainingspartner und andere Teilnehmer zu respektieren, wodurch sich eine respektvolle und offene Haltung gegenüber Menschen im Allgemeinen entwickelt. Diese Fähigkeiten helfen ihnen, die Beweggründe für das Verhalten anderer Menschen besser zu verstehen und Gemeinsamkeiten zu finden, was für den Aufbau positiver Beziehungen und die Überwindung von Konflikten wichtig ist.

Darüber hinaus fördert Taekwondo die körperliche Gesundheit und das Wohlbefinden von Mobbingopfern. Regelmäßiges Training trägt zur Verbesserung der körperlichen Fitness, Ausdauer, Flexibilität und Gesamtkraft bei. Dies hilft ihnen nicht nur, auf körperliche Konfrontationen vorbereitet zu sein, sondern verbessert auch ihr Wohlbefinden und ihr Selbstvertrauen.

Erwähnenswert ist auch, dass Taekwondo Mobbingopfern die Grundsätze der Ethik und Moral beibringt, die für die Charakter- und Wertebildung wichtig sind. Während des Ausbildungsprozesses lernen sie, verantwortungsbewusst, ehrlich und fair zu sein, was ihnen hilft, Führungsqualitäten zu entwickeln und die richtigen Entscheidungen im Leben zu treffen.

Somit ist Taekwondo nicht nur eine Sportdisziplin, sondern auch eine ganze Lebensweise, die die Entwicklung der körperlichen und geistigen Gesundheit, die Bildung einer respektvollen und toleranten Haltung gegenüber anderen sowie die Grundsätze von Ethik und Moral fördert. Diese Aspekte machen es zu einem wirksamen Instrument, um Mobbingopfern dabei zu helfen, Schwierigkeiten zu überwinden und persönliches Wachstum zu erreichen.

4. Judo: Judo ist eine japanische Kampfkunst, die sich auf Wurf- und Ringkampftechniken konzentriert. Dies kann eine wirksame Möglichkeit sein, sich zu schützen und die Situation zu kontrollieren.

Judo ist nicht nur eine Kampfkunst, sondern auch eine Philosophie, die Mobbingopfer verwandeln und ihnen helfen kann, sowohl körperlich als auch geistig stärker zu werden. Schauen wir uns an, wie dieser Sport einem Opfer von Mobbing dabei helfen kann, nicht mehr selbst zum Opfer zu werden und sich gegen den Angreifer zur Wehr zu setzen.

Erstens lehrt Judo Wurf- und Greiftechniken, die bei der Abwehr von Angriffen wirksam sein können. Diese Techniken ermöglichen es Mobbingopfern, die Situation zu kontrollieren und sich im Falle aggressiver Einflussnahme zu schützen. Regelmäßiges Judo-Training verbessert die Koordination, Kraft und Flexibilität und bereitet das Opfer besser auf körperliche Konfrontationen vor.

Zweitens lehrt Judo Selbstbeherrschung und den Umgang mit den eigenen Emotionen. Durch Schulungen lernen Mobbingopfer, in Stresssituationen ruhig zu bleiben und kluge Entscheidungen zu treffen. Dies hilft ihnen, emotionale Ausbrüche und die Eskalation von Konflikten zu vermeiden, was ein wichtiger Aspekt bei der Bekämpfung von Aggressionen ist.

Darüber hinaus fördert Judo die Entwicklung spiritueller Qualitäten wie Respekt, Toleranz und Zurückhaltung. Mobbingopfer lernen, ihre Rivalen und Gegner, auch wenn diese aggressiv sind, zu respektieren und friedliche Lösungen für Konflikte zu finden. Diese Fähigkeiten helfen ihnen, im Umgang mit anderen selbstbewusster und unabhängiger zu werden, was ihre Position stärkt und sie weniger anfällig für Mobbing macht.

Somit ist Judo nicht nur eine sportliche Disziplin, sondern auch ein Weg zur persönlichen Weiterentwicklung und zum Schutz vor Mobbing. Es lehrt Opfer von Mobbing nicht nur körperliches Training, sondern auch den Umgang mit Emotionen, die Entwicklung spiritueller Qualitäten und die Stärkung des Selbstwertgefühls. Diese Fähigkeiten machen sie selbstbewusster und fähiger, die Herausforderungen des Lebens zu meistern und sich gegen einen Angreifer zur Wehr zu setzen.

Zusätzlich zu diesen Vorteilen hilft Judo Mobbingopfern auch dabei, wichtige Lebenskompetenzen zu entwickeln, die in verschiedenen Bereichen ihres Lebens nützlich sein können.

Judo lehrt Opfer von Mobbing strategisches Denken und Planen. Im Training lernen sie, die Situation zu analysieren, die Aktionen des Gegners zu antizipieren und wirksame Reaktionsstrategien zu entwickeln. Diese Fähigkeiten können nicht nur auf der Matte, sondern auch im Alltag angewendet werden und helfen Mobbingopfern, sich an verschiedene Situationen anzupassen und die richtigen Entscheidungen zu treffen.

Judo lehrt Opfer von Mobbing auch Geduld und Ausdauer. Das Training in dieser Sportart erfordert oft viel Zeit und Mühe, um Erfolg zu haben. Mobbingopfer lernen, nicht beim ersten Misserfolg aufzugeben, sondern weiter an sich und ihren Fähigkeiten zu arbeiten, auch wenn sich nicht sofort Ergebnisse einstellen. Diese beharrliche Praxis hilft ihnen, Willenskraft und Ausdauer zu entwickeln, was nützlich ist, um mit Aggressionen umzugehen und ihre Ziele zu erreichen.

Darüber hinaus hilft Judo Mobbingopfern dabei, Vertrauen in sich selbst und ihre Fähigkeiten zu entwickeln. Während des Trainingsprozesses erlernen sie nach und nach neue Techniken und Techniken und überwinden so ihre Zweifel und Ängste. Dies hilft ihnen, an sich selbst und ihre Fähigkeiten zu glauben, was ein wichtiger Faktor ist, um die negativen Auswirkungen von Mobbing zu überwinden und ein positives Selbstbild zu entwickeln.

Somit ist Judo nicht nur eine sportliche Disziplin, sondern auch eine Möglichkeit, wichtige Lebenskompetenzen für Mobbingopfer zu entwickeln. Es lehrt sie strategisches Denken, Geduld und Selbstvertrauen, was ihnen nicht nur hilft, sich vor Aggressionen zu schützen, sondern auch die negativen Folgen von Mobbing zu überwinden und zu starken und selbstbewussten Individuen zu werden.

6. Ringen: Ringen ist eine Sportart, die Kraft, Flexibilität, Ausdauer und taktisches Denken fördert. Es vermittelt auch verschiedene Techniken zur Kontrolle eines Gegners und kann bei der Selbstverteidigung wirksam sein.

Wrestling ist ein uralter Sport, der Mobbingopfern viele Vorteile bietet, und hier erfahren Sie, warum.

Erstens werden beim Ringen wirksame Selbstverteidigungstechniken vermittelt. Mobbingopfer lernen beim Ringen, ihre Gegner zu kontrollieren und verschiedene Greif- und Wurftechniken anzuwenden, was bei körperlichen Angriffen wichtig sein kann. Dies hilft ihnen nicht nur, sich selbst zu schützen, sondern auch das Verletzungsrisiko in Konfliktsituationen zu verringern.

Zweitens hilft Ringen dabei, die körperliche Fitness zu entwickeln und den Körper zu stärken. Regelmäßige Bewegung verbessert die Kraft, Ausdauer und Flexibilität von Mobbingopfern, was ihnen mehr Selbstvertrauen in ihre körperlichen Fähigkeiten gibt und das allgemeine Wohlbefinden fördert.

Darüber hinaus schult das Ringen taktisches Denken und strategisches Planen. Im Training lernen Mobbingopfer, die Situation zu analysieren, das Handeln des Gegners zu antizipieren und wirksame Handlungsstrategien zu entwickeln. Diese Fähigkeiten können nicht nur auf der Matte, sondern auch im Alltag nützlich sein und ihnen helfen, kluge Entscheidungen zu treffen und aus schwierigen Situationen herauszukommen.

Somit ist Ringen nicht nur eine sportliche Disziplin, sondern auch ein wirksames Instrument, um Mobbingopfern zu helfen. Es vermittelt wirksame Selbstverteidigungsmethoden, stärkt die körperliche Gesundheit und entwickelt taktisches Denken, das Mobbingopfer stärker und selbstbewusster macht und bereit ist, den Angreifer abzuwehren und sich in jeder Situation zu verteidigen.

Darüber hinaus trägt das Kämpfen auch dazu bei, die psychische Widerstandsfähigkeit und das Selbstvertrauen von Mobbingopfern zu entwickeln. Während des Trainings begegnen sie verschiedenen Herausforderungen wie Konkurrenz, Stress und Müdigkeit und lernen, diese zu meistern. Diese Erfahrungen helfen ihnen, Selbstvertrauen und Vertrauen in die eigene Fähigkeit zu entwickeln, Herausforderungen zu bewältigen.

Wrestling trägt auch dazu bei, Disziplin und Selbstbeherrschung aufzubauen. Durch Schulungen lernen Mobbingopfer, Routinen und strenge Regeln einzuhalten, was ihnen hilft, Verantwortungsbewusstsein und Selbstdisziplin zu entwickeln. Diese Eigenschaften sind nicht nur im Trainingsraum, sondern auch im Alltag wichtig und helfen ihnen, in allen Situationen ruhig zu bleiben und ihre Emotionen zu kontrollieren.

Schließlich hilft Wrestling dabei, Freundschaften und Unterstützung aufzubauen. Während des Trainings finden Mobbingopfer Unterstützung bei ihren Trainern und Teamkollegen, die ihnen ein sicheres und selbstbewusstes Gefühl geben. Dadurch entsteht eine Atmosphäre der gegenseitigen Hilfe und des Verständnisses, die zu ihrem psychischen Wohlbefinden und ihrer sozialen Anpassung beiträgt.

Somit ist Ringen nicht nur eine Sportdisziplin, sondern auch ein umfassender Ansatz zur Unterstützung von Mobbingopfern. Es entwickelt mentale Stärke, Selbstvertrauen und Selbstbeherrschung und hilft ihnen, Herausforderungen zu meistern und sich vor Aggressionen zu schützen. Tatsächlich prägt Ringen nicht nur die körperliche Gesundheit, sondern stärkt auch die geistige Verfassung und schafft so die Grundlage für Selbstvertrauen und erfolgreiche Anpassung an die Gesellschaft.

Judo und Wrestling umfassen Grappling- und Wurftechniken, haben jedoch unterschiedliche Ursprünge und Regeln. Judo ist eine japanische Kampfkunst, während Ringen eine olympische Sportart ist, die auf der ganzen Welt ausgeübt wird.

Judo und Ringen sind zwei verschiedene Sportarten, die zwar Ähnlichkeiten in den Kampf- und Wurftechniken aufweisen, sich jedoch in Ursprung, Philosophie und Wettkampfregeln unterscheiden.

Judo ist eine japanische Kampfkunst, die Ende des 19. Jahrhunderts von Jigoro Kano entwickelt wurde. Es basiert auf den Prinzipien der Sanftheit, Flexibilität und Effizienz, wobei das Ziel darin besteht, die Stärke des Feindes gegen sich selbst einzusetzen. Die Hauptelemente des Judo sind Wurf- und Ringkampftechniken sowie Bodenarbeit. Ein wichtiger Aspekt im Judo ist die Entwicklung von Technik, Taktik und Strategie sowie die mentale Vorbereitung auf Wettkämpfe.

Ringen ist eine olympische Sportart, die neben dem Bodenringen auch Grappling- und Wurftechniken umfasst. Es hat seine Wurzeln in der Antike und entwickelte sich in verschiedenen Kulturen, darunter im antiken Griechenland und Rom. Es gibt verschiedene Arten des Ringens, darunter griechisch-römisches Ringen, Freistil-Ringen und Gürtel-Ringen. Die Hauptziele des Ringens bestehen darin, den Gegner zu kontrollieren, Griffe und Techniken auszuführen und Punkte für überlegene Position und Technik zu sammeln.

Obwohl also sowohl Judo als auch Ringen Kampf- und Wurftechniken beinhalten, unterscheiden sie sich in ihren Ursprüngen, ihrer Philosophie und ihrer Herangehensweise an den Wettbewerb. Judo mit seinen japanischen Wurzeln und dem Fokus auf Effizienz und Flexibilität kann für diejenigen attraktiv sein, die sich für die japanische Kultur und das Streben nach technischer Exzellenz interessieren. Während Wrestling aufgrund seines olympischen Status und seiner Vielfalt an Stilen diejenigen anziehen kann, die eine rasante und wettbewerbsorientierte Aktivität suchen.

7. Sambo: Sambo ist eine russische Kampfkunst, die Wurftechniken, Würgegriffe und Bodenkämpfe umfasst. Es kann wirksam sein, eine Situation zu kontrollieren und vor Aggressionen zu schützen.

Sambo ist ein dynamischer und multifunktionaler Sport, der über eine Reihe von Eigenschaften verfügt, die ihn zu einem wirksamen Instrument zur Unterstützung von Mobbingopfern machen.

Erstens lehrt Sambo verschiedene Methoden der Selbstverteidigung. Mobbingopfer erlernen beim Üben von Sambo Techniken wie Würfe, Würgegriffe und Bodenkämpfe, die in Konfliktsituationen wichtig sein können. Sie lernen, Gegner zu kontrollieren, sich zu verteidigen und aus schwierigen Situationen herauszukommen, was ihr Selbstvertrauen und ihre Fähigkeit, mit Aggressionen umzugehen, stärkt.

Zweitens fördert Sambo die Entwicklung körperlicher Qualitäten. Durch regelmäßiges Training werden Kraft, Ausdauer, Flexibilität und Koordination bei Mobbingopfern gefördert. Dies hilft ihnen, ihren Körper zu stärken, besser auf körperliche Konfrontationen vorbereitet zu sein und die Verletzungsgefahr im Falle eines Angriffs zu verringern.

Darüber hinaus schult Sambo Opfer von Mobbing in strategischem Denken und taktischer Planung. Im Training entwickeln sie ein Verständnis für die Situation, antizipieren die Aktionen des Gegners und entwickeln wirksame Handlungsstrategien. Dies hilft ihnen, in schwierigen Situationen fundierte Entscheidungen zu treffen und effektiv zu handeln, um sich zu schützen.

Somit ist Sambo nicht nur eine Sportdisziplin, sondern auch ein umfassender Ansatz zur Unterstützung von Mobbingopfern. Es vermittelt wirksame Selbstverteidigungstechniken, körperliche Fitness und geistige Gesundheit und ist damit ein wichtiges Instrument, um die Situation von Mobbingopfern zu verändern und ihnen zu helfen, stärker und selbstbewusster zu werden.

Darüber hinaus fördert Sambo die Entwicklung von Selbstvertrauen und psychischer Stabilität bei Mobbingopfern. Während des Trainings stellen sie sich ständig Herausforderungen und überwinden ihre eigenen Grenzen, was ihnen hilft, ihr Selbstvertrauen und ihren Glauben an die eigenen Fähigkeiten zu stärken. Solche Trainingsgewinne können sich auf den Alltag übertragen und sie selbstbewusster und gelassener machen.

Es ist auch wichtig zu beachten, dass Sambo Opfern von Mobbing emotionale Kontrolle und Stressbewältigung beibringt. Im Training lernen sie, ihre Emotionen zu kontrollieren, Ruhe zu bewahren und in schwierigen Situationen Entscheidungen zu treffen. Diese Fähigkeiten können bei der Bewältigung von Konfliktsituationen wichtig sein und dabei helfen, emotionale Ausbrüche im Umgang mit einem Angreifer zu vermeiden.

Darüber hinaus können Mobbingopfer durch das Üben von Sambo Unterstützung und Verständnis in der Gemeinschaft ihrer Trainer und Teamkollegen finden. Dadurch fühlen sie sich sicher und geborgen, was ihr psychisches Wohlbefinden fördert und ein positives Umfeld für die persönliche Entwicklung schafft.

Somit ist Sambo nicht nur eine Sportdisziplin, sondern auch ein wirkungsvolles Hilfsmittel, um Mobbingopfern zu helfen. Es entwickelt nicht nur die körperliche Fitness, sondern auch die psychische Belastbarkeit, das Selbstvertrauen und die emotionale Kontrolle, was es zu einer wertvollen Ressource für die Überwindung von Schwierigkeiten und den Umgang mit Aggressionen macht.

8. Aikido: Aikido ist eine japanische Kampfkunst, die Techniken zur Abwehr von Angriffen einsetzt, die auf dem Prinzip der Umleitung der gegnerischen Kräfte basieren. Es ist für diejenigen geeignet, die berührungslose Verteidigungstechniken bevorzugen.

Aikido unterscheidet sich im Wesentlichen von vielen anderen Kampfsportarten dadurch, dass seine Methoden nicht nur körperlichen Widerstand umfassen, sondern auch die Fähigkeit, die Energie und Stärke des Feindes zu kontrollieren. Dies ist der grundlegende Aspekt, der Aikido nicht nur zu einer wirksamen Form der Selbstverteidigung, sondern auch zu einem Werkzeug zur Veränderung des Denkens und Verhaltens des Mobbingopfers macht.

Aikido lehrt die Prinzipien der Harmonie und Empathie statt Konfrontation und Aggression. Mobbingopfer, die Aikido praktizieren, lernen, die Macht des Tyrannen zu verstehen und umzulenken, anstatt mit direkter Gewalt zu reagieren. Dieser Ansatz hilft ihnen, Empathie, Toleranz und emotionale Kontrolle zu entwickeln, was die Wahrscheinlichkeit von Konflikten verringern und die Beziehungen zu anderen verbessern kann.

Darüber hinaus steht beim Aikido die Verbesserung der Technik und der Körperkoordination im Vordergrund. Durch Training entwickeln Mobbingopfer Beweglichkeit, Flexibilität und Reflexe und sind so besser auf den Umgang mit schnellen und unerwarteten Situationen vorbereitet. Dies stärkt ihre Fitness und ihr Vertrauen in ihre Fähigkeiten.

Einer der Schlüsselaspekte des Aikido ist die Betonung der Lösung von Konflikten, ohne Schaden anzurichten. Mobbingopfer, die Aikido praktizieren, lernen, selbst in schwierigsten Situationen nach friedlichen Lösungen für Probleme zu suchen. Dies hilft ihnen nicht nur, körperliche Gewalt zu vermeiden, sondern entwickelt auch Fähigkeiten in Kommunikation, Respekt und Diplomatie, die im Umgang mit einem

Angreifer wichtig sein können.

Somit ist Aikido nicht nur eine Sportdisziplin, sondern auch eine Lebensphilosophie, die Mobbingopfern helfen kann, ihre Einstellung zu sich selbst und der Welt um sie herum zu ändern. Es entwickelt bei ihnen nicht nur körperliche Stärke und Technik, sondern auch psychische Belastbarkeit, Empathie und Friedfertigkeit, wodurch sie besser bereit sind, mit Aggressionen umzugehen und Architekten ihres eigenen Schicksals zu werden.

Zusätzlich zu den oben aufgeführten Vorteilen vermittelt Aikido Mobbingopfern auch die Prinzipien effektiver Kommunikation und Konfliktmanagement. Während des Trainings lernen sie, ihre Gefühle und Bedürfnisse klarer und selbstbewusster auszudrücken, was ihnen hilft, effektiver auf Konfliktsituationen zu reagieren und deren Eskalation zu verhindern. Es fördert auch die Fähigkeit, Grenzen zu setzen und den persönlichen Raum zu schützen, was wichtig sein kann, um Mobbing vorzubeugen.

Darüber hinaus hilft Aikido Mobbingopfern dabei, Vertrauen in sich selbst und ihre Fähigkeiten zu entwickeln. Durch das Training erlernen sie nach und nach neue Fähigkeiten und überwinden ihre eigenen Grenzen, wodurch sie sich kompetenter und unabhängiger fühlen. Dies stärkt ihr Selbstwertgefühl und hilft ihnen, mit den Gefühlen der Hilflosigkeit und Ohnmacht umzugehen, die Mobbingopfer oft begleiten.

Schließlich fördert Aikido die Entwicklung innerer Harmonie und Ausgeglichenheit bei Mobbingopfern. Durch Training lernen sie, im Moment zu sein, die Situation so zu akzeptieren, wie sie ist, und mit Ruhe und Entschlossenheit zu handeln. Dies hilft ihnen, mit Stress und Ängsten umzugehen und die Fähigkeit zu entwickeln, auch in schwierigen und unsicheren Situationen wichtige Entscheidungen zu treffen.

Somit stellt Aikido eine wertvolle Ressource für Mobbingopfer dar und hilft ihnen nicht nur, körperliche Stärke und Selbstverteidigungstechniken zu erlangen, sondern auch geistige Belastbarkeit, Selbstvertrauen und emotionale Bewältigung zu entwickeln. Dies ermöglicht es ihnen, nicht nur mit der Aggression äußerer Faktoren umzugehen, sondern auch gesündere und ausgeglichenere Beziehungen zu sich selbst und der Welt um sie herum aufzubauen.

Aikido ist eine japanische Kampfkunst, die auf den Prinzipien der Umlenkung der gegnerischen Kraft basiert. Der Sport legt mehr Wert auf berührungslose Verteidigungstechniken.

Aikido ist eine japanische Kampfkunst, die auf den Prinzipien der Umlenkung der gegnerischen Kraft basiert. Dieser Sport konzentriert sich auf eine effektive Selbstverteidigung und nutzt Techniken, die es Ihnen ermöglichen, sich an die Bewegungen Ihres Gegners anzupassen und die Situation zu kontrollieren, ohne direkte Schläge einzusetzen.

Im Gegensatz zu vielen anderen Kampfsportarten legt Aikido mehr

Wert auf berührungslose Verteidigungstechniken. Das bedeutet, dass der Übende lernt, die Energie und Bewegungen des Gegners zu nutzen, um seine Kraft umzulenken und die Bedrohung zu neutralisieren, anstatt ihn direkt zu konfrontieren.

Für Opfer von Mobbing kann das Erlernen von Aikido besonders hilfreich sein, da sie so wirksame Methoden erlernen können, sich zu verteidigen, ohne physische Gewalt gegen den Mobber anwenden zu müssen. Dies kann ihnen helfen, die Situation unter Kontrolle zu bringen und Gewalt zu verhindern, selbst wenn sie sich in körperlicher Nähe ihres Täters befinden.

Darüber hinaus fördert das Aikido-Studium die Entwicklung von Selbstvertrauen und mentaler Stärke, da es vom Übenden Vertrauen in seine Handlungen und die Fähigkeit erfordert, schnell auf sich ändernde Situationen zu reagieren. Dies kann dazu beitragen, dass sich Mobbingopfer selbstbewusster und bereiter fühlen, sich in verschiedenen Situationen zu verteidigen.

9. Brasilianisches Jiu-Jitsu: Brasilianisches Jiu-Jitsu ist eine Kampfkunst, die sich auf Bodenkampf- und Unterwerfungstechniken konzentriert. Es ist für diejenigen geeignet, die Nahkampftechniken bevorzugen.

Brasilianisches Jiu-Jitsu ist nicht nur ein Sport, sondern auch eine Philosophie, die Anpassungsfähigkeit, Selbstvertrauen und Selbstverteidigung lehrt. Für Mobbingopfer kann dies ein wirksames Mittel zur Überwindung von Angst und Selbstzweifeln sein. Schauen wir uns genauer an, wie genau dieser Sport Mobbingopfern dabei helfen kann, sich geistig und körperlich zu verändern und auch nicht mehr zum Opfer zu werden.

Physische Aspekte:

- Nahkampftechniken: Das brasilianische Jiu-Jitsu konzentriert sich auf den Bodenkampf, wobei der Schwerpunkt auf Techniken liegt, um den Gegner festzuhalten und zu unterwerfen. Dadurch können Mobbingopfer lernen, wie sie effektiv mit einem körperlichen Angriff umgehen können, selbst wenn sie sich am Boden oder in der Nähe ihres Angreifers befinden.

- Kraft und Flexibilität entwickeln: Das brasilianische Jiu-Jitsu-Training hilft, Kraft, Flexibilität und Ausdauer zu entwickeln. Dadurch verbessert sich die körperliche Fitness der Mobbingopfer und sie gewinnen mehr Selbstvertrauen in ihre eigenen Fähigkeiten und Fertigkeiten.

Mentale Aspekte:

- Selbstvertrauen: Die Bewältigung schwieriger Situationen auf der Matte, in denen jeder Kampf die Fähigkeit erfordert, schnelle Entscheidungen zu treffen und unter Stressbedingungen zu handeln, trägt dazu bei, bei Mobbingopfern ein Gefühl des Selbstvertrauens zu entwickeln. Dies kann eine entscheidende Rolle dabei spielen, sie davon abzuhalten, sich selbst als leichtes Ziel für Mobber wahrzunehmen.

- Emotionale Belastbarkeit: Das brasilianische Jiu-Jitsu-Training lehrt Mobbingopfer, ihre Emotionen zu kontrollieren und in Stresssituationen ruhig zu bleiben. Dies hilft ihnen, Provokationen nicht nachzugeben und effektiver auf Aggressionen zu reagieren.

- Entscheidungskompetenz: Beim Ringen auf der Matte müssen Mobbingopfer ständig die Situation analysieren und spontan Entscheidungen treffen. Diese Erfahrung stärkt ihre Fähigkeit, im wirklichen Leben wichtige Entscheidungen zu treffen, auch in Konfliktsituationen mit Angreifern.

Somit ist brasilianisches Jiu-Jitsu nicht nur ein Sport, sondern auch ein wertvolles Instrument, um Mobbingopfern zu helfen. Es hilft ihnen, körperliche und geistige Stärke, Selbstvertrauen und die Fähigkeit, sich effektiv zu verteidigen, zu entwickeln. Das Training in dieser Sportart kann Mobbingopfern helfen, ihr Leben zu verändern, selbstbewusster zu werden und sich gegen Angreifer zu wehren.

Neben den körperlichen und geistigen Aspekten kann brasilianisches Jiu-Jitsu Mobbingopfern auch eine Reihe zusätzlicher Vorteile bieten:

Soziale Fähigkeiten:

- Gemeinschaft der Unterstützung: Brasilianische Jiu-Jitsu-Kurse finden oft in Form von Gruppentrainings statt, bei denen die Schüler Kontakte knüpfen und miteinander interagieren. Dadurch entsteht ein Umfeld der Unterstützung und Solidarität, in dem sich Mobbingopfer als Teil einer Gemeinschaft fühlen können, die sie versteht und unterstützt.

- Verbesserung der sozialen Fähigkeiten: Durch Schulungen können Mobbingopfer lernen, effektiv mit anderen Gruppenmitgliedern zu interagieren und Kommunikations- und Kooperationsfähigkeiten zu entwickeln. Dies kann ihnen helfen, die Beziehungen zu ihren Mitmenschen zu stärken und sich in sozialen Situationen sicherer zu fühlen.

Psychologische Wirkung:

- Stress und Anspannung abbauen: Brasilianische Jiu-Jitsu-Übungen können Mobbingopfern dabei helfen, mit dem Stress und der Anspannung umzugehen, die sie durch die Dominanz von Tyrannen verspüren können. Dies ist auf die Freisetzung von Endorphinen bei körperlicher Aktivität zurückzuführen, die zur Verbesserung der Stimmung und zur Reduzierung des Stressniveaus beitragen.

- Erhöhtes Selbstwertgefühl und Selbstvertrauen: Die Bewältigung schwieriger Situationen im brasilianischen Jiu-Jitsu-Training, insbesondere das Erlernen neuer Fähigkeiten und das Erreichen von Zielen, kann das Selbstwertgefühl von Mobbingopfern deutlich verbessern. Dies wiederum kann ihnen helfen, Vertrauen in sich selbst und ihre Fähigkeiten zu entwickeln.

Brasilianisches Jiu-Jitsu hilft Mobbingopfern nicht nur dabei, körperliche Stärke und Selbstverteidigungsfähigkeiten zu entwickeln, sondern fördert auch die Bildung positiver sozialer Verbindungen, den Stressabbau und ein verbessertes psychisches Wohlbefinden. Somit ist es eine umfassende und wirksame Hilfe für Menschen, die mit Mobbingproblemen konfrontiert sind.

Brasilianisches Jiu-Jitsu ist bekannt für seine Bodenkampf- und Unterwerfungstechniken. Dieser Sport eignet sich besonders für Situationen, in denen der Kampf zu Boden geht.

Brasilianisches Jiu-Jitsu (BJJ) ist eine Kampfsportart, die sich durch den Schwerpunkt auf Bodenkampf- und Unterwerfungstechniken auszeichnet. BJJ entwickelte sich in Brasilien und wurde aus Jiu-Jitsu und Judo adaptiert, wobei der Schwerpunkt auf effektiven Techniken zum Ringen und Kontrollieren eines Gegners am Boden lag.

Der Schwerpunkt des BJJ liegt auf dem Liegend-Wrestling, bei dem Grappling- und Submission-Techniken eingesetzt werden, um einen Gegner zu kontrollieren und zu besiegen. Dieser Ansatz macht BJJ besonders nützlich in Situationen, in denen der Kampf zu Boden geht, was bei Kämpfen oder Angriffen häufig vorkommen kann.

Einer der Hauptvorteile von BJJ besteht darin, dass es Techniken lehrt, mit denen die körperliche Stärke eines Gegners durch Technik und Beweglichkeit überwunden wird. Dies kann besonders wertvoll für Mobbing-Opfer sein, die häufig körperlicher Gewalt oder Übergriffen ausgesetzt sind. Durch das Erlernen von BJJ können sie lernen, eine Situation zu kontrollieren und zu bewältigen, selbst wenn sie am Boden sind oder sich in einer ungünstigen Position befinden.

BJJ ist daher ein wertvolles Hilfsmittel für Mobbingopfer, das ihnen hilft, Selbstverteidigungsfähigkeiten und Selbstvertrauen zu entwickeln und ihre körperliche und geistige Fitness zu verbessern.

10. Capoeira: Capoeira ist eine brasilianische Kampfkunst, die Elemente aus Tanz, Akrobatik und Kampfkunst vereint. Es kann in Situationen effektiv sein, die schnelle und flexible Reaktionen erfordern.

Capoeira, eine brasilianische Kampfkunst, verfügt über die einzigartige Fähigkeit, die körperlichen und geistigen Aspekte des Trainings zu kombinieren. Für Mobbingopfer kann dieser Sport ein wirksames Mittel sein, um ihren psychischen Zustand und ihre körperliche Fitness zu verbessern.

Capoeira fördert die Flexibilität und Koordination des Körpers. Dies trägt nicht nur zur Verbesserung der allgemeinen körperlichen Verfassung bei, sondern trägt auch dazu bei, dass Mobbingopfer besser auf Konfliktsituationen vorbereitet sind, in denen schnelle und präzise Reaktionen erforderlich sind.

Darüber hinaus trägt die Ausübung von Capoeira zur Entwicklung des Selbstvertrauens bei. Die Studierenden lernen nicht nur, komplexe

Bewegungen auszuführen, sondern auch Entscheidungen in schnelllebigen Umgebungen zu treffen, was ihr Selbstvertrauen und ihre Fähigkeit stärkt, in Stresssituationen effektiv zu handeln.

Es ist auch wichtig zu beachten, dass Capoeira Respekt vor dem Partner und Gegner lehrt. Das Training findet in einer freundlichen Atmosphäre statt, in der jeder Teilnehmer den anderen unterstützt und hilft. Dies hilft Mobbingopfern, positive Beziehungen zu anderen aufzubauen und zu lernen, Konflikte friedlich zu lösen.

Somit entwickelt Capoeira nicht nur körperliche Fähigkeiten, sondern trägt auch dazu bei, einen starken und selbstbewussten Charakter aufzubauen, was der Schlüssel zur erfolgreichen Abwehr eines Angreifers und zur Überwindung der Folgen von Mobbing sein kann.

Capoeira verfügt neben seinen physischen und psychischen Vorteilen über mehrere weitere Eigenschaften, die es zu einem wertvollen Instrument zur Unterstützung von Mobbingopfern machen.

Capoeira legt erstens Wert auf die Interaktion mit dem Gegner, legt aber gleichzeitig großen Wert auf die Stärke der Gemeinschaft. Die Teilnahme am Capoeira-Gruppentraining fördert die Bildung von Freundschaften, die für Mobbingopfer eine Quelle der Unterstützung sein können. Sie können in dieser Gemeinschaft Verständnis, Unterstützung und Motivation finden, sich als Individuen zu entwickeln und dem Angreifer zu widerstehen.

Zweitens vermittelt Capoeira die Prinzipien des Respekts und der Toleranz. Während des Trainings erlernen die Schüler nicht nur Kampftechniken, sondern auch die Grundsätze des Respekts vor dem Gegner und seinen persönlichen Grenzen. Dies ist ein wichtiger Aspekt für Mobbingopfer, die sich ihrer Grenzen und ihres Selbstwertgefühls unsicher fühlen.

Schließlich fördert Capoeira das Bewusstsein für Ihren Körper und seine Fähigkeiten. Dies ermöglicht Mobbingopfern, sich stärker und selbstbewusster zu fühlen und ein neues Maß an Selbstbewusstsein zu erlangen. Sie lernen, auf ihren Körper zu hören, ihm zu vertrauen und seine Ressourcen zu nutzen, um sich zu schützen.

All diese Aspekte machen Capoeira nicht nur zu einem Sport, sondern auch zu einem wirksamen Instrument, um den geistigen und körperlichen Zustand von Mobbingopfern zu verändern und ihnen zu helfen, stärker und selbstbewusster zu werden und sich gegen den Angreifer zu wehren.

Capoeira vereint Elemente aus Tanz, Akrobatik und Kampfkunst. Dadurch entsteht ein einzigartiger Selbstverteidigungsstil, der für diejenigen geeignet ist, die schnelle und flexible Reaktionen bevorzugen.

Capoeira ist eine brasilianische Kampfkunst, die auf einzigartige Weise Elemente aus Tanz, Akrobatik und Kampftechniken kombiniert. Der Sport ist nicht nur eine Methode der Selbstverteidigung, sondern auch eine

Form der Selbstdarstellung und des kulturellen Erbes.

Capoeira unterscheidet sich von anderen Kampfsportarten durch den aktiven Einsatz von Musik, Rhythmus und Tanzbewegungen. Capoeira-Praktizierende entwickeln Flexibilität, Koordination und Reflexe und beherrschen gleichzeitig komplexe Bewegungen und akrobatische Kunststücke. Gleichzeitig vermittelt Capoeira Verteidigungs- und Angriffstechniken, was es zu einem wirksamen Mittel der Selbstverteidigung in realen Situationen macht.

Für Mobbingopfer kann Capoeira besonders hilfreich sein, da der Sport schnelle und flexible Reaktionen auf Situationen fördert. Die Praktizierenden lernen, sich schnell an veränderte Bedingungen anzupassen und ihre Bewegungen zur Verteidigung und zum Ausweichen vor Angriffen zu nutzen. Darüber hinaus fördert Capoeira das Selbstvertrauen und die Selbstdisziplin, was Mobbingopfern hilft, sich stärker und sicherer in ihren eigenen Fähigkeiten zu fühlen.

11. Wushu (Kung Fu): Wushu ist eine chinesische Kampfkunst, die eine Vielzahl von Schlag-, Block- und Wurftechniken und sogar den Einsatz von Waffen umfasst. Es fördert die Entwicklung körperlicher Fähigkeiten und der Selbstverteidigung.

Wushu oder Kung Fu ist ein tiefgreifendes Kampfkunstsystem, das nicht nur körperliche Fähigkeiten, sondern auch spirituelle und philosophische Aspekte umfasst. Dieser Sport kann einen erheblichen Einfluss auf Mobbingopfer haben und ihnen helfen, sich sowohl geistig als auch körperlich zu verändern.

Einer der Schlüsselaspekte von Wushu ist seine Philosophie der Selbstverbesserung. Das Üben von Wushu trägt dazu bei, Willenskraft, Ausdauer und Selbstvertrauen zu entwickeln, was besonders für Mobbingopfer wichtig ist. Wushu lehrt seine Schüler, ihre Emotionen zu kontrollieren, in Stresssituationen Entscheidungen zu treffen und innere Stärke zu entwickeln, die ihnen hilft, Aggressionen zu widerstehen.

Ein wichtiger Aspekt von Wushu ist auch die Betonung der Selbstverteidigung. Praktizierende dieser Art von Kampfkunst werden in verschiedenen Techniken und Techniken geschult, die in Konflikt- und Angriffssituationen nützlich sein können. Dies gibt Mobbingopfern die Möglichkeit, zu lernen, wie sie sich gegen den Mobber wehren und wehren können, und steigert so ihr Selbstvertrauen.

Darüber hinaus lehrt Wushu den Übenden, Flexibilität, Koordination und Gleichgewicht zu entwickeln, die für eine wirksame Selbstverteidigung und Verletzungsprävention unerlässlich sind. Das Üben von Wushu verbessert auch die allgemeine körperliche Gesundheit, was dazu beitragen kann, dass sich Mobbingopfer selbstbewusster und stärker fühlen.

Somit ist Wushu nicht nur ein Mittel zum körperlichen Training, sondern auch ein wirksames Mittel zur Veränderung des mentalen Zustands von Mobbingopfern. Die Ausübung dieses Sports kann ihnen helfen, Selbstvertrauen, Selbstbeherrschung und Selbstverteidigungsfähigkeiten zu entwickeln, die es ihnen ermöglichen, nicht mehr Opfer von Aggressionen zu werden und sich gegen den Angreifer zu wehren.

Wushu fördert neben seinen physischen und psychischen Vorteilen auch die Entwicklung zwischenmenschlicher Fähigkeiten, was besonders für Mobbingopfer von Vorteil sein kann. Die Ausübung dieser Kampfkunst umfasst in der Regel die Arbeit in Paaren oder Gruppen, wobei die Praktizierenden lernen, zusammenzuarbeiten, zu kommunizieren und Konflikte zu lösen.

Wushu lehrt seine Praktizierenden nicht nur Kampftechniken, sondern auch ethische Grundsätze und Werte. Durch die Ausbildung lernen die Schüler Respekt vor ihren Partnern, Toleranz gegenüber Unterschieden und ein Verständnis für die Bedeutung von Selbstbeherrschung und friedlicher Konfliktlösung.

Dieser Aspekt des Wushu ist besonders wichtig für Mobbingopfer, da er ihnen hilft, emotionale Intelligenz und die Fähigkeit zu entwickeln, effektiv mit anderen zu interagieren. Dadurch können sie lernen, gesunde Beziehungen zu anderen aufzubauen, Grenzen zu setzen und ihre Rechte durchzusetzen, ohne Gewalt anzuwenden.

Darüber hinaus lehrt Wushu den Übenden auch, seine Angst und seinen Stress in Stresssituationen zu kontrollieren. Dies ermöglicht es Mobbingopfern, traumatische Ereignisse ohne übermäßigen Stress oder Panik zu bewältigen und zu verarbeiten.

So hilft das Üben von Wushu für Mobbingopfer nicht nur bei der Entwicklung körperlicher Stärke und Selbstverteidigungsfähigkeiten, sondern auch bei der Entwicklung geistiger und emotionaler Belastbarkeit sowie bei der Verbesserung zwischenmenschlicher Beziehungen. Diese Fähigkeiten können von entscheidender Bedeutung sein, um von der Opferrolle zur aktiven Beteiligung an der eigenen Verteidigung zu gelangen und weiteres Mobbing zu verhindern.

Wushu (Kung Fu) ist eine vielfältige chinesische Kampfkunst, die verschiedene Stile und Techniken des Schlagens, Blockens und Werfens umfasst.

Wushu (Kung Fu) ist eine vielfältige chinesische Kampfkunst, die viele verschiedene Stile, Schlag-, Block- und Wurftechniken vereint. Dieser Sport zeichnet sich durch seine Vielseitigkeit und tiefe historische Wurzeln aus, die Jahrhunderte zurückreichen.

Wushu ist eine der vielfältigsten Kampfsportarten und Sportarten der Welt. Seine Stile und Methoden können je nach Region, Schule und Tradition stark variieren. Im Wushu finden Sie sowohl kraftvolle Schläge und Blocks als auch anmutige und anmutige Bewegungen, und diese Elemente können zu einem harmonischen System von Kampffähigkeiten kombiniert werden.

Für Mobbingopfer kann Wushu von großem Nutzen sein, da der Sport körperliche Stärke, Flexibilität, Koordination und Reflexe fördert. Die Wushu-Praxis trägt auch dazu bei, Selbstdisziplin, Konzentration und Aufmerksamkeit zu entwickeln, was Mobbingopfern dabei helfen kann, ihr Selbstvertrauen und ihre Fähigkeit, mit aggressiven Situationen umzugehen, zu verbessern. Darüber hinaus lehrt Wushu Respekt vor sich selbst und anderen, was ein wichtiger Aspekt bei der Überwindung der Folgen von Mobbing und beim Aufbau positiver Beziehungen zu anderen ist.

12. Krav Maga: Krav Maga ist ein israelisches Nahkampfsystem, das den Schwerpunkt auf effektive Selbstverteidigung in realen Situationen legt. Es umfasst Techniken zur Abwehr von Schlägen, Würgen und Angriffsszenarien.

Krav Maga ist nicht nur ein Kampfkunstsystem, sondern eine umfassende Trainingsmethode, die darauf abzielt, praktische Fähigkeiten zur Selbstverteidigung und zum Umgang mit Stresssituationen zu entwickeln. Im Zusammenhang mit der Bekämpfung von Mobbing hat Krav Maga eine Reihe von Vorteilen und kann ein wirksames Instrument für Opfer sein.

Das erste, was Krav Maga für Mobbingopfer wichtig macht, ist die Vermittlung echter Selbstverteidigungsfähigkeiten. Durch die Ausübung dieser Sportart werden dem Opfer wirksame Techniken zur Abwehr von Angriffen, zur Abwehr von Schlägen sowie Würge- und Ringkampftechniken vermittelt. Dadurch kann sich das Mobbingopfer im Falle einer Konfliktsituation sicherer und geschützter fühlen.

Darüber hinaus umfasst das Krav Maga-Training häufig Angriffsszenarien, die den Praktizierenden helfen, ihre Reaktion auf Stresssituationen zu entwickeln. Dies ist besonders wichtig für Mobbingopfer, die möglicherweise an einer posttraumatischen Belastungsstörung leiden oder aufgrund negativer Erfahrungen in der Vergangenheit ein geringes Selbstwertgefühl haben.

Ein wichtiger Aspekt von Krav Maga ist auch der Fokus auf die Wirksamkeit in realen Situationen. Im Gegensatz zu einigen anderen Kampfsportarten, die sich auf Form und Technik konzentrieren können, ist Krav Maga darauf ausgelegt, praktische Fähigkeiten zu vermitteln, die in der realen Welt eingesetzt werden können. Dies macht es besonders nützlich für Mobbingopfer, die schnelle und wirksame Abhilfe benötigen.

Auf diese Weise kann Krav Maga Mobbingopfern helfen, sich sowohl körperlich als auch geistig zu verändern. Durch die Vermittlung praktischer Fertigkeiten zur Selbstverteidigung, zur Bewältigung von Stresssituationen und zur Stärkung des Selbstvertrauens kann dieser Sport einem Opfer von Mobbing dabei helfen, nicht mehr selbst ein Opfer zu sein und sich gegen den Tyrannen zu wehren.

Eine weitere Besonderheit von Krav Maga für Mobbingopfer ist die Methode, mit dem emotionalen Zustand zu arbeiten. Beim Training von Krav Maga wird nicht nur auf das körperliche Training geachtet, sondern auch auf die Stärkung der mentalen Stabilität.

Opfer von Mobbing leiden häufig unter Stress, Ängsten und einem geringen Selbstwertgefühl, da sie über einen längeren Zeitraum hinweg Aggressionen ausgesetzt sind. Krav Maga hilft ihnen, diese negativen Emotionen zu überwinden, da eine wirksame Selbstverteidigung weitgehend vom Selbstvertrauen und der Fähigkeit abhängt, die eigenen Emotionen in Stresssituationen zu kontrollieren.

Beim Krav-Maga-Training werden den Schülern Atem- und Entspannungstechniken vermittelt, um Stress zu bewältigen und die Konzentration zu verbessern. Dadurch können sich Mobbingopfer in Konfliktsituationen ausgeglichener und kontrollierter fühlen.

Darüber hinaus trägt das Krav-Maga-Training zur Entwicklung von Willenskraft und Selbstvertrauen bei. Opfer von Mobbing, die diesen Sport erlernen, beginnen allmählich, ihre eigene Stärke und Fähigkeit zu erkennen, Aggressionen zu widerstehen. Dies hilft ihnen, ihre innere Einstellung vom „Opfer" zum „Kämpfer" zu ändern, was für die Überwindung von Mobbing von entscheidender Bedeutung ist.

Somit vermittelt Krav Maga nicht nur wirksame Selbstverteidigungstechniken, sondern hilft Mobbingopfern auch dabei, ihre emotionale Belastbarkeit, ihr Selbstvertrauen und ihre Willenskraft zu stärken, was es zu einem wertvollen Instrument im Kampf gegen Aggression und zur Veränderung des mentalen Zustands der Opfer macht.

Krav Maga ist ein israelisches Nahkampfsystem, das auf effektive Selbstverteidigung in realen Situationen ausgerichtet ist. Es umfasst Techniken zur Abwehr von Schlägen und Würgegriffen.

Krav Maga ist ein israelisches Nahkampfsystem, das zur effektiven Selbstverteidigung in realen Situationen entwickelt wurde. Dieser Sport zeichnet sich durch seinen Pragmatismus und seine einfache Erlernbarkeit aus und macht ihn für ein breites Publikum zugänglich.

Der Hauptzweck von Krav Maga besteht darin, Menschen wirksame Methoden zur Abwehr von Angriffen beizubringen, unabhängig von ihrer körperlichen Fitness oder ihrem Alter. Das Trainingsprogramm umfasst Techniken zum Schutz vor Schlägen, Würgetechniken sowie Methoden zur Kontrolle und Neutralisierung des Angreifers.

Für Mobbing-Opfer können Krav Maga-Kurse besonders hilfreich sein, da der Sport nicht nur körperliche Selbstverteidigung lehrt, sondern auch mentale Stärke und Selbstvertrauen entwickelt. Durch Krav-Maga-Training können Mobbingopfer lernen, effektiv auf aggressive Situationen zu reagieren, ihr Selbstvertrauen zu stärken und lernen, mit Stress in Stresssituationen umzugehen.

Darüber hinaus erfordert Krav Maga kein spezielles körperliches Training, wodurch es für ein breites Spektrum von Menschen zugänglich ist, auch für diejenigen, die keine Erfahrung im Sport oder in den Kampfkünsten haben. Dies erleichtert Mobbingopfern die Teilnahme am Training und die Entwicklung ihrer Selbstverteidigungsfähigkeiten und ihres Selbstvertrauens.

13. Selbstverteidigung für Frauen: Hierbei handelt es sich nicht so sehr um eine eigenständige Sportart, sondern vielmehr um Trainingsprogramme, die darauf abzielen, Frauen effektive Selbstverteidigung in verschiedenen Situationen beizubringen. Sie umfassen Elemente aus Boxen, Karate, Sambo und Techniken zur Belästigungsbekämpfung.

Selbstverteidigungsprogramme für Frauen vermitteln nicht nur körperliche Verteidigungstechniken, sondern haben auch einen erheblichen Einfluss auf das psychische Wohlbefinden und das Selbstwertgefühl. Es ist wichtig zu verstehen, dass Opfer von Mobbing, darunter auch Frauen, aufgrund längerer Aggression Gefühle der Hilflosigkeit, Angst und eines geringen Selbstwertgefühls verspüren können.

Selbstverteidigungsprogramme für Frauen bieten eine einzigartige Gelegenheit, ihre eigenen Fähigkeiten und Stärken neu zu definieren. Durch systematisches Training erlernen Frauen nicht nur wirksame Selbstverteidigungstechniken, sondern entwickeln auch Vertrauen in ihre Fähigkeiten. Dies ist besonders wichtig für Mobbingopfer, die häufig unter einem Verlust des Selbstwertgefühls und des Selbstvertrauens leiden.

Durch Training verbessern Frauen ihre körperliche Fitness, Koordination und Flexibilität. Dadurch fühlen sie sich stärker und sind bereit, sich im Falle eines Angriffs zu verteidigen.

Neben dem körperlichen Training steht bei einem Selbstverteidigungsprogramm für Frauen aber auch die mentale Vorbereitung im Fokus. Trainerinnen unterstützen Frauen bei der Entwicklung von Konfliktpräventionsstrategien und zeigen ihnen, wie sie mit ihren Emotionen und Stresssituationen umgehen können.

So vermitteln Selbstverteidigungsprogramme für Frauen nicht nur die körperliche Stärke und Fähigkeiten zur Selbstverteidigung, sondern verbessern auch ihre geistige Verfassung, ihr Selbstvertrauen und ihr Selbstwertgefühl. Dadurch sind sie besser in der Lage, dem Angreifer zu widerstehen und ihren Status vom Opfer zum aktiven Teilnehmer seiner Verteidigung zu ändern.

Es ist wichtig zu beachten, dass die Teilnahme an Selbstverteidigungsprogrammen für Frauen auch dazu beitragen kann, ein unterstützendes Umfeld und ein soziales Netzwerk aufzubauen, was für Mobbingopfer von großer Bedeutung ist. Teilnehmer dieser Programme können Erfahrungen austauschen, sich gegenseitig unterstützen und sich als Teil einer Gemeinschaft fühlen, wodurch sie sich weniger isoliert und verletzlich fühlen.

Darüber hinaus ist es ein wichtiger Bestandteil von Selbstverteidigungsprogrammen für Frauen, nicht nur die körperliche Selbstverteidigung zu trainieren, sondern auch Konfliktsituationen zu bewältigen und gewaltfrei zu lösen. Den Opfern von Mobbing wird beigebracht, wie sie effektiv mit potenziellen Mobbern kommunizieren, Grenzen setzen und Konflikte verhindern können.

Somit ist das Selbstverteidigungsprogramm für Frauen ein umfassender Ansatz zur Unterstützung von Mobbingopfern, der nicht nur körperliches Training, sondern auch psychologische Unterstützung, soziale Integration und das Training von Fähigkeiten zur Konfliktinteraktion umfasst. Dadurch können Frauen nicht nur körperlich und geistig stärker werden, sondern auch ihr Selbstvertrauen, ihr Selbstwertgefühl und ihre Fähigkeit, effektiv auf potenzielle Bedrohungen zu reagieren, steigern.

Auch Männer können an Selbstverteidigungskursen für Frauen teilnehmen. Obwohl sich diese Programme oft an Frauen richten und speziell für sie konzipiert sind, können auch Männer von der Teilnahme profitieren.

Selbstverteidigungsprogramme für Frauen konzentrieren sich in der Regel auf Selbstverteidigungstechniken, von denen alle Menschen profitieren können, unabhängig von ihrem Geschlecht. Die meisten Übungen beinhalten Elemente aus Boxen, Karate, Sambo und anderen Kampfsportarten, die für jeden nützlich sein können, der lernen möchte, wie man sich verteidigt.

Darüber hinaus kann die Teilnahme von Männern an solchen Schulungen dazu beitragen, ein integrativeres und vielfältigeres Umfeld zu schaffen, in dem sich jeder willkommen und unterstützt fühlen kann. Es kann auch zu einem besseren Verständnis von Mobbing und Gewalt in der gesamten Gesellschaft beitragen und ein toleranteres und freundlicheres Umfeld für alle Beteiligten schaffen.

14. Aerobic und Fitness: Obwohl Aerobic und Fitness keine direkten Kampfsportarten sind, können sie dazu beitragen, die körperliche Fitness zu verbessern, das Selbstvertrauen zu steigern und Fähigkeiten zur Selbstkontrolle zu entwickeln. Es kann auch für die Erhaltung der allgemeinen Gesundheit und Fitness von Vorteil sein.

Obwohl Aerobic und Fitness nicht direkt mit Kampfsportarten zu tun haben, können sie für Mobbingopfer sowohl körperlich als auch psychisch von großem Nutzen sein. Beginnen wir mit dem Physischen. Regelmäßige Aerobic- und Fitnesskurse stärken die Muskulatur, steigern die Ausdauer und verbessern die allgemeine Gesundheit. Dies kann insbesondere für Mobbingopfer hilfreich sein, die möglicherweise körperlich schwach sind oder sich aufgrund mangelnder körperlicher Fitness verletzlich fühlen.

Es ist auch wichtig zu beachten, dass Aerobic und Fitness dazu beitragen können, das Selbstwertgefühl und das Selbstvertrauen zu stärken. Regelmäßige Bewegung hilft Ihnen, ein Gefühl der Würde und Kontrolle über Ihren eigenen Körper zu entwickeln. Dies kann besonders wichtig für Mobbingopfer sein, die sich aufgrund der psychologischen Auswirkungen des Mobbings möglicherweise hilflos oder unwürdig fühlen.

Darüber hinaus können Aerobic und Fitness dabei helfen, Selbstbeherrschung und Selbstregulierungsfähigkeiten zu entwickeln, die für eine wirksame Selbstverteidigung wichtig sind. Die Verbesserung der motorischen Koordination, des Gleichgewichts und der Reaktion auf Situationen kann dem Mobbingopfer die notwendigen Werkzeuge an die Hand geben, um effektiv auf den Tyrannen zu reagieren. Letztendlich können Selbstvertrauen und die Fähigkeit, effektiv auf Stresssituationen zu reagieren, dazu beitragen, dass sich Mobbingopfer nicht mehr wehrlos fühlen und sich gegen den Angreifer wehren können.

Darüber hinaus können Aerobic und Fitness nicht nur das körperliche, sondern auch das emotionale Wohlbefinden von Mobbingopfern fördern. Regelmäßige Bewegung kann dazu beitragen, den Stress und die Angst zu reduzieren, unter denen Mobbingopfer häufig leiden. Körperliche Aktivität setzt Endorphine, natürliche Analgetika und Antidepressiva frei, die die Stimmung und das allgemeine geistige Wohlbefinden verbessern können.

Darüber hinaus kann die Teilnahme an Gruppen-Aerobic- und Fitnesskursen Mobbingopfern helfen, sich als Teil einer Gemeinschaft zu fühlen, Unterstützung von anderen Teilnehmern zu erhalten und neue soziale Kontakte aufzubauen. Dies ist besonders wichtig, da Mobbing häufig zu sozialer Isolation und dem Gefühl der Einsamkeit führt.

Darüber hinaus können Aerobic und Fitness Opfern von Mobbing dabei helfen, Strategien zur Konfliktbewältigung zu erlernen und Kommunikationsfähigkeiten zu entwickeln. Durch Schulungen können die Teilnehmer lernen, Probleme zu lösen, im Team zu arbeiten und effektiv mit anderen zu interagieren, was bei der Lösung von Konflikten und der Verhinderung weiterer Mobbingfälle hilfreich sein kann.

Somit tragen Aerobic und Fitness nicht nur zur Verbesserung der körperlichen Fitness bei, sondern spielen auch eine wichtige Rolle bei der psychologischen Unterstützung und sozialen Anpassung von Mobbingopfern. Die Teilnahme an diesen Sportarten kann ihnen nicht nur helfen, die negativen Auswirkungen von Mobbing zu überwinden, sondern auch stärker, selbstbewusster und fähiger zu werden, die Herausforderungen des Alltags zu meistern.

Diese Sportarten haben ihre eigenen Eigenschaften und Vorteile, können aber alle relativ schnell erlernt werden und helfen dem Mobbingopfer, Selbstverteidigungsfähigkeiten und Selbstvertrauen zu entwickeln.

Jede dieser Sportarten hat ihre eigenen einzigartigen Funktionen und Anwendungen. Die Wahl einer bestimmten Sportart kann von den Zielen, der Fitness und den Vorlieben jedes Einzelnen abhängen. Für diejenigen, die beispielsweise Schlag- und Blocktechniken erlernen möchten, können Boxen oder Karate geeignete Optionen sein, während für diejenigen, die es bevorzugen.

Es ist wichtig, eines zu wählen, das Ihren Vorlieben entspricht. Diese Sportarten haben unterschiedliche Merkmale und passen zu unterschiedlichen Persönlichkeitstypen. Die Wahl der richtigen Sportart hängt von Ihren Zielen, Ihren körperlichen Fähigkeiten und natürlich Ihren Vorlieben ab. Es ist wichtig, eines zu wählen, das Sie motiviert und inspiriert, persönliche Erfolge im Kampf gegen Mobbing zu erzielen.

Kapitel 11. Mittel zur Selbstverteidigung um Sie herum.

Die Allgemeine Erklärung der Menschenrechte, die 1948 von der Generalversammlung der Vereinten Nationen angenommen wurde, ist ein internationales Dokument, das in vielen Industrieländern anerkannt und angewendet wird. Darin sind grundlegende Menschenrechte und Freiheiten verankert, darunter das Recht auf Leben, die Freiheit von Gewalt und willkürlicher Inhaftierung sowie das Recht auf Schutz.

Diese Rechte bilden die Grundlage für Gesetze und Richtlinien in verschiedenen Ländern, einschließlich des Rechts auf Selbstverteidigung im Falle einer Gefahr für Leben oder Gesundheit. In diesem Zusammenhang wird der Begriff der Selbstverteidigung im Rahmen von Gesetzen und Rechtsnormen betrachtet, die die zulässigen Schutzmethoden und -methoden sowie die Einschränkungen und Verantwortlichkeiten für deren Verwendung festlegen.

Daher basieren Gesetze zur Selbstverteidigung in entwickelten Ländern in der Regel auf den in der Allgemeinen Erklärung der Menschenrechte verankerten Grundsätzen sowie auf zusätzlichen nationalen und regionalen Gesetzen, die den Schutz und die Sicherheit der Bürger gewährleisten. Gemäß diesem Dokument ist das Recht auf Selbstverteidigung in Art. verankert. 3, in dem es heißt: „Jeder Mensch hat das Recht auf Leben, Freiheit und Sicherheit."

Dieser Artikel ist eines der Grundprinzipien, auf denen die Menschenrechte aufbauen. Es bekräftigt, dass jeder Mensch das Recht hat, sein Leben und seine Freiheit vor Gewalt und Bedrohungen zu schützen.

Zusätzlich zur Allgemeinen Erklärung der Menschenrechte können verschiedene Länder unterschiedliche Gesetze und Vorschriften zum Recht auf Selbstverteidigung haben. Diese Gesetze können je nach Gerichtsbarkeit und Umständen variieren, der allgemeine Grundsatz bleibt jedoch derselbe: Eine Person hat das Recht auf Schutz ihres Lebens und ihrer persönlichen Integrität.

Gemäß internationalen Menschenrechtsdokumenten hat jeder Mensch das Recht auf Selbstverteidigung im Falle einer Gefahr für sein Leben oder seine Gesundheit. Dieses Recht ist nicht auf bestimmte Methoden oder Mittel beschränkt, sondern umfasst alle verfügbaren Schutzmöglichkeiten.

Wenn es um Selbstverteidigung geht, ist es wichtig zu verstehen, dass eine Person das Recht hat, alle verfügbaren Gegenstände in ihrer Umgebung zu nutzen, um ihre Sicherheit zu gewährleisten. Ob Schlüssel, Kugelschreiber, Bleistift oder auch Alltagsgegenstände wie eine Tasche oder ein Stuhl – sie können in bestimmten Situationen ein wirksamer Schutz sein.

Beispielsweise können Schlüssel zum Schlagen in den Augen- oder Gesichtsbereich eines Angreifers sowie zum Schutz des eigenen Körpers eingesetzt werden. Ein Kugelschreiber oder Bleistift kann zu einer improvisierten Waffe werden, um den Hals oder andere gefährdete Stellen zu treffen. Der Beutel kann als Barriere zwischen Angreifer und Opfer dienen, aber auch zur Abwehr von Schlägen oder zum Schutz des Kopfes.

Es ist wichtig zu bedenken, dass Selbstverteidigung nicht immer körperlichen Widerstand bedeutet. Manchmal sind auch das Vermeiden einer Gefahr oder das Rufen um Hilfe wirksame Abwehrmaßnahmen. Jeder Mensch hat das Recht auf Sicherheit und Schutz, und in einer Bedrohungssituation ist es eine rechtmäßige und vernünftige Entscheidung, sich mit den verfügbaren Mitteln zu schützen.

Vor dem Einsatz aktiver Selbstverteidigungsmethoden ist es wichtig, alles zu tun, um Konflikte zu vermeiden. Dazu kann gehören, sich von der Gefahr fernzuhalten, um Hilfe zu rufen oder sogar zu versuchen, die Situation verbal zu lösen. Kann der Konflikt jedoch nicht verhindert werden und ist das Leben oder die Gesundheit einer Person gefährdet, hat sie Anspruch auf Schutz.

Um sich zu schützen, kann eine Person verschiedene Methoden anwenden, einschließlich der Verwendung verfügbarer Umweltgegenstände oder Kampfkunstfähigkeiten, sofern verfügbar. Es ist wichtig, sich daran zu erinnern, dass das Ziel der Selbstverteidigung nicht darin besteht, Schaden anzurichten, sondern das eigene Leben und die eigene Gesundheit zu schützen. Daher ist es wichtig, das Niveau der Selbstverteidigung nicht zu überschreiten und nur die Mittel einzusetzen, die zur Neutralisierung der Bedrohung erforderlich sind.

Das Ziel sollte nach Möglichkeit darin bestehen, den Angreifer zu neutralisieren und weitere Gewalt zu verhindern, und nicht darin, ihm schweren Schaden zuzufügen. Im Falle einer erfolgreichen Abwehr und Neutralisierung der Bedrohung wird empfohlen, unverzüglich die Hilfe der Strafverfolgungsbehörden in Anspruch zu nehmen und die Situation zur weiteren Untersuchung an diese zu übergeben.

Es ist wichtig, sich daran zu erinnern, dass Selbstverteidigung nicht nur eine legitime Möglichkeit ist, sich im Falle einer Bedrohung zu schützen, sondern auch ein wichtiges Mittel, um das Gefühl von Selbstvertrauen und Sicherheit wiederherzustellen. Für viele Opfer von Aggression und Mobbing kann der Gedanke, sich selbst zu schützen, beängstigend und verwirrend wirken, insbesondere wenn sie sich verletzlich fühlen und sich ihrer eigenen Fähigkeiten nicht sicher sind. Allerdings kann das Verständnis, dass sie über die Ressourcen und die Fähigkeit verfügen, sich zu verteidigen, ihr Gefühl der Kontrolle über die Situation erheblich stärken und ihre Angst vor dem Angreifer verringern.

Bis Sie durch die Ausübung von Kampfsportarten die notwendigen Fähigkeiten für die von Ihnen gewählte vollständige Selbstverteidigung erworben haben, ist die Nutzung umliegender Gegenstände zum Schutz eine der Methoden, die jedem zur Verfügung stehen. Dieser Ansatz ermöglicht es einer Person, das, was sie zur Verfügung hat, zu nutzen, um sich im Falle eines Angriffs sicherer zu machen. Beispielsweise können ein Bleistift, ein Schlüssel, ein Kugelschreiber oder eine Tasche wirksame Werkzeuge zur Selbstverteidigung in einer kritischen Situation sein.

Es ist wichtig zu bedenken, dass Selbstverteidigung nicht immer körperlichen Widerstand bedeutet. Manchmal kann es die beste Verteidigung sein, einfach nur in der Lage zu sein, Gefahren einzuschätzen, Konflikte zu vermeiden und seinen Verstand und sein Urteilsvermögen einzusetzen. Wenn die Situation jedoch bedrohlich wird, kann es für die Sicherheit von entscheidender Bedeutung sein, zu wissen, wie man seine Umgebung zu seinem Schutz nutzt.

Daher ist es wichtig, Selbstverteidigungsfähigkeiten zu erlernen, einschließlich der Nutzung umliegender Objekte zum Schutz. Das steigert nicht nur das Selbstvertrauen, sondern schafft auch ein Gefühl der Kontrolle über das eigene Schicksal. Darüber hinaus hilft es zu erkennen, dass jeder Mensch das Recht auf Schutz und Sicherheit hat und dass Selbstverteidigung etwas völlig Normales und Legales ist.

Wenn wir über die Prinzipien der Selbstverteidigung sprechen, ist es wichtig zu verstehen, dass es sich hierbei nicht nur um eine Reihe von Techniken oder körperlichen Übungen handelt. Hierbei handelt es sich um einen umfassenden Ansatz zur Wahrung der eigenen Sicherheit, der sowohl physische als auch psychische Aspekte umfasst. Für Mobbingopfer, die sich möglicherweise verletzlich und unsicher fühlen, kann die Kenntnis der Grundprinzipien der Selbstverteidigung ein wirksames Instrument sein, um das Selbstvertrauen zu stärken und die Angst vor dem Mobber zu verringern.

1. Situationsbewusstsein: Der erste und wichtigste Schritt in der Selbstverteidigung ist das Situationsbewusstsein. Das bedeutet, dass Sie sich Ihrer Umgebung bewusst sind, potenzielle Bedrohungen erkennen und

mögliche Risiken einschätzen. Um Gefahren zu vermeiden, müssen Sie vorsichtig und wachsam sein, auch wenn die Situation sicher erscheint.

Situationsbewusstsein ist der Grundstein für eine wirksame Selbstverteidigung, insbesondere für diejenigen, die Angst und Unsicherheit erleben. Wenn wir über Opfer von Aggressionen sprechen, die äußerst empfindlich und unsicher sein können, ist es wichtig zu verstehen, dass das Bewusstsein für die Situation die Kontrolle über die eigene Sicherheit gibt.

Situationsbewusstsein bedeutet zunächst einmal, aufmerksam auf die Umgebung zu achten, selbst in den Momenten, in denen es den Anschein hat, als ob nichts Gefährliches passiert. Dabei geht es nicht darum, paranoid zu sein oder ständig eine Bedrohung zu erwarten, sondern sich seiner Umgebung bewusst zu sein und potenzielle Gefahren erkennen zu können.

Für diejenigen, die Angst vor dem Tyrannen haben oder sich unsicher fühlen, kann das Bewusstsein für die Situation ein Mittel sein, das Gefühl der Kontrolle zurückzugewinnen. Wenn Sie wissen, was um Sie herum passiert, können Sie mögliche Risiken besser einschätzen und die notwendigen Maßnahmen ergreifen, um sich selbst zu schützen.

Es gibt Ihnen auch die Möglichkeit, proaktiv zu handeln, anstatt erst in letzter Minute auf eine Bedrohung zu reagieren. Wenn Sie die Situation im Voraus verstehen, können Sie einen Aktionsplan entwickeln und auf mögliche Bedrohungen vorbereitet sein. Dies trägt dazu bei, Stress und Ängste zu reduzieren, die in Konflikt- oder Gefahrensituationen entstehen können.

Am wichtigsten ist, dass Ihnen das Bewusstsein für die Situation die Fähigkeit gibt, Ihr eigenes Verhalten und Ihre eigenen Reaktionen zu kontrollieren. Dadurch können Sie fundierte Entscheidungen auf der Grundlage Ihrer Risikoeinschätzung und Ihres Verständnisses Ihrer eigenen Stärken und Fähigkeiten treffen. Dies kann besonders wichtig für diejenigen sein, die Angst oder Unsicherheit verspüren, da es ihnen ein Gefühl von Selbstvertrauen und Kontrolle in Situationen gibt, die sich bedrohlich oder gefährlich anfühlen können.

2. Konfliktprävention: Es ist wichtig, Konflikte möglichst verhindern zu können. Dazu kann gehören, dass man nonverbale Kommunikation nutzt, Konfrontationen vermeidet und lernt, seine Grenzen selbstbewusst auszudrücken und Situationen abzulehnen, die gefährlich oder bedrohlich erscheinen.

Konfliktprävention ist ein wirksames Mittel zur Selbstverteidigung, insbesondere für diejenigen, die unter Gefühlen der Hilflosigkeit und Angst vor dem Angreifer leiden. Selbst der kleinste Konflikt kann schwerwiegende Folgen haben. Daher ist es wichtig, ihn nach Möglichkeit vermeiden zu können.

Für diejenigen, die Gefühle der Hilflosigkeit und Unsicherheit verspüren, bietet Konfliktprävention eine Möglichkeit, die Situation unter Kontrolle zu bringen, bevor sie außer Kontrolle gerät. Dies kann besonders in Situationen nützlich sein, in denen der Angreifer versucht, einen Konflikt zu provozieren oder zu provozieren. Die Fähigkeit, Anzeichen einer wachsenden Spannung zu erkennen und deren Eskalation zu verhindern, kann Sie vor negativen Folgen bewahren.

Eine Möglichkeit, Konflikten vorzubeugen, ist die Verwendung nonverbaler Kommunikation. Nonverbale Hinweise wie ein selbstbewusster Gang, ein direkter Blick und ein ruhiger Gesichtsausdruck können eine klare Botschaft Ihres Selbstvertrauens und Ihrer Absichten vermitteln. Dies kann dazu beitragen, Konflikte zu verhindern, indem Sie dem Angreifer zeigen, dass Sie seinen Provokationen nicht nachgeben werden.

Darüber hinaus ist es wichtig für diejenigen, die sich gegenüber einem Aggressor verwundbar fühlen, zu lernen, sich von Konfrontationen zu lösen und überzeugende Wege zu finden, um Grenzen und Ablehnung zum Ausdruck zu bringen. Zu wissen, wie man die Teilnahme an einer gefährlichen oder bedrohlichen Situation verweigert, ohne Aggression oder Gewalt anzuwenden, trägt dazu bei, Ihre Würde und Sicherheit zu wahren.

Zur Konfliktvermeidung kann es auch gehören, zu lernen, sicherere Orte und Situationen für sich selbst zu wählen und gleichzeitig potenziell gefährliche Situationen zu vermeiden. Dazu kann die Wahl von überfüllten Bereichen, gut beleuchteten öffentlichen Bereichen oder sicheren Bereichen gehören.

3. Gefahr vermeiden: Wenn eine Situation bedrohlich oder gefährlich wird, ist es wichtig zu wissen, wie man der Gefahr entkommt. Dies kann bedeuten, dass Sie sich schnell und sicher an einen sicheren Ort bewegen, die Umgebung als Deckung nutzen oder sich einfach von einer potenziell gefährlichen Person oder einem potenziell gefährlichen Ort entfernen.

Das Vermeiden von Gefahren ist ein wichtiger Aspekt der Selbstverteidigung, insbesondere für diejenigen, die unter Gefühlen der Hilflosigkeit und Angst vor einem Angreifer leiden. Wenn eine Situation Ihre Sicherheit zu gefährden beginnt, kann die Fähigkeit, schnell zu reagieren und der Gefahr zu entgehen, Sie vor schwerwiegenden Folgen bewahren.

Für diejenigen, die sich gegenüber einem Angreifer anfällig fühlen, ist es wichtig zu erkennen, dass das Weggehen vor der Gefahr nicht bedeutet, wegzulaufen oder schwach zu sein, sondern vielmehr eine Strategie zur Aufrechterhaltung der eigenen Sicherheit und des eigenen Wohlbefindens. Die Fähigkeit, eine Situation schnell einzuschätzen und zu entscheiden, wie man einer Bedrohung am besten entkommen kann, zeugt von Selbstschutz und Selbstvertrauen.

Es ist wichtig zu wissen, wie man die Umwelt als Unterschlupf oder Schutz nutzt. Dies kann alles sein, von der Suche nach Schutz in einer Menschenmenge bis hin zur Suche nach Schutz hinter Absperrungen oder in Gebäuden. Die Fähigkeit, schnell einen sicheren Ort zu finden und zu nutzen, kann Ihnen helfen, Gefahren zu vermeiden und Aggressionen vorzubeugen.

Darüber hinaus kann die Vermeidung einer Gefahr darin bestehen, sich einfach von einem gefährlichen Ort oder einer Bedrohung zu entfernen. Dies kann bedeuten, dass Sie sich schnell an einen anderen Ort begeben oder sich einfach von einem Ort entfernen, an dem die Situation Ihre Sicherheit zu gefährden beginnt. Es ist wichtig, sich daran zu erinnern, dass das Vermeiden von Gefahren kein Zeichen von Schwäche ist, sondern vielmehr ein Zeichen der Sorge um die eigene Sicherheit und das eigene Wohlbefinden.

4. Physischer Schutz: Wenn Sie einer Gefahr nicht entkommen können, ist es manchmal notwendig, physischen Schutz zu verwenden. Dies sollte jedoch der letzte Ausweg sein und nur dann eingesetzt werden, wenn es absolut notwendig ist. Es ist wichtig, nur die nötige Gewalt anzuwenden, um die Bedrohung zu neutralisieren und so schnell wie möglich sofort Hilfe zu suchen.

Körperliche Verteidigung ist das letzte Mittel, wenn sich andere Methoden der Selbstverteidigung als unwirksam oder nicht verfügbar erwiesen haben. Bei vielen Menschen, insbesondere bei denen, die unter Gefühlen der Hilflosigkeit und Unsicherheit leiden, kann die Vorstellung, körperliche Gewalt anzuwenden, Angst und Zweifel hervorrufen. Es ist jedoch wichtig zu verstehen, dass der Einsatz von physischem Schutz auf Situationen beschränkt werden sollte, in denen die Bedrohung unmittelbar und überwältigend wird.

Für Opfer einer Aggression, die sich verletzlich fühlen und Angst davor haben, physische Gewalt anzuwenden, ist es wichtig zu erkennen, dass der Zweck der physischen Verteidigung nicht darin besteht, dem Angreifer Schaden zuzufügen, sondern die Bedrohung zu neutralisieren und ihre eigene Sicherheit zu gewährleisten. Dies bedeutet, dass Sie nur die minimale Kraft anwenden müssen, die erforderlich ist, um den Angriff zu stoppen und sofort Hilfe zu suchen.

Bei der körperlichen Verteidigung ist es wichtig, ruhig und konzentriert zu bleiben. Die Reaktion auf eine Stresssituation kann oft unvorhersehbar sein. Daher ist es wichtig, Selbstverteidigungstechniken zu erlernen, die es Ihnen ermöglichen, ruhig zu bleiben und Entscheidungen auf der Grundlage rationaler Handlungen und nicht auf der Grundlage von Emotionen zu treffen.

Es ist auch wichtig zu bedenken, dass die Anwendung physischer

Gewalt in einem angemessenen Verhältnis zur Bedrohung stehen muss. Das bedeutet, dass die Gewaltanwendung dem Grad der Bedrohung angemessen sein muss und das zur Beendigung des Angriffs erforderliche Maß nicht überschreiten darf. Sobald die Bedrohung neutralisiert wurde, ist es wichtig, sofort Hilfe zu suchen und alle notwendigen Beweise für den Vorfall vorzulegen.

5. Psychologische Vorbereitung: Schließlich ist es äußerst wichtig, mental auf die Situation vorbereitet zu sein. Dazu gehört, dass Sie Vertrauen in Ihre Fähigkeiten haben, Ihre Rechte kennen und in Stresssituationen effektiv reagieren können. Zur mentalen Vorbereitung gehört auch die Fähigkeit, in Stresssituationen ruhig und klar im Kopf zu bleiben, was es Ihnen ermöglicht, durchdachte und effektive Entscheidungen zu treffen.

Die psychologische Vorbereitung spielt eine entscheidende Rolle für die Fähigkeit, mit einer aggressiven Situation umzugehen. Für Mobbingopfer, die sich möglicherweise schwach oder unsicher fühlen, wird psychologisches Training zu einem wichtigen Instrument zur Verbesserung des Selbstwertgefühls und zur Stärkung des Selbstvertrauens.

Zur psychologischen Vorbereitung gehört zunächst Selbstvertrauen. Das bedeutet, dass Sie Ihre Fähigkeiten verstehen und darauf vorbereitet sind, im Falle einer Bedrohung zu handeln. Opfer von Mobbing können von einem Selbstverteidigungstraining oder einer Beratung profitieren, die ihnen hilft, Vertrauen in ihre Fähigkeiten zu entwickeln und ihr Selbstwertgefühl zu stärken.

Zweitens gehört zur psychologischen Vorbereitung die Kenntnis Ihrer Rechte. Viele Opfer von Mobbing kennen möglicherweise ihre Rechte nicht oder haben keine Erfahrung damit, Hilfe zu suchen. Daher ist es wichtig, sich über Ihre Rechte zu informieren und zu wissen, wie Sie diese effektiv zu Ihrem Schutz nutzen können.

Darüber hinaus gehört zur psychologischen Vorbereitung die Fähigkeit, effektiv auf Stresssituationen zu reagieren. Opfer von Mobbing können während eines Konflikts starken Emotionen und Stress ausgesetzt sein. Wenn sie lernen, ihre Emotionen zu kontrollieren und ruhig zu bleiben, können sie durchdachte und effektive Entscheidungen treffen.

Es ist auch wichtig zu lernen, in Stresssituationen ruhig und klar im Kopf zu bleiben. Dies wird Mobbingopfern helfen, durchdachte und rationale Entscheidungen zu treffen, anstatt aus Emotionen oder Angst heraus zu handeln. Regelmäßiges Praktizieren von Meditation, tiefem Atmen oder anderen Entspannungstechniken kann dazu beitragen, Ihre Fähigkeit zu verbessern, in Stresssituationen ruhig zu bleiben.

Das Verständnis dieser Selbstverteidigungsprinzipien kann Mobbingopfern helfen, sich selbstbewusster und auf die Bewältigung einer Vielzahl von Situationen vorbereitet zu fühlen. Dies gibt ihnen die

Möglichkeit, ihre eigene Sicherheit zu kontrollieren und wirksame Maßnahmen zu ergreifen, um sich im Falle einer Bedrohung zu schützen.

Die Praxis, Alltagsgegenstände zur Selbstverteidigung zu nutzen, kann für diejenigen, die Opfer von Aggressionen geworden sind, sehr hilfreich sein. Dies bietet die Möglichkeit zu lernen, wie man die verschiedenen Gegenstände, die im Falle eines Konflikts oder Angriffs zur Verfügung stehen, effektiv und sicher nutzt.

Das Üben mit verschiedenen Objekten in der Umgebung trägt auch dazu bei, Vertrauen in die eigenen Fähigkeiten zu entwickeln und das Gefühl der Kontrolle über die Situation zu stärken. Wenn eine Person weiß, dass sie sich mit gewöhnlichen Gegenständen schützen kann, fühlt sie sich sicherer und fähiger, mit potenziellen Gefahren umzugehen.

Daher ist es wichtig, regelmäßig mit verschiedenen Umweltobjekten zu trainieren, Konfliktsituationen zu simulieren und zu lernen, diese effektiv einzusetzen. Dies wird nicht nur dazu beitragen, die notwendigen Fähigkeiten zur Selbstverteidigung zu erwerben, sondern auch dazu beitragen, sich auf mögliche Bedrohungen vorzubereiten und das Selbstvertrauen zu stärken.

Selbstverteidigung mit Alltagsgegenständen:

I - Bleistift/Kugelschreiber:

- Verletzliche Punkte treffen: Mit einem Bleistift oder Kugelschreiber können verletzliche Punkte am Körper des Angreifers getroffen werden, beispielsweise Augen, Nase, Hals, Schlüsselbein und Leistengegend. Wenn Sie beispielsweise angreifen, können Sie dem Angreifer mit einem Bleistift ins Auge oder in die Kehle schlagen, um seinen Angriff abzuschwächen und eine Fluchtmöglichkeit zu schaffen.

- Schläge abwehren: Gegen Schläge, die auf das Opfer gerichtet sind, kann auch ein Bleistift oder Kugelschreiber eingesetzt werden. Beispielsweise kann eine Person einen Griff verwenden, um ihren Kopf zu schützen, indem sie ihn während eines Angriffs vor sich anhebt, um einen Schlag zu verhindern.

- Abstand wahren: Mit einem Bleistift oder Kugelschreiber kann Abstand zwischen Opfer und Angreifer hergestellt werden. Eine Person kann ihre Hand mit einem Bleistift oder Kugelschreiber vor sich ausstrecken, um einen Angreifer wegzustoßen oder ein vorübergehendes Hindernis zwischen sich und dem Angreifer zu schaffen.

- Hilferuf: Im Falle eines Angriffs kann auch ein Bleistift oder Kugelschreiber genutzt werden, um andere auf sich aufmerksam zu machen. Das Opfer schreit möglicherweise oder schwenkt einen Kugelschreiber oder Bleistift, um Aufmerksamkeit zu erregen und Hilfe zu leisten.

Diese Methoden können zur Selbstverteidigung in kritischen Situationen wirksam sein und sind für fast jeden zugänglich, da in der Regel ein Bleistift oder Kugelschreiber zur Hand ist. Es ist jedoch wichtig zu bedenken, dass der Einsatz dieser Gegenstände zur Selbstverteidigung auf kritische Situationen beschränkt werden sollte, in denen es keine anderen Möglichkeiten gibt, und das Ziel darin bestehen sollte, eine Möglichkeit zur Flucht und zum Rufen um Hilfe zu schaffen.

II - Tasche:

- Distanz schaffen: Wenn Sie sich in einer Situation befinden, in der Sie Distanz zwischen Ihnen und dem Angreifer schaffen müssen, kann die Tasche als vorübergehende Barriere verwendet werden. Du kannst die Tasche vor dir ausziehen und damit deinen Angreifer zurückdrängen und Raum für den Rückzug schaffen.

- Schläge abwehren: Die Tasche kann auch zum Abwehren von Schlägen verwendet werden. Sie können die Tasche vor sich halten und damit die Schläge eines Angreifers abwehren. Es ist wichtig, dass Sie versuchen, den Schaden, den Sie erleiden, so gering wie möglich zu halten, bis Sie die Möglichkeit haben, zu fliehen oder um Hilfe zu rufen.

- Verwendung als Waffe: Im Extremfall, wenn keine andere Möglichkeit besteht, kann die Tasche als Waffe verwendet werden. Sie können Ihren Angreifer mit einer Tasche schlagen oder sie in seine Richtung werfen, um ihn abzulenken und eine Fluchtmöglichkeit zu schaffen.

- Abstand wahren: Die Tasche kann auch zum Abstandhalten während der Bewegung genutzt werden. Sie können die Tasche vor sich halten und damit einen Angreifer wegstoßen, wenn dieser versucht, sich Ihnen zu nähern.

Es ist wichtig zu bedenken, dass die Verwendung einer Tasche zur Selbstverteidigung auf kritische Situationen beschränkt werden sollte, in denen es keine anderen Möglichkeiten gibt, und das Ziel darin bestehen sollte, eine Möglichkeit zur Flucht und zum Rufen um Hilfe zu schaffen. Denken Sie auch daran, dass Ihre Sicherheit an erster Stelle steht und Ihr Ziel darin besteht, einer gefährlichen Situation so schnell wie möglich zu entkommen.

III - Schlüssel:

- Schlagen: Sie können Schlüssel zwischen Ihren Fingern halten, sodass sie aus Ihrer Faust herausragen, und damit verwundbare Punkte am Körper eines Angreifers treffen, beispielsweise Augen, Nase, Hals oder Leistengegend. Dies kann zu einem schmerzhaften Schock führen und Ihnen die Möglichkeit geben, zu gehen.

- Verteidigung gegen Angriffe: Wenn ein Angreifer Sie von hinten oder von der Seite angreift, können Sie sich mit Schlüsseln verteidigen. Indem Sie die Schlüssel mit festem Griff ergreifen, können Sie damit Ihren Angreifer angreifen oder schlagen, um ihn abzulenken und eine Gelegenheit zur Flucht zu schaffen.

- Aufspießen: In extremen Situationen, wenn Ihr Leben in Gefahr ist, können Sie versuchen, den Angreifer mit Schlüsseln aufzuspießen oder zu erstechen. Dies muss in einer kritischen Situation erfolgen, wenn es keine anderen Optionen gibt und Ihr Ziel das Überleben ist.

- Verwendung als Würgewaffe: Wenn Sie sich im Nahkampf mit einem Angreifer befinden, können Sie mit den Tasten Druck auf empfindliche Punkte am Hals oder Kopf ausüben, um ihn zu schwächen und Ihnen die Flucht zu ermöglichen.

Es ist wichtig, sich daran zu erinnern, dass der Einsatz von Schlüsseln als Waffe zur Selbstverteidigung der letzte Ausweg sein sollte und nur in äußerst gefährlichen Situationen eingesetzt werden sollte, wenn keine andere Möglichkeit besteht. Ihr Ziel ist es, eine Fluchtmöglichkeit zu schaffen und um Hilfe zu rufen. Denken Sie auch daran, dass Ihre Sicherheit das Wichtigste ist und Sie alles tun sollten, um sich im Falle eines Angriffs zu schützen.

IV – Regenschirme:

- Angriffe abwehren: Der Regenschirm kann verwendet werden, um Angriffe eines Angreifers abzuwehren. Sie können Ihren Regenschirm schnell herumschwingen und ihn vor sich halten, um Schläge von Ihren Händen oder Gegenstände abzuwehren, die Ihnen in die Quere kommen könnten. Dadurch haben Sie möglicherweise mehr Zeit zum Reagieren oder Entkommen.

- Schaffen Sie einen temporären Unterschlupf: Im Falle eines Angriffs oder Angriffs können Regenschirme verwendet werden, um einen temporären Unterschlupf zu schaffen. Sie können den Regenschirm über sich heben oder vor sich halten, um eine Barriere zwischen Ihnen und Ihrem Angreifer zu schaffen. Dies kann Sie vor einem Schock schützen und Ihnen Zeit geben, Ihre nächsten Schritte zu planen.

- Verwendung als Waffe: Der Regenschirm kann als improvisierte Waffe verwendet werden, um einen Angreifer abzuwehren oder anzugreifen. Mit der Spitze des Schirms können Sie verwundbare Stellen am Körper eines Angreifers treffen oder ihn verscheuchen. Denken Sie jedoch daran, dass die Verwendung eines Regenschirms als Waffe der letzte Ausweg sein sollte und nur dann eingesetzt werden sollte, wenn es absolut notwendig ist.

-Ablenkung: Auch wenn der Regenschirm keine mächtige Waffe ist, kann seine Verwendung die Aufmerksamkeit des Angreifers ablenken und Ihnen die Möglichkeit geben, zu fliehen oder um Hilfe zu rufen. Das Aufheben und Präsentieren eines Regenschirms kann dazu führen, dass Ihr Angreifer einen Moment innehält und ihn verwirrt, was möglicherweise ausreicht, damit Sie sicher entkommen können.

Es ist wichtig zu bedenken, dass die Verwendung eines Regenschirms zur Selbstverteidigung mit Vorsicht und nur in extremen Situationen erfolgen sollte, in denen Ihr Leben oder Ihre Sicherheit gefährdet ist. Das Hauptziel besteht darin, sich zu schützen und um Hilfe zu rufen.

V- Kugelschreiber:

- Verwundbare Punkte treffen: Ein Kugelschreiber hat eine Spitze, mit der verwundbare Punkte am Körper eines Angreifers getroffen werden können. Sie können beispielsweise einen Schlag auf Augen, Nase, Hals, Kinn oder andere weiche und empfindliche Bereiche richten, um Schmerzen und eine vorübergehende Funktionsbeeinträchtigung des Angreifers zu verursachen.

- Abwehr von Angriffen: Nähert sich Ihnen ein Angreifer, können Sie den Kugelschreiber als Behelfswaffe nutzen, um seine Angriffe abzuwehren oder abzuwehren. Sie können beispielsweise Ihren Griff schnell auf einen Angreifer zubewegen, um seinen Schlag abzuwehren oder seine Aufmerksamkeit abzulenken.

- Verwendung als Klaue: Wenn Sie nicht in der Lage sind, die Spitze des Griffs zum Schlagen zu nutzen, können Sie sie als Klaue verwenden, um Ihren Angreifer zu kratzen oder festzuhalten. Dies kann auch eine wirksame Möglichkeit sein, einen Angreifer abzuschrecken und eine vorübergehende Barriere zwischen Ihnen und ihm zu schaffen.

- Verwendung als Greifwaffe: Bei Bedarf kann ein Kugelschreiber verwendet werden, um Greif- oder Fesseltechniken an einem Angreifer auszuführen. Sie können beispielsweise einen Griff in Ihrer Hand greifen und damit Druck auf empfindliche Punkte am Körper Ihres Angreifers ausüben, um ihn zu zwingen, Sie freizulassen oder die Kontrolle zu verlieren.

Unabhängig von der Verwendungsmethode ist es wichtig zu bedenken, dass ein Kugelschreiber nur dann verwendet werden sollte, wenn dies zum Schutz vor Angriffen unbedingt erforderlich ist. Dies ist eine letzte Maßnahme zur Selbstverteidigung und sollte nur dann eingesetzt werden, wenn eine echte Gefahr für Ihr Leben oder Ihre Sicherheit besteht.

VI - Punkte:

- Augenschutz: Eine Brille kann im Falle eines Angriffs als vorübergehender Schutz Ihrer Augen dienen. Wenn ein Angreifer versucht, Sie im Gesicht oder am Kopf anzugreifen, können Sie schnell den Kopf senken oder Ihre Brille an Ihr Gesicht drücken, um Ihre Augen vor den Schlägen zu schützen.

- Distanz schaffen: Punkte können verwendet werden, um vorübergehend Distanz zwischen Ihnen und Ihrem Angreifer zu schaffen. Sie können beispielsweise schnell Ihre Brille abnehmen und sie in die Richtung eines Angreifers werfen, um seine Aufmerksamkeit abzulenken und eine Fluchtmöglichkeit zu schaffen.

- Verwendung als Waffe: Wenn die Brille einen starken oder scharfen Rand hat, kann sie als improvisierte Waffe verwendet werden. Sie können beispielsweise mit dem Rand Ihrer Brille einen Angreifer ins Gesicht oder an andere verwundbare Stellen schlagen, um ihn abzuschrecken und ihm

Zeit zur Flucht zu geben.

- Bedrohung für den Angreifer: Das bloße Zeigen Ihrer Punkte gegenüber dem Angreifer kann als Drohung und als Warnung dienen, dass Sie bereit sind, sich zu verteidigen. Dies kann ihn dazu bringen, über seine Handlungen nachzudenken, und Ihnen Zeit geben, Selbstschutzmaßnahmen zu ergreifen.

Es ist wichtig zu bedenken, dass die Verwendung einer Brille zur Selbstverteidigung der letzte Ausweg sein sollte und nur dann verwendet werden sollte, wenn eine echte Gefahr für Ihre Sicherheit besteht. Denken Sie auch daran, dass die Brille bei der Selbstverteidigung beschädigt werden kann. Seien Sie also darauf vorbereitet, sie nach einem Vorfall auszutauschen.

VII – Haushaltsgeräte:

- Stöße: Viele Haushaltsgeräte sind schwer und stark genug, um Stößen ausgesetzt zu werden. Sie können beispielsweise einen Fön oder ein Bügeleisen nehmen und es als provisorischen Hammer verwenden, um Ihren Angreifer zu schlagen. Dies kann zu ausreichenden Schmerzen führen, um Ihren Angreifer abzulenken und Ihnen Zeit zu geben, zu fliehen oder Hilfe zu holen.

- Erstellen Sie eine vorübergehende Barriere: Einige Haushaltsgegenstände können zur Schaffung einer vorübergehenden Barriere verwendet werden. Wenn Sie beispielsweise eine Mikrowelle oder einen Wasserkocher haben, können Sie diese in den Weg des Angreifers stellen, um ein vorübergehendes Hindernis zu schaffen und Zeit zu gewinnen, um zu entkommen oder um Hilfe zu rufen.

- Verwendung von Drähten: Wenn Haushaltsgegenstände über elektrische Drähte oder Kabel verfügen, können diese zum Umwickeln von Händen oder zum Erstellen eines primitiven Knotens verwendet werden, um einen Angreifer zu fangen oder zu bezwingen. Dies kann Ihnen helfen, die Situation unter Kontrolle zu behalten und sich selbst zu schützen, bis Hilfe eintrifft.

- Improvisierte Abschirmung: Einige Haushaltsgegenstände wie ein Bügeleisen oder ein Haartrockner können verwendet werden, um eine vorübergehende Abschirmung oder einen Schutz vor Angriffen zu schaffen. Mit ihnen können Sie sich vor Schlägen oder Angriffen schützen, bis Sie Maßnahmen ergreifen oder um Hilfe rufen können.

Es ist wichtig zu bedenken, dass die Verwendung von Haushaltsgegenständen zur Selbstverteidigung das letzte Mittel sein sollte und nur dann eingesetzt werden sollte, wenn eine echte Gefahr für Ihre Sicherheit besteht. Achten Sie außerdem darauf, dass die Verwendung dieser Artikel den in Ihrer Region geltenden Gesetzen entspricht.

VIII – Kleidung:

- Schaffen Sie vorübergehenden Schutz: Wenn Sie eine Jacke oder einen Mantel haben, können Sie damit vorübergehend Schutz vor einem

Angriff schaffen. Du kannst zum Beispiel deine Jacke aufklappen und sie als Schutzschild nutzen, um dich vor Schlägen oder Waffenangriffen zu schützen. Dies gibt Ihnen zusätzliche Zeit, die Situation einzuschätzen und über weitere Maßnahmen zu entscheiden.

- Kleidung als Hindernis nutzen: Sie können Ihre Kleidung auch nutzen, um ein vorübergehendes Hindernis zwischen Ihnen und Ihrem Angreifer zu schaffen. Sie können beispielsweise Ihre Jacke oder Ihr Hemd ausziehen und Ihrem Angreifer ins Gesicht werfen, um ihn zu verwirren und ihm Zeit zu verschaffen, zu fliehen oder um Hilfe zu rufen.

- Strangulationsschutz: Bestimmte Kleidungsstücke wie Schals oder Gürtel können zum Schutz vor Strangulationen verwendet werden. Wenn Ihr Angreifer versucht, Sie zu würgen, können Sie einen Schal oder Gürtel verwenden, um eine vorübergehende Barriere zwischen seinen Händen und Ihrem Hals zu schaffen, sodass Sie die Möglichkeit haben, sich zu befreien oder die Situation zu kontrollieren.

- Sofortiger Schutz vor Stößen: Ihre Kleidung kann auch als spontaner Schutz vor Stößen oder stumpfen Verletzungen dienen. Sie können beispielsweise Ihre Jacke oder Ihr Hemd zusammenrollen und als Kissen zur Stoßdämpfung oder zum Schutz vor scharfen Gegenständen verwenden.

Es ist jedoch wichtig zu bedenken, dass die Verwendung von Selbstschutzkleidung das letzte Mittel sein und nur dann zum Einsatz kommen sollte, wenn es absolut notwendig ist. Beachten Sie, dass die Verwendung von Schutzkleidung möglicherweise nur vorübergehend ist und weitere Maßnahmen zu Ihrer Sicherheit erforderlich sein kann.

IX - Mobiltelefon:

- Angriff: Das Mobiltelefon kann im Falle eines Angriffs zum Angriff verwendet werden. Sie können das Telefon an der Hülle packen und es als schweren Gegenstand verwenden, um den Angreifer zu schlagen. Bedenken Sie jedoch, dass dies zu ernsthaften Schäden führen kann. Daher sollten Sie diese Methode nur als letzten Ausweg anwenden, wenn keine andere Möglichkeit besteht.

- Ablenkung: Im Falle eines Angriffs können Sie das Telefon in Richtung des Angreifers werfen, um seine Aufmerksamkeit abzulenken und ihm Zeit zur Flucht zu geben. Dadurch erhalten Sie möglicherweise zusätzliche Sekunden, um Hilfe zu rufen oder einen sicheren Ort zu finden.

- Hilfe rufen: Im Falle einer Bedrohung oder eines Angriffs können Sie mit dem Mobiltelefon schnell Hilfe rufen. Sie können die Notrufnummer 911 oder die Polizei anrufen, um die Situation zu melden und Hilfe anzufordern.

- Aufzeichnen, was passiert: Das Mobiltelefon kann auch zur Aufzeichnung des Geschehens verwendet werden. Sie können die Video- oder Audioaufzeichnung auf Ihrem Telefon aktivieren, um Details des Angriffs oder der Bedrohung zu erfassen. Dies kann ein nützlicher Beweis sein, wenn Sie zur Polizei oder zum Gericht gehen.

- Senden von Hilfenachrichten: Wenn Sie nicht telefonieren können, können Sie eine SMS senden oder die „SOS"-Funktion Ihres Mobiltelefons nutzen, um Ihre Kontakte automatisch auf Ihre Situation aufmerksam zu machen und Hilfe anzufordern.

- Verwendung von GPS: Viele Mobiltelefone verfügen über eine integrierte GPS-Funktion, die Rettungsdiensten dabei helfen kann, Ihren Standort zu bestimmen. Dies ist besonders nützlich, wenn Sie Ihren Standort nicht über das Telefon bestimmen können.

- Verwendung von Sicherheits-Apps: Es gibt spezielle mobile Sicherheits-Apps, mit denen Sie per Knopfdruck Notsignale senden oder Hilfe rufen können. Diese Apps können im Falle einer Bedrohung oder eines Angriffs nützlich sein.

- Notalarm: Wenn Ihr Telefon in der Lage ist, auf Knopfdruck einen Notalarm zu senden oder um Hilfe zu rufen, können Sie diese Funktion im Falle einer Bedrohung oder eines Angriffs nutzen. Auf dem Markt erhältliche Sicherheitsprogramme und -anwendungen können unter bestimmten Bedingungen auch Funktionen zum automatischen Senden von Notrufen enthalten.

- Akustischer Alarm: Einige mobile Apps bieten eine akustische Alarmfunktion, mit der Sie im Falle eines Angriffs die Aufmerksamkeit der Menschen in Ihrer Umgebung auf sich ziehen können. Dies kann dazu beitragen, die Aufmerksamkeit auf Ihre Situation zu lenken und um Hilfe zu rufen.

Während ein Mobiltelefon in bestimmten Situationen ein nützliches Hilfsmittel zum Selbstschutz sein kann, ist es wichtig, sich daran zu erinnern, dass Ihre persönliche Sicherheit Ihr oberstes Ziel sein sollte. Verwenden Sie Ihr Telefon, um Hilfe zu rufen und achten Sie darauf, dass Ihre Sicherheit an erster Stelle steht. Es ist wichtig, sich daran zu erinnern, dass ein Mobiltelefon ein wirksames Werkzeug zum Selbstschutz sein kann, es aber auch mit Bedacht und Vorsicht verwendet werden muss. Versuchen Sie, Ihr Telefon aufgeladen und bei Bedarf zugänglich zu halten, und denken Sie daran, dass Ihre Sicherheit immer Vorrang vor materiellen Dingen hat.

X - Feuerzeug:

- Als Angriffsobjekt oder als improvisierte Waffe zur Verteidigung in einer kritischen Situation.

- Rauch erzeugen: In manchen Fällen kann ein Feuerzeug verwendet werden, um Rauch zu erzeugen. Dazu können Sie den Feuerzeugknopf drücken, ohne ihn zu öffnen, und ihn auf den Angreifer richten. Rauch kann einen vorübergehenden Vorhang bilden, der Ihren Standort verbirgt oder es einem Angreifer erschwert, ihn zu sehen.

- Feuer: Wenn die Situation kritisch ist und den Einsatz von Feuer zur Selbstverteidigung erfordert, können Sie ein Feuerzeug verwenden, um

Feuer zu erzeugen. Beispielsweise können Sie einem Angreifer einen Werwolf in Brand setzen, wenn dies zu Ihrem Schutz erforderlich ist.

Es ist wichtig zu bedenken, dass die Verwendung eines Feuerzeugs oder eines Flash-Laufwerks zur Selbstverteidigung Vorsicht erfordert und durch die Situation gerechtfertigt sein muss. Das Ziel ist Ihre Sicherheit, daher sollte der Einsatz dieser Gegenstände gerechtfertigt sein und in einer kritischen Situation als letztes Mittel in Betracht gezogen werden.

XI - Schal oder Gürtel:

- Den Angreifer binden oder bewegungsunfähig machen: In einer kritischen Situation kann ein Schal oder Gürtel verwendet werden, um die Hände des Angreifers zu fesseln, sodass Sie ihn vorübergehend bewegungsunfähig machen und eine Gelegenheit zur Flucht oder zum Rufen um Hilfe schaffen können.

- Erstellen Sie eine vorübergehende Barriere: Ein Schal oder Gürtel kann herumgeschwenkt werden, um eine vorübergehende Barriere zwischen Ihnen und dem Angreifer zu schaffen. Dies kann Ihnen zusätzliche Zeit geben, die Situation einzuschätzen oder andere Selbstschutzmaßnahmen zu ergreifen.

- Waffen zur Selbstverteidigung: Im Falle eines Angriffs kann ein Schal oder Gürtel verwendet werden, um den Angreifer anzugreifen. Sie können als Feuerwerkskörper oder, wenn lange genug, als Peitsche verwendet werden, um einen Angriff abzuwehren und sich zu verteidigen.

- Schaffen Sie einen vorübergehenden Unterschlupf: Wenn Sie in Gefahr sind, können Sie mit einem Schal oder Gürtel einen vorübergehenden Unterschlupf schaffen, um beispielsweise Geräusche zu dämpfen, Schutz vor Regen zu bieten oder sich vor einem Angreifer zu verstecken.

Bitte denken Sie daran, dass diese Maßnahmen nur dann ergriffen werden sollten, wenn sie unbedingt erforderlich sind und im Rahmen der gesetzlichen Bestimmungen erfolgen. Selbstverteidigung muss in einem angemessenen Verhältnis zur Bedrohung stehen und unnötige Gewalt muss vermieden werden.

XII - Plastikflasche:

- Zuschlagen: Eine mit Wasser oder einer anderen Flüssigkeit gefüllte Plastikflasche kann verwendet werden, um den Angreifer anzugreifen. Sie können auf die Flasche schlagen, um einen Angriff abzuwehren oder sich vor körperlicher Gewalt zu schützen.

- Schaffen Sie vorübergehenden Schutz: Wenn Sie keinen anderen Schutz haben, können Sie eine Plastikflasche verwenden, um vorübergehenden Schutz zu schaffen. Sie können beispielsweise eine Flasche als Schutzschild vor sich halten, um Schläge abzuwehren oder sich vor ihnen zu schützen.

- Bespritzen des Angreifers: Im Falle eines Angriffs können Sie den Angreifer mit Wasser aus einer Plastikflasche bespritzen. Dies kann zusätzliche Zeit und Gelegenheit zur Flucht oder zum Rufen um Hilfe schaffen und den Angreifer ablenken oder desorientieren.

Denken Sie daran, dass die Verwendung einer Plastikflasche zur Selbstverteidigung in einem angemessenen Verhältnis zum Grad der Bedrohung stehen sollte und Sie sich bemühen sollten, Gewalt nach Möglichkeit zu vermeiden. Bedenken Sie auch, dass die Wirksamkeit dieser Methode von Ihrer spezifischen Situation und Ihren Umständen abhängen kann.

XIII - Geldbörse oder Handtasche:

- Distanz schaffen: Sie können Ihre Brieftasche oder Handtasche nutzen, um Distanz zwischen Ihnen und dem Angreifer zu schaffen. Sie können sie vor sich hinschwenken, um einen Angreifer abzuschrecken oder ihn vorsichtig zu machen, während Sie sich zurückziehen oder der Gefahr entkommen.

- Ablenkung: Sie können einem Angreifer eine Brieftasche oder einen Geldbeutel zuwerfen, um seine Aufmerksamkeit abzulenken und ihm zusätzliche Zeit zu verschaffen, um zu fliehen oder um Hilfe zu rufen. Dies kann einen Überraschungsmoment hervorrufen und Ihnen die Möglichkeit geben, andere Maßnahmen zu ergreifen.

- Vorübergehender Schutz: Wenn Sie keinen anderen Schutz haben, können Sie Ihr Portemonnaie oder Ihre Handtasche nutzen, um sich zu schützen oder sich vor Stößen zu schützen. Du kannst sie zum Beispiel als Schutzschild vor dich halten oder sie zum Abmildern von Schlägen nutzen.

Es ist wichtig zu bedenken, dass eine Brieftasche oder ein Portemonnaie kein perfekter Schutz ist und dass ihre Verwendung in einem angemessenen Verhältnis zum Grad der Bedrohung stehen sollte. Vermeiden Sie Gewalt möglichst und versuchen Sie immer, die Situation sicher zu lösen.

XIV - Zeitung oder Zeitschrift:

- Schaffen Sie vorübergehenden Schutz: Sie können sich mit einer Zeitung oder Zeitschrift vor Schlägen oder Angriffen schützen. Falten Sie die Zeitung in zwei Hälften oder Viertel und halten Sie sie als vorübergehenden Schutz vor sich. Dies kann dazu beitragen, die Schläge abzumildern und Ihnen Zeit zum Reagieren oder Entkommen zu geben.

- Ablenkung: Das Werfen einer Zeitung oder Zeitschrift auf einen Angreifer kann seine Aufmerksamkeit für einige Momente ablenken, was Ihnen die Möglichkeit geben kann, andere Aktionen auszuführen. Dies kann nützlich sein, wenn Sie keine anderen Verteidigungsmöglichkeiten oder keine Fluchtmöglichkeit haben.

- Verwendung als Waffe: In manchen Situationen können Sie eine Zeitung oder Zeitschrift als vorübergehende Waffe verwenden. Sie können es beispielsweise drehen und als Schlagstock zur Selbstverteidigung verwenden. Dies sollte jedoch der letzte Ausweg sein und nur dann eingesetzt werden, wenn es absolut notwendig ist.

Denken Sie daran, dass eine Zeitung oder Zeitschrift nur eine vorübergehende Lösung ist und Ihr Hauptziel darin bestehen sollte, Gewalt zu vermeiden und Ihre Sicherheit zu gewährleisten. Versuchen Sie, Selbstverteidigung immer mit Bedacht und nur dann einzusetzen, wenn es unbedingt notwendig ist.

XV – Hut oder Mütze: kann verwendet werden, um den Kopf vor Schlägen zu schützen oder um zusätzlichen Abstand zu einem Angriff zu schaffen.

- Kopfschutz: Ein Hut oder eine Mütze kann als vorübergehender Kopfschutz vor Stößen dienen. Obwohl dies keinen Schutz bietet, kann es den Aufprall etwas abmildern und schwere Verletzungen verhindern.

- Distanz schaffen: Sie können einen Hut oder eine Mütze verwenden, um zusätzlichen Abstand zwischen Ihnen und Ihrem Angreifer zu schaffen. Wenn ein Angreifer versucht, sich Ihnen zu nähern, können Sie Ihre Kopfbedeckung vor sich hinschwenken, um ihn abzuschrecken oder ihm die Annäherung zu erschweren.

- Ablenkung: Wenn Sie einem Angreifer einen Hut oder eine Mütze zuwerfen, kann dies seine Aufmerksamkeit vorübergehend ablenken und Ihnen zusätzliche Zeit für andere Aktionen verschaffen. Dies kann nützlich sein, wenn Sie versuchen zu gehen oder um Hilfe zu rufen.

Ein Hut oder eine Mütze ist sicherlich nicht das wirksamste Mittel zur Selbstverteidigung, aber in einer kritischen Situation kann es Ihnen helfen, wertvolle Sekunden zu gewinnen, um Entscheidungen zu treffen oder andere Maßnahmen zu ergreifen, um Ihre Sicherheit zu gewährleisten.

Die Schulung und Vorbereitung im Umgang mit Alltagsgegenständen zur Selbstverteidigung ist der Schlüssel zur Erhöhung Ihrer Überlebenschancen und zur Gewährleistung der persönlichen Sicherheit. Hier sind einige Aspekte, die Sie berücksichtigen sollten:

1. Kennen Sie die Fähigkeiten von Objekten: Es ist wichtig zu verstehen, welche Objekte in Ihrer Umgebung zur Selbstverteidigung verwendet werden können und welche spezifischen Aktionen sie ausführen können. Sie sollten beispielsweise wissen, dass mit einem Bleistift verwundbare Stellen getroffen werden können oder dass Schlüssel als Verteidigungswaffe im Falle eines Angriffs dienen können.

2. Einsatztechniken: Es ist wichtig, ein Training durchzuführen, in dem Sie lernen, diese Gegenstände in verschiedenen Selbstverteidigungssituationen effektiv einzusetzen. Dies kann das Üben von Schlag-, Block-, Ausweich- und anderen Techniken mit den in Ihrer Umgebung verfügbaren Gegenständen beinhalten.

3. Reaktion auf Stresssituationen: Zur Vorbereitung gehört auch, Ihre Reaktion auf Stresssituationen zu trainieren. Bei einem echten Angriff kann Ihr Verhalten stark eingeschränkt sein, und es ist wichtig, über praktische Fähigkeiten zu verfügen, die automatisch aktiviert werden können.

4. Gesteigertes Selbstvertrauen: Das Üben der Verwendung von Alltagsgegenständen zur Selbstverteidigung trägt dazu bei, Ihr Selbstvertrauen und Ihre Handlungsbereitschaft zu stärken. Je mehr Sie üben, desto gewohnheitsmäßiger werden diese Fähigkeiten, sodass Sie besser darauf vorbereitet sind, effektiv auf eine Bedrohung zu reagieren.

5. Regelmäßiges Üben: Es ist wichtig, die Fähigkeiten nicht nur zu beherrschen, sondern sie auch regelmäßig zu pflegen und zu verbessern. Regelmäßiges Training und Übungssimulationen helfen dabei, Ihre Reaktionen scharf zu halten und Ihre Selbstverteidigungsfähigkeiten zu verbessern.

Das Training, Alltagsgegenstände zur Selbstverteidigung zu nutzen, erfordert Disziplin, Konsequenz und Selbstdisziplin. Es ist jedoch eine Investition in Ihre Sicherheit und Ihre Fähigkeit, sich im Falle einer Bedrohung zu schützen.

Die Schulung und Vorbereitung im Umgang mit Alltagsgegenständen zur Selbstverteidigung ist der Schlüssel zur Erhöhung Ihrer Überlebenschancen und zur Gewährleistung der persönlichen Sicherheit. Hier sind einige Aspekte, die Sie berücksichtigen sollten:

1. Kennen Sie die Fähigkeiten von Objekten: Es ist wichtig zu verstehen, welche Objekte in Ihrer Umgebung zur Selbstverteidigung verwendet werden können und welche spezifischen Aktionen sie ausführen können. Sie sollten beispielsweise wissen, dass mit einem Bleistift verwundbare Stellen getroffen werden können oder dass Schlüssel als Verteidigungswaffe im Falle eines Angriffs dienen können.

2. Einsatztechniken: Es ist wichtig, ein Training durchzuführen, in dem Sie lernen, diese Gegenstände in verschiedenen Selbstverteidigungssituationen effektiv einzusetzen. Dies kann das Üben von Schlag-, Block-, Ausweich- und anderen Techniken mit den in Ihrer Umgebung verfügbaren Gegenständen beinhalten.

3. Reaktion auf Stresssituationen: Zur Vorbereitung gehört auch, Ihre Reaktion auf Stresssituationen zu trainieren. Bei einem echten Angriff kann Ihr Verhalten ernsthaft gehemmt sein, und es ist wichtig, über praktische Fähigkeiten zu verfügen, die automatisch aktiviert werden können.

4. Gesteigertes Selbstvertrauen: Das Üben der Verwendung von Alltagsgegenständen zur Selbstverteidigung trägt dazu bei, Ihr Selbstvertrauen und Ihre Handlungsbereitschaft zu stärken. Je mehr Sie üben, desto gewohnheitsmäßiger werden diese Fähigkeiten, sodass Sie besser darauf vorbereitet sind, effektiv auf eine Bedrohung zu reagieren.

5. Regelmäßiges Üben: Es ist wichtig, die Fähigkeiten nicht nur zu beherrschen, sondern sie auch regelmäßig zu pflegen und zu verbessern. Regelmäßiges Training und Übungssimulationen helfen dabei, Ihre Reaktionen scharf zu halten und Ihre Selbstverteidigungsfähigkeiten zu verbessern.

Das Training, Alltagsgegenstände zur Selbstverteidigung zu nutzen, erfordert Disziplin, Konsequenz und Selbstdisziplin. Es ist jedoch eine Investition in Ihre Sicherheit und Ihre Fähigkeit, sich im Falle einer Bedrohung zu schützen.

Die Beherrschung von Selbstverteidigungsfähigkeiten mit umliegenden Gegenständen spielt eine Schlüsselrolle für die Gewährleistung der persönlichen Sicherheit:

- Erhöhte Verteidigung: Wenn Sie wissen, wie Sie Ihre Umgebung zur Verteidigung nutzen können, können Sie besser auf Bedrohungen reagieren und sich in verschiedenen Situationen verteidigen.

- Ermächtigung: Die Verwendung verfügbarer Gegenstände als Selbstverteidigungswerkzeuge erweitert Ihr Arsenal an Fähigkeiten und ermöglicht es Ihnen, effektiv auf Bedrohungen zu reagieren, auch wenn Sie keine spezielle Ausbildung in Kampfkunst oder Selbstverteidigung haben.

- Erhöhtes Selbstvertrauen: Das Wissen, dass Sie Gegenstände in Ihrer Umgebung zum Schutz nutzen können, erhöht Ihr Selbstvertrauen und das Gefühl der Kontrolle in potenziell gefährlichen Situationen.

- Proaktive Vorbereitung: Das Erlernen von Selbstverteidigungsfähigkeiten unter Nutzung Ihrer Umgebung ermöglicht es Ihnen, proaktiv für Ihre eigene Sicherheit zu sorgen, anstatt sich ausschließlich auf äußere Faktoren oder Willenskraft zu verlassen.

- Praktisch und zugänglich: Die meisten Gegenstände, die zur Selbstverteidigung verwendet werden können, sind in der Regel im Alltag vorhanden und daher praktisch und bei Bedarf leicht zugänglich.

Daher ist die Beherrschung der Selbstverteidigungsfähigkeiten mithilfe von umliegenden Objekten ein wichtiger Bestandteil der Gewährleistung der persönlichen Sicherheit. Dies trägt dazu bei, den Schutz zu erhöhen, das Vertrauen zu stärken und eine proaktive Vorbereitung auf mögliche Bedrohungen sicherzustellen.

Kapitel 12. Stärke und Selbstvertrauen entwickeln. Praktische Ratschläge.

Um Stärke und Selbstvertrauen zu entwickeln, wird Mobbing-Opfern Folgendes empfohlen:

1. Körperliche Aktivität: Regelmäßige Bewegung wie Sport oder Fitness stärkt Ihren Körper und stärkt Ihr Selbstvertrauen. Wählen Sie Sportarten, die Ihnen Spaß machen, und betreiben Sie diese regelmäßig.

Körperliche Aktivität ist nicht nur ein zentraler Aspekt der Gesundheitsfürsorge, sondern auch ein wirksames Instrument zum Aufbau von Selbstvertrauen und Selbstwertgefühl, insbesondere für diejenigen, die Mobbing erlebt haben und sich verletzlich und unsicher fühlen. Hier sind einige Möglichkeiten, wie körperliche Aktivität für Mobbingopfer besonders vorteilhaft sein kann:

- Körperliche Gesundheit: Regelmäßige Bewegung trägt dazu bei, die allgemeine Gesundheit zu verbessern, Muskeln und Knochen zu stärken, die Herz-Kreislauf-Gesundheit zu verbessern und die Ausdauer zu steigern. Dadurch entsteht ein Gefühl von körperlicher Stärke und Vitalität, das Ihnen dabei helfen kann, sich im Alltag sicherer zu fühlen und Herausforderungen zu meistern.

- Emotionales Wohlbefinden: Körperliche Aktivität setzt Endorphine frei, die Wohlfühlhormone, die Ihre Stimmung verbessern, Stress und Ängste reduzieren und den Schlaf verbessern können. Für Mobbingopfer, die unter Angstzuständen und Depressionen leiden, kann dies besonders wertvoll sein.

- Verbessertes Selbstwertgefühl: Erfolge bei körperlicher Betätigung können dazu beitragen, das Selbstwertgefühl zu stärken. Wenn Sie neue Ergebnisse erzielen, Ihre Fähigkeiten verbessern oder Fortschritte in Ihrer Fitness feststellen, bestätigt dies Ihre Fähigkeit, Ihre Ziele zu erreichen, und verbessert Ihr Selbstwertgefühl.

- Soziale Aspekte: Sport- oder Fitnessaktivitäten werden oft im Gruppenformat durchgeführt, was Möglichkeiten zur Kommunikation und zur Stärkung sozialer Bindungen bietet. Dies kann besonders wichtig für diejenigen sein, die sich aufgrund von Mobbingerfahrungen isoliert oder unsicher fühlen.

- Umgang mit Emotionen: Körperliche Aktivität kann ein Ausdruck und eine Möglichkeit sein, mit negativen Emotionen umzugehen. Sport kann dazu dienen, Stress, Ärger oder Frustration abzubauen, deren Entstehung zu verhindern und ihre Auswirkungen auf Ihren Geisteszustand zu verringern.

- Erhöhte Energie und Konzentration: Körperliche Aktivität trägt dazu bei, das Energieniveau zu steigern und die Konzentration zu verbessern, was Ihnen helfen kann, sich besser auf die täglichen Aufgaben zu konzentrieren und Herausforderungen zu meistern.

Daher ist körperliche Aktivität ein wirksames Instrument zur Verbesserung des Selbstwertgefühls, des Selbstvertrauens und des allgemeinen Wohlbefindens. Dies macht sie besonders für Mobbingopfer von Vorteil, die nach Möglichkeiten suchen, ihre psychologische und emotionale Sicherheit zu verbessern.

2. Selbstverteidigungstraining: Durch die Teilnahme an einem Selbstverteidigungskurs oder Kampfsporttraining können Sie nicht nur die Grundlagen der Selbstverteidigung erlernen, sondern auch Ihr Selbstvertrauen stärken.

Selbstverteidigung ist eine Fähigkeit, die in verschiedenen Situationen wichtig sein kann, insbesondere wenn es um Mobbing oder andere Formen der Aggression geht. Durch die Teilnahme an einem Selbstverteidigungskurs oder dem Praktizieren von Kampfsportarten erwerben Sie nicht nur die körperlichen Fähigkeiten zur Selbstverteidigung, sondern können auch Ihr Selbstvertrauen in Ihre eigenen Fähigkeiten und Ihre Fähigkeit, mit ähnlichen Situationen umzugehen, erheblich stärken.

Eine der Schlüsselkomponenten der Selbstverteidigung ist das Bewusstsein für die eigene Stärke und Fähigkeiten. Viele Opfer von Mobbing oder Aggression fühlen sich oft hilflos und haben Angst vor ihren Angreifern. Selbstverteidigungstraining trägt dazu bei, diese Einstellung zu ändern, indem es den Menschen das Selbstvertrauen gibt, sich bei Bedarf zu schützen.

Darüber hinaus fördert das Selbstverteidigungstraining die Entwicklung der körperlichen Fitness und Koordination. Es ist nicht nur für eine wirksame Selbstverteidigung von Vorteil, sondern fördert auch die allgemeine Gesundheit und das Wohlbefinden. Körperliche Aktivität kann auch Stress reduzieren und das Selbstwertgefühl verbessern, was besonders wichtig für diejenigen ist, die Mobbing oder Aggression erleben.

Bei der Selbstverteidigung geht es jedoch nicht nur um körperliches Training, sondern auch um die Entwicklung psychologischer Fähigkeiten. In der Schulung werden in der Regel auch Strategien zur Konfliktvermeidung, Stressbewältigung und Selbstvertrauen besprochen. Diese Fähigkeiten können nicht nur wichtig sein, um sich im Falle eines Angriffs zu schützen, sondern auch, um die Entstehung von Konflikten oder die Eskalation von Aggressionen zu verhindern.

Darüber hinaus kann das Erlernen der Selbstverteidigung eine starke Gemeinschaft von Gleichgesinnten schaffen, die Sie unterstützen und durch den Lernprozess begleiten. Dies ist besonders wichtig für diejenigen, die empfindlich auf Aggressionen reagieren und Angst vor Angreifern haben. Wenn Sie wissen, dass Sie die Unterstützung Ihrer Trainer und Kollegen haben, fühlen Sie sich selbstbewusster und sind auf die Herausforderung vorbereitet.

Letztendlich kann das Erlernen der Selbstverteidigung nicht nur eine Möglichkeit sein, zu lernen, wie man sich selbst schützt, sondern auch ein Weg zu mehr Selbstwertgefühl, Selbstvertrauen und allgemeinem Wohlbefinden. Es ist ein wichtiges Instrument für alle, insbesondere für diejenigen, die Mobbing oder andere Formen der Aggression erleben, und kann ihnen helfen, den Teufelskreis der Gewalt zu durchbrechen und gesündere Beziehungen zu sich selbst und anderen aufzubauen.

3. Entwicklung von Kommunikationsfähigkeiten: Vermitteln Sie die Fähigkeiten einer selbstbewussten Kommunikation mit anderen, lernen Sie, über Ihre Grenzen zu sprechen und Respekt einzufordern. Dadurch fühlen Sie sich sicherer und haben die Kontrolle über Situationen.

Die Entwicklung kommunikativer Fähigkeiten ist nicht nur ein wichtiger Bestandteil einer erfolgreichen Sozialisierung, sondern auch der

Sicherung des eigenen Wohlbefindens und des Schutzes vor Aggressionen. Für Mobbingopfer, insbesondere solche, die sensibel sind und denen es an Selbstvertrauen mangelt, ist es entscheidend, zu lernen, ihre Grenzen zu kommunizieren und Respekt einzufordern, um Ängste zu überwinden und Selbstvertrauen wiederherzustellen.

Der erste Schritt zur Entwicklung von Selbstvertrauen in der Kommunikation besteht darin, den eigenen Wert und das Recht auf Respekt anzuerkennen. Mobbingopfer haben oft das Gefühl, dass ihre Stimme keine Rolle spielt oder dass sie es verdienen, gemobbt zu werden. Dies ist jedoch nicht der Fall. Das Vertrauen in Ihre Rechte und die Fähigkeit, über Ihre Bedürfnisse und Grenzen zu sprechen, ist die Grundlage für gesunde Beziehungen und den Schutz vor Manipulation.

Zunächst müssen Sie lernen, Ihre Gedanken und Gefühle klar und deutlich auszudrücken. Dazu gehört, dass Sie lernen, in Situationen, in denen Ihr Wohlbefinden beeinträchtigt ist, „Nein" zu sagen, und keine Angst haben, Ihre Meinung zu äußern, auch wenn diese sich von der anderer unterscheidet. Das Üben von Affirmationen und positiver Selbstverstärkung kann dabei helfen, Selbstvertrauen aufzubauen und sicherzustellen, dass Sie das Richtige tun.

Ein wichtiger Aspekt bei der Entwicklung von Kommunikationsfähigkeiten ist auch die Fähigkeit, Grenzen zu setzen und einzuhalten. Das bedeutet, dass Sie entscheiden, was für Sie akzeptabel ist und was nicht, und dies anderen klar mitteilen. Grenzen können sowohl den physischen Raum als auch emotionale oder psychologische Aspekte Ihres Lebens betreffen. Wenn beispielsweise jemand Ihre persönlichen Grenzen überschritten hat, ist es wichtig, darauf zu reagieren und dies der Person mitzuteilen und klare Grenzen für zukünftige Interaktionen zu setzen.

Es ist jedoch wichtig, sich daran zu erinnern, dass es beim Setzen von Grenzen nicht darum geht, andere zu beleidigen oder anzugreifen, sondern vielmehr darum, sich selbst und seine Bedürfnisse zu schützen. Dadurch können Sie gesunde, gegenseitig respektvolle Beziehungen aufbauen, die auf gegenseitigem Verständnis und Respekt basieren.

Schließlich sollte das Training der Kommunikationsfähigkeiten auch die Fähigkeit umfassen, effektiv auf aggressives Verhalten anderer zu reagieren. Dazu können Deeskalationstechniken gehören, etwa das Bewahren eines ruhigen Tonfalls und das Vermeiden von Konfrontationen, aber auch das Erlernen, Hilfe bei den zuständigen Behörden oder Personen einzuholen, die bei der Lösung des Problems helfen können.

Insgesamt ist die Entwicklung von Kommunikationsfähigkeiten ein Prozess, der Zeit, Geduld und Übung erfordert. Für Opfer von Mobbing oder anderen Formen der Aggression kann dies aufgrund angesammelter Ängste und negativer Erfahrungen besonders schwierig sein. Mit schrittweiser Selbstverbesserung und der Unterstützung anderer ist dies jedoch durchaus erreichbar und kann zu erheblichen Verbesserungen des Selbstwertgefühls, des Selbstvertrauens und der Kontrolle über Situationen führen.

4. Üben Sie Durchsetzungsvermögen: Lernen Sie, durchsetzungsfähig statt aggressiv oder passiv zu sein. Lernen Sie, Ihre Gedanken und Gefühle klar und selbstbewusst auszudrücken, ohne die Rechte anderer zu verletzen.

Die Ausübung von Durchsetzungsvermögen spielt eine Schlüsselrolle bei der Bildung gesunder und effektiver zwischenmenschlicher Beziehungen. Für Opfer von Aggression und Mobbing, insbesondere für diejenigen, die sensibel und unsicher sind, kann die Entwicklung von Durchsetzungsfähigkeiten ein wirksames Instrument zum Schutz und zur Stärkung der persönlichen Harmonie sein.

Es ist wichtig, Durchsetzungsvermögen von Aggressivität und Passivität zu unterscheiden. Zu durchsetzungsfähigem Verhalten gehört die Fähigkeit, die eigenen Gedanken, Gefühle und Bedürfnisse klar und selbstbewusst auszudrücken und gleichzeitig die Rechte und Gefühle anderer zu respektieren. Dadurch können wir Grenzen setzen, unsere Interessen schützen und Konflikte lösen, ohne Gewalt anzuwenden oder andere zu verletzen.

Um Durchsetzungsvermögen zu entwickeln, müssen Sie sich zunächst Ihrer Rechte und Werte bewusst werden. Opfer von Aggression oder Mobbing fühlen sich oft hilflos oder des Respekts unwürdig. Allerdings hat jeder Mensch das Recht auf seine Gedanken, Gefühle und Grenzen, und Durchsetzungsvermögen trägt dazu bei, diese Rechte zu schützen.

Dann sollten Sie lernen, Ihre Gedanken und Gefühle klar und selbstbewusst auszudrücken. Dazu gehört, dass Sie eine klare und verständliche Sprache verwenden, Vorwürfe und Beleidigungen vermeiden und Ihre Bedürfnisse ohne Aggression oder Unterwerfung äußern. Empathie zu üben und die Gefühle anderer zu verstehen, ist ebenfalls ein wichtiger Bestandteil einer durchsetzungsfähigen Kommunikation.

Darüber hinaus setzt Durchsetzungsvermögen die Fähigkeit voraus, effektiv auf Konfliktsituationen zu reagieren. Dazu gehört, dass Sie lernen, mit Ihren Emotionen umzugehen, auf die Standpunkte anderer zu hören und nach für beide Seiten akzeptablen Lösungen zu suchen. Anstatt beispielsweise auf Aggression mit Aggression zu reagieren, kann eine durchsetzungsfähige Person Deeskalations- und Kompromisstechniken anwenden.

Es ist wichtig zu beachten, dass die Entwicklung von Durchsetzungsvermögen ein Prozess ist, der Zeit und Übung erfordert. Für Opfer von Mobbing oder Aggression kann dies aufgrund angesammelter Ängste und negativer Erfahrungen besonders schwierig sein. Mit

Unterstützung und Schulung können sie jedoch lernen, für sich selbst und ihre Rechte einzutreten und gesunde Beziehungen aufzubauen, die auf gegenseitigem Respekt und Verständnis basieren.

Zusammenfassend lässt sich sagen, dass die Entwicklung von Durchsetzungsvermögen nicht nur ein Schutz vor Aggression und Mobbing ist, sondern auch ein Schlüsselelement beim Aufbau gesunder und harmonischer Beziehungen zu anderen. Es ist eine Fähigkeit, die uns hilft, selbstbewusst für uns selbst einzustehen und gleichzeitig den Respekt vor anderen zu bewahren und gut in der Gesellschaft zu interagieren.

5. Selbstbewusstsein entwickeln: Erfahren Sie mehr über sich selbst, Ihre Stärken und Grenzen. Das Verständnis Ihrer eigenen Fähigkeiten wird Ihnen helfen, sich selbst und Ihre Handlungen sicherer zu fühlen.

Die Entwicklung des Selbstbewusstseins ist ein wichtiger Schritt in der persönlichen Entwicklung eines jeden Menschen. Für Opfer von Aggression und Mobbing, insbesondere für diejenigen, die unter extremer Sensibilität und Selbstzweifeln leiden, spielt das Verständnis der eigenen Stärken und Grenzen eine grundlegende Rolle im Prozess der Selbstfindung und Selbstentwicklung.

Der erste Schritt zur Entwicklung des Selbstbewusstseins besteht darin, sich selbst als Individuum mit seinen eigenen einzigartigen Qualitäten und Eigenschaften zu erkennen. Dabei geht es darum, die eigenen Stärken zu analysieren – jene Qualitäten und Fähigkeiten, die Ihnen helfen, erfolgreich zu sein und Schwierigkeiten zu überwinden. Oft neigen Mobbingopfer aufgrund negativer Erfahrungen dazu, ihre positiven Eigenschaften zu vergessen oder zu unterschätzen. Das Bewusstsein für ihre Stärken hilft ihnen jedoch, ihren Selbstwert und ihr Selbstvertrauen neu zu bewerten.

Darüber hinaus ist es auch wichtig, Ihre Grenzen und Schwächen zu verstehen. Niemand ist ohne Fehler, und das Eingeständnis seiner Schwächen ist kein Eingeständnis einer Niederlage, sondern ein Schritt in Richtung Wachstum und Verbesserung. Opfern von Mobbing fällt es möglicherweise schwer, ihre Schwächen einzugestehen, weil sie befürchten, für den Tyrannen angreifbar zu sein. Dies ist jedoch notwendig, um mit der Verbesserung der eigenen Fähigkeiten und der Überwindung von Hürden in der persönlichen Entwicklung beginnen zu können.

Um das Selbstbewusstsein zu entwickeln, ist es sinnvoll, sich regelmäßig selbst zu reflektieren. Dazu kann das Führen eines Tagebuchs gehören, in dem Sie Ihre Gedanken, Gefühle, Erfolge und Probleme festhalten. Es kann auch hilfreich sein, Feedback von Menschen in Ihrem Umfeld einzuholen, die Ihnen helfen können, Ihre Stärken und Bereiche, in denen es Raum für Wachstum gibt, besser zu verstehen.

Darüber hinaus kann die Entwicklung des Selbstbewusstseins durch die Arbeit an Selbstakzeptanz und Selbstwertgefühl gefördert werden. Dazu gehört, Selbstliebe zu üben und sich selbst so zu akzeptieren, wie man ist, mit all seinen Stärken und Schwächen. Opfern von Mobbing fällt es möglicherweise aufgrund negativer Erfahrungen schwer, sich selbst zu lieben und zu akzeptieren. Dies ist jedoch ein wichtiger Schritt zur Wiederherstellung des Selbstvertrauens und der psychischen Gesundheit.

Abschließend ist anzumerken, dass die Entwicklung des Selbstbewusstseins ein Prozess ist, der Zeit und Mühe erfordert. Für Opfer von Aggression und Mobbing kann dies aufgrund der negativen Auswirkungen auf ihr Selbstwertgefühl und ihr Selbstvertrauen besonders schwierig sein. Mit schrittweiser Selbstverbesserung, der Unterstützung anderer und professionellen Beratungsmöglichkeiten können sie jedoch erhebliche Fortschritte in der Selbstwahrnehmung und -akzeptanz machen, was ihnen letztendlich dabei hilft, sich selbst und ihre Handlungen sicherer zu fühlen und effektiv mit Aggressionen umzugehen und Mobbing.

6. Unterstützung durch soziale Netzwerke: Der Kontakt zu Freunden, Familie oder Fachleuten kann Ihnen helfen, sich unterstützter und selbstbewusster zu fühlen. Zögern Sie nicht, bei Bedarf um Hilfe zu bitten.

Die Unterstützung durch soziale Netzwerke ist eine der wichtigsten Ressourcen, die bei der Überwindung von Aggression, Mobbing und anderen schwierigen Situationen genutzt werden können. Für Mobbingopfer, insbesondere diejenigen, die sensibel sind und denen es an Selbstvertrauen mangelt, kann das Gespräch mit Freunden, der Familie oder Fachleuten in schwierigen Zeiten eine Quelle der Unterstützung sein und ihnen helfen, sich unterstützt und selbstbewusst zu fühlen.

Sie müssen verstehen, dass die Kommunikation mit Freunden und Familie eine Möglichkeit bietet, Ihre Gefühle und Erfahrungen auszudrücken und emotionale Unterstützung zu erhalten. Die Unterstützung durch geliebte Menschen kann Ihnen das Gefühl geben, dass Sie mit Ihren Problemen nicht allein sind, dass es Menschen gibt, die Sie verstehen und bereit sind, Sie in schwierigen Momenten zu unterstützen.

Darüber hinaus können Freunde und Familie neue Perspektiven und Wege zum Umgang mit einem Problem bieten, das Sie aufgrund emotionaler Anspannung oder Stress möglicherweise nicht sehen. Ihre Unterstützung und Beratung können Ihnen helfen, die Situation objektiver zu betrachten und die beste Vorgehensweise zu finden.

Es ist auch wichtig, die Hilfe von Fachleuten wie Psychologen oder Opferberatern in Anspruch zu nehmen. Diese Fachleute verfügen nicht nur über das Wissen und die Erfahrung, sondern auch über eine neutrale Sichtweise, die es ihnen ermöglicht, qualitativ hochwertige und effektive Unterstützung zu leisten. Sie können Ihnen helfen, Ihre Gefühle zu verstehen, zu lernen, effektiv auf Aggression oder Mobbing zu reagieren und Strategien zum Umgang mit Angst und Selbstvertrauen zu entwickeln.

Egal wie klein oder schwerwiegend Ihr Anliegen auch sein mag, es ist immer wichtig, Unterstützung und Hilfe dort zu suchen, wo sie benötigt wird. Zögern Sie nicht, um Hilfe zu bitten, auch wenn Sie der Meinung sind, dass Ihr Problem geringfügig ist oder keine Aufmerksamkeit verdient. Ihre Gefühle und Bedürfnisse sind wichtig, und Unterstützung ist der erste Schritt zur Lösung des Problems und zur Verbesserung Ihres Wohlbefindens.

Schließlich ist es wichtig, sich daran zu erinnern, dass die Pflege eines sozialen Netzwerks nicht nur bei der Bewältigung aktueller Schwierigkeiten hilft, sondern auch die allgemeine psychische Gesundheit fördert und das Selbstvertrauen stärkt. Zu wissen, dass Sie Menschen haben, die Sie unterstützen und bereit sind, Ihnen in jeder Situation zu helfen, schafft ein Gefühl der Sicherheit und des Selbstvertrauens, das Ihnen wiederum hilft, besser mit Aggression, Mobbing und anderen Herausforderungen umzugehen, denen Sie möglicherweise gegenüberstehen.

7. Positive Affirmationen: Das Wiederholen positiver Aussagen über sich selbst wird dazu beitragen, Ihr Selbstwertgefühl zu stärken und Ihr Selbstvertrauen zu stärken. Versuchen Sie, sich auf Ihre Stärken und Erfolge zu konzentrieren, anstatt auf negative Gedanken.

Positive Aussagen sind ein wirksames Instrument zum Aufbau des Selbstwertgefühls und zur Stärkung des Selbstvertrauens. Für Opfer von Aggression und Mobbing, insbesondere für diejenigen, die hochsensibel und unsicher sind, kann die Verwendung positiver Affirmationen der Schlüssel zur Neuformulierung negativer Erfahrungen und zum Aufbau psychologischer Abwehrkräfte sein.

Der erste Schritt beim Einsatz positiver Affirmationen besteht darin, Ihre Stärken und Erfolge anzuerkennen. Opfer von Aggressionen neigen aufgrund negativer Erfahrungen und Kritik oft dazu, ihre positiven Eigenschaften zu vergessen. Wenn Sie sich jedoch auf Ihre Stärken und Erfolge konzentrieren, können Sie diese negative Denkweise ändern und Ihr Selbstwertgefühl stärken.

Als nächstes ist es wichtig, positive Aussagen konkret und klar zu formulieren. Anstatt zum Beispiel zu sagen: „Ich werde diese Situation nie bewältigen können", ist es besser zu sagen: „Ich bin ein starker und geschickter Mensch und werde einen Weg finden, diese Schwierigkeiten zu überwinden." Solche Aussagen zielen auf Unterstützung und Motivation ab, nicht auf Selbstkritik und Verzweiflung.

Wichtig ist auch, positive Aussagen regelmäßig und systematisch zu wiederholen. Je öfter Sie sie wiederholen, desto stärker werden sie Ihr Denken und Verhalten beeinflussen. Dies könnte eine Morgenroutine sein, bei der Sie sich vor Beginn des Tages oder tagsüber, wenn Sie sich besonders verletzlich oder gestresst fühlen, ein paar positive Affirmationen sagen.

Darüber hinaus ist es wichtig, eine positive Einstellung zu sich selbst und Ihren Leistungen zu entwickeln. Anstatt sich mit anderen zu vergleichen oder sich auf Ihre Mängel zu konzentrieren, sollten Sie sich auf Ihr Wachstum und Ihren Fortschritt konzentrieren. Positive Affirmationen können Ihnen helfen, Ihren Fokus von negativen Gedanken auf positive Aspekte Ihrer Persönlichkeit und Ihres Lebens zu verlagern.

Abschließend ist es wichtig zu verstehen, dass die Verwendung positiver Affirmationen kein Allheilmittel, sondern ein wirksames Mittel zum Aufbau mentaler Stärke und zur Steigerung des Selbstvertrauens ist. Dies kann besonders für Opfer von Aggression und Mobbing wichtig sein, da sie häufig mit Kritik und negativen Bewertungen konfrontiert werden. Positive Aussagen helfen ihnen, eine Schutzbarriere gegen die negativen Auswirkungen des Angreifers aufzubauen und das Vertrauen in die eigenen Stärken und Fähigkeiten wiederherzustellen.

8. Ziele setzen und erreichen: Setzen Sie sich kleine Ziele und erreichen Sie diese nach und nach. Dies wird Ihnen helfen, sich effektiver und sicherer in Ihren Fähigkeiten zu fühlen.

Das Setzen und Erreichen von Zielen ist nicht nur der Schlüssel zu mehr Produktivität, sondern auch ein Mittel zum Aufbau von Selbstwertgefühl und Selbstvertrauen. Für Opfer von Aggression und Mobbing, insbesondere für Menschen mit hoher Sensibilität und mangelndem Selbstvertrauen, kann das Setzen kleiner Ziele und deren schrittweises Erreichen ein wirksames Instrument zur Neudefinition der eigenen Fähigkeiten und zur Stärkung der psychischen Belastbarkeit sein.

Der erste Schritt bei der Festlegung von Zielen besteht darin, konkrete und messbare Ergebnisse zu identifizieren, die Sie erreichen möchten. Es ist wichtig, dass Ihre Ziele realistisch und erreichbar sind, damit Sie schrittweise darauf hinarbeiten können, sie zu erreichen. Wenn Ihr Ziel beispielsweise darin besteht, Ihre Kommunikationsfähigkeiten zu verbessern, könnten Sie sich dazu herausfordern, jeden Tag ein Gespräch mit einem Fremden zu beginnen.

Dann sollten Sie Ihre großen Ziele in kleinere, konkretere Schritte herunterbrechen. Dies trägt dazu bei, dass der Prozess zur Erreichung Ihres Ziels leichter zu bewältigen und motivierender ist, da Sie in jeder Phase Fortschritte sehen. Wenn Ihr großes Ziel beispielsweise darin besteht, einen neuen Job zu finden, könnten kleine Schritte sein: Ihren Lebenslauf aktualisieren, nach offenen Stellen suchen, sich auf Vorstellungsgespräche vorbereiten usw.

Es ist auch wichtig, Quellen der Unterstützung und Motivation im Prozess der Zielerreichung zu finden. Dies kann die Unterstützung von Freunden, der Familie oder Fachleuten sein, die Ihnen dabei helfen können,

Ihre Ziele auf dem richtigen Weg zu halten und Ihnen Selbstvertrauen und Motivation zu verleihen. Teilen Sie Ihre Ziele mit Menschen in Ihrem Umfeld und bitten Sie sie, Sie in diesem Prozess zu unterstützen.

Auf dem Weg zum Erreichen Ihrer Ziele treten zwangsläufig Schwierigkeiten und Rückschläge auf, und es ist wichtig, diese bewältigen zu können. Betrachten Sie Misserfolge als Chance für Wachstum und Lernen und nicht als Quelle von Selbstkritik und Verzweiflung. Analysieren Sie Ihre Fehler, lernen Sie daraus und machen Sie mit neuen Erfahrungen weiter.

Schließlich ist es wichtig, jeden kleinen Erfolg auf dem Weg zum Ziel zu feiern. Belohnen Sie sich für jeden Fortschritt und jeden Fortschritt, auch wenn er unbedeutend erscheint. Dadurch bleiben Ihre Motivation und Ihr Selbstvertrauen erhalten, was letztendlich zum erfolgreichen Erreichen Ihrer Ziele führt.

Insgesamt ist das Setzen und Erreichen von Zielen ein wirksames Instrument zur Stärkung des Selbstwertgefühls und des Selbstvertrauens für Opfer von Aggression und Mobbing. Dieser Prozess hilft ihnen, sich effektiver und sicherer in ihren Fähigkeiten zu fühlen, was wiederum zu ihrem psychischen Wohlbefinden und ihrer erfolgreichen Bewältigung beiträgt.

9. Um Hilfe bitten: Zögern Sie nicht, um Hilfe zu bitten, wenn Sie das Gefühl haben, dass Sie eine Situation nicht alleine bewältigen können. Wenden Sie sich an Freunde, Familie oder Fachleute, die Ihnen helfen können, Ihre Situation zu verstehen und eine Lösung zu finden.

Um Hilfe zu bitten ist kein Zeichen von Schwäche, sondern ein Ausdruck von Stärke und Bewusstsein für Ihre Bedürfnisse. Für Opfer von Aggression und Mobbing, insbesondere für diejenigen, die sensibel und unsicher sind, kann dies der Schlüssel sein, die Situation neu zu definieren und Lösungen zu finden.

Zunächst ist es wichtig zu verstehen, dass die Bitte um Hilfe kein Zeichen von Schwäche oder mangelnden Fähigkeiten ist. Niemand kann jedes Problem alleine lösen, und es gibt Zeiten, in denen die Hilfe anderer erforderlich sein kann. Die Unterstützung anderer hilft nicht nur bei der Lösung des Problems, sondern vermittelt auch ein Gefühl der Unterstützung und des Verständnisses, was besonders wichtig für diejenigen ist, die unter Aggression oder Mobbing leiden.

Es ist auch wichtig, die richtigen Menschen auszuwählen, an die man sich wenden kann, um Hilfe zu erhalten. Freunde, Familie oder Fachleute können in verschiedenen Situationen hilfreich sein. Freunde und Familie können auf der Grundlage persönlicher Erfahrungen emotionale Unterstützung und Ratschläge geben, während Fachkräfte wie Psychologen oder Berater über das nötige Wissen und die Fähigkeiten verfügen, um in schwierigen Situationen zu helfen.

Teilen Sie Ihre Gefühle und Erfahrungen gerne mit denen, denen Sie vertrauen. Oft kann schon das bloße Reden über das Problem Spannungen abbauen und Ihnen helfen, die Situation klarer zu sehen. Dies kann auch der erste Schritt zur Lösungsfindung sein.

Darüber hinaus kann die Suche nach Hilfe auch die Suche nach professioneller Hilfe umfassen. Psychologische Unterstützung oder Beratung kann Ihnen helfen, Ihre Gefühle zu verstehen, zu lernen, effektiv mit Aggression oder Mobbing umzugehen und Strategien zum Umgang mit Angst und Selbstvertrauen zu entwickeln.

Denken Sie abschließend daran, dass das Bitten um Hilfe ein Akt der Sorge um sich selbst und Ihr Wohlbefinden ist. Nutzen Sie diese Ressource gerne, wenn Sie das Gefühl haben, dass es schwierig oder unmöglich ist, eine Situation alleine zu bewältigen. Ihr Wohlbefinden und Ihr Selbstvertrauen sind es wert, die Unterstützung und Hilfe zu erhalten, die Sie brauchen.

Tipps zum Aufbau von Stärke und Selbstvertrauen werden Ihnen helfen, selbstbewusster und stärker zu werden, was Ihnen wiederum dabei hilft, mit Mobbing-Situationen umzugehen und Ihre Lebensqualität zu verbessern.

Kapitel 13. Deine Maske des Biests.

In einer Welt, in der Aggression und Mobbing immer häufiger vorkommen, ist es wichtig, über Werkzeuge und Strategien zu verfügen, die Ihnen helfen, sich zu schützen und Ihr Selbstvertrauen zu bewahren. In diesem Kapitel werden wir über das Konzept der „Maske des Tieres" sprechen und wie sie Ihr Verbündeter im Kampf gegen negative Einflüsse werden kann.

Die Maske des Tieres ist eine metaphorische Darstellung der Fähigkeit eines Menschen, sein Denken und Verhalten als Reaktion auf verschiedene Situationen zu ändern, insbesondere in Fällen, in denen es notwendig ist, sich vor Aggression und Druck anderer zu schützen. Stellen Sie sich vor, dass Sie ein inneres Tier haben – ein Symbol für Stärke, Entschlossenheit und Selbstvertrauen. Wenn Sie das Gefühl haben, einer Bedrohung oder aggressivem Verhalten ausgesetzt zu sein, können Sie diese Tiermaske aufsetzen, um Ihre Position zu stärken und sich zu schützen.

Die Maske des Biests ermöglicht es Ihnen, Ihre innere Einstellung und Herangehensweise an eine Situation zu ändern, sodass Sie selbstbewusster und effektiver reagieren können. Dies bedeutet nicht, dass Sie Ihre Authentizität verlieren oder aggressives Verhalten annehmen. Im Gegenteil: Es ist eine Möglichkeit, die eigene Integrität zu wahren und sich vor negativen Einflüssen zu schützen, ohne die persönlichen Werte und Prinzipien zu verlieren.

Die Maske des Biests wird benötigt, um Ihnen zu helfen, die

Kontrolle über sich selbst und die Situation in den Momenten zu behalten, in denen Sie sich verletzlich fühlen oder unter dem Druck anderer Menschen stehen. Es ist ein Werkzeug zur Selbstverteidigung und zum Aufbau von Selbstvertrauen, das Ihnen hilft, unter allen Umständen standhaft und emotional stabil zu bleiben.

Wenn es darum geht, die Maske des Tieres „aufzusetzen", ist dies nicht nur ein körperlicher Vorgang, sondern in erster Linie ein psychologischer Vorgang. Es ist wichtig zu lernen, in die richtige Geisteshaltung zu wechseln, um effektiv auf aggressive Situationen reagieren zu können. Hier sind ein paar Schritte, die Ihnen helfen werden, die Maske des Biests „aufzusetzen" und Ihr Verhalten zu ändern:

1. Mentale Vorbereitung: Beginnen Sie mit dem mentalen Training. Stellen Sie sich vor, Sie schlüpfen in die Rolle eines Tieres: kraftvoll, stark, selbstbewusst und bereit, sich zu verteidigen. Stellen Sie sich dieses Bild voller Wut, Verachtung und Hass gegenüber Ihrem Angreifer vor. Dadurch können Sie die richtigen Emotionen aktivieren und sich auf eine Kampfsituation vorbereiten.

2. Training mit Gefühlen von Wut und Mitgefühl: Konzentrieren Sie sich beim Training darauf, Gefühle von Wut und Mitgefühl gegenüber Ihrem Angreifer hervorzurufen. Dies wird Ihnen helfen, die Maske des Biests zu aktivieren und in den gewünschten emotionalen Modus zu wechseln. Es ist wichtig zu lernen, diese Emotionen zu kontrollieren und sie als Kraft- und Motivationsquelle zu nutzen.

3. Übungstraining: Führen Sie regelmäßige Schulungen durch, bei denen Sie Konfliktsituationen oder Angriffe des Angreifers herbeiführen. Stellen Sie sich vor, Sie wären ein Biest, das die Angriffe Ihres Gegners mit Intelligenz, Stärke und Wut abwehrt. Dies wird Ihnen helfen, Ihre Reaktionen auf Aggressionen zu üben und Ihre Verteidigungsfähigkeiten zu verbessern.

4. Werden Sie wie er, aber schlauer, stärker und wütender: Denken Sie daran, dass Ihr Ziel nicht nur darin besteht, die Angriffe des Angreifers abzuwehren, sondern auch darin, sich selbst zu schützen und Ihre Integrität zu bewahren. Werden Sie wie er in dem Sinne, dass Sie Ihre Biestmaske aktivieren und ihm zeigen, dass Sie sich nicht einschüchtern oder zerstören lassen. Seien Sie schlau und nutzen Sie Ihre intellektuelle und emotionale Stärke, um wirksame Wege zu finden, sich zu schützen. Seien Sie stärker, zeigen Sie Ihre körperliche und emotionale Belastbarkeit. Und seien Sie gemeiner, in dem Sinne, dass Sie nicht zulassen, dass der Angreifer Sie manipuliert und Ihre Selbstachtung und Ihre Grenzen verletzt.

Eine Biestmaske zu tragen bedeutet nicht, sich ganztägig in ein Biest zu verwandeln. Das bedeutet, dass Sie lernen, im richtigen Moment die richtigen Geisteszustände und Emotionen zu aktivieren, um sich selbst zu schützen und Ihr Selbstvertrauen zu bewahren. Trainiere, übe und glaube an dich.

Um die Tiermaske zum Schutz vor Mobbing und Aggression zu verwenden, muss man verstehen, wie sie den Geisteszustand einer Person verändern kann und wie man sie in Konfliktsituationen effektiv „aufsetzt". Hier sind einige Möglichkeiten, die Maske des Biests zu verwenden und ihre Auswirkungen auf den Geisteszustand des Opfers:

1. Aktivierung der Maske des Biests vor einer Konfliktsituation:

- Bevor das Opfer einen Angriff des Angreifers erwartet, kann es ein mentales Training und eine Visualisierung durchführen und so seine Tiermaske aktivieren.

- Die Visualisierung eines mächtigen, starken und selbstbewussten Tieres wird dem Opfer helfen, sich sicherer und bereit zu fühlen, mit der Situation umzugehen.

2. Mentalen Fokus ändern:

- Durch das Aufsetzen der Maske des Biests ändert das Opfer seinen Fokus von Gefühlen der Verletzlichkeit und Angst hin zu Stärke und Entschlossenheit.

- Die Maske des Biests hilft Ihnen, sich darauf zu konzentrieren, auf Aggressionen mit Selbstvertrauen und Entschlossenheit zu reagieren, anstatt in Panik oder Hilflosigkeit zu verfallen.

3. Emotionen als Kraftquelle nutzen:

- Die Maske des Biests aktiviert die Emotionen Wut, Verachtung und Entschlossenheit, die als Quelle der Kraft und Motivation zum Selbstschutz genutzt werden können.

- Diese Emotionen helfen dem Opfer, Angst und Unsicherheit zu überwinden, sodass es effektiver mit dem Angreifer umgehen kann.

4. Bildung von selbstbewusstem Verhalten:

- Durch das Tragen der Maske des Biestes ändert das Opfer sein Verhalten und wird selbstbewusster und entschlossener.

- Sie kann einen strahlenden und energischen Gesichtsausdruck, eine Stimme und Gesten einsetzen, um gegenüber einem Angreifer ihr Selbstvertrauen und ihre Standhaftigkeit zu zeigen.

5. Aggressive Grenzverteidigung:

- Die Maske des Tieres hilft dem Opfer, eine aggressive Haltung einzunehmen und seine persönlichen Grenzen und Rechte zu schützen.

- Das Opfer kann klar und selbstbewusst seine Grenzen zum Ausdruck bringen und Respekt einfordern, um dem Angreifer zu zeigen, dass es seiner Dominanz nicht nachgeben wird.

Die Maske des Tieres zu tragen bedeutet nicht, zum Aggressor zu werden oder Gewalt anzuwenden. Das bedeutet, dass Sie Ihre Stärke und Ihr Selbstvertrauen akzeptieren, um sich vor Aggression und Mobbing zu schützen. Darüber hinaus hilft die Verwendung der Tiermaske dem Opfer, seine psychische Integrität und sein emotionales Wohlbefinden in einer Konfliktsituation zu bewahren.

Die Rolle der Tiermaske beim Schutz vor Aggression und Mobbing besteht darin, dem Opfer dabei zu helfen, negative Situationen effektiver zu bewältigen und sein Selbstvertrauen und seine psychologische Integrität zu bewahren. Hier sind die Hauptaspekte der Rolle der Tiermaske:

1. Emotionen und Kraft aktivieren: Die Maske des Biests hilft, Emotionen wie Wut, Entschlossenheit und Nächstenliebe zu aktivieren. Diese Emotionen dienen dem Opfer als Kraft- und Motivationsquelle und ermöglichen ihm, selbstbewusster auf Aggression und Mobbing zu reagieren.

2. Änderung des psychologischen Fokus: Durch das Aufsetzen der Maske des Biests ändert das Opfer seinen Geisteszustand von Gefühlen der Verletzlichkeit und Hilflosigkeit hin zu Stärke und Entschlossenheit. Dadurch behält sie die Kontrolle über die Situation und kann sicherere Entscheidungen treffen.

3. Persönliche Grenzen schützen: Die Maske des Biests hilft dem Opfer, seine persönlichen Grenzen festzulegen und zu schützen. Es ermöglicht Ihnen, Ihre Bedürfnisse und Forderungen klar und selbstbewusst zum Ausdruck zu bringen, ohne dass es zu Verstößen seitens des Angreifers kommt.

4. Manifestation von Durchsetzungsvermögen: Die Maske des Tieres hilft dem Opfer, durchsetzungsfähiges Verhalten zu zeigen, das heißt, seine Gedanken, Gefühle und Bedürfnisse selbstbewusst und klar auszudrücken. Dadurch kann sie sich vor negativen Einflüssen schützen und in ihren Beziehungen zu anderen gesunde Grenzen setzen.

5. Erhöhtes Selbstwertgefühl und Selbstvertrauen: Die Verwendung der Biestmaske hilft dem Opfer, sich selbstbewusster und kraftvoller zu fühlen. Dies trägt dazu bei, das Selbstwertgefühl und das Selbstwertgefühl zu steigern, wodurch sie weniger anfällig für den Einfluss des Angreifers und Mobbing wird.

Im Allgemeinen spielt die Maske des Biests eine wichtige Rolle beim Schutz des Opfers vor Aggression und Mobbing und hilft ihm, innere Ressourcen zu aktivieren und negative Situationen effektiver zu bewältigen. Es ermöglicht dem Opfer, trotz der Herausforderungen und Prüfungen, denen es gegenübersteht, seine Stärke, Würde und sein Selbstvertrauen zu bewahren.

Um die Maske des Tieres zu beherrschen, muss man nicht nur das Konzept dieser Metapher verstehen, sondern auch Situationen erkennen, in denen ihre Verwendung notwendig ist. Lass uns genauer hinschauen:

1. Die Maske des Tieres verstehen: Um die Maske des Tieres zu beherrschen, muss man zunächst verstehen, was sie darstellt. Die Biestmaske ist ein Symbol für Stärke, Entschlossenheit und Selbstvertrauen, das ein Opfer aktivieren kann, um sich vor Aggression und Mobbing zu schützen. Dies ist nicht nur eine Maske, sondern auch ein psychologisches Werkzeug, das dabei hilft, den mentalen Zustand und das Verhalten zu ändern.

2. Situationen erkennen: Um die Bestienmaske zu beherrschen, muss das Opfer lernen, Situationen zu erkennen, in denen ihre Verwendung nützlich sein könnte. Dies können Zeiten sein, in denen sie aggressives Verhalten oder Bedrohungen durch andere Menschen erfährt, in denen sie sich verletzlich oder unter Druck fühlt. Zu solchen Situationen können Konflikte am Arbeitsplatz oder in der Schule, unangenehme Begegnungen mit aggressiven Menschen oder sogar innere Kämpfe mit negativen Gedanken und Emotionen gehören.

3. Auf Herausforderungen reagieren: Sobald das Opfer Situationen erkannt hat, in denen es notwendig ist, „die Maske des Biests aufzusetzen", muss es lernen, mit Zuversicht und Entschlossenheit auf Herausforderungen zu reagieren. Dazu kann gehören, eine durchsetzungsfähige Sprache und Körpersprache zu verwenden, klare Grenzen und Erwartungen zu setzen und in Beziehungen mit anderen selbstbewusst zu sein.

4. Training und Übung: Die Beherrschung der Beast Mask erfordert Training und Übung. Das Opfer kann Visualisierungsübungen durchführen und sich dabei die Rolle eines starken und selbstbewussten Tieres vorstellen. Sie kann ihre Fähigkeiten auch in realen Situationen üben, indem sie mit einfacheren beginnt und sich nach und nach zu schwierigeren übergeht.

5. Bewerten und anpassen: Es ist wichtig, dass das Opfer regelmäßig die Wirksamkeit der Verwendung der Tiermaske bewertet und seine Vorgehensweise bei Bedarf anpasst. Sie kann lernen, welche Strategien in verschiedenen Situationen am besten funktionieren, und lernen, ihre Emotionen besser zu erkennen und zu bewältigen.

Die Beherrschung der Beast-Maske erfordert Zeit, Geduld und Übung, aber sie kann für Opfer von Aggression und Mobbing ein wirkungsvolles Schutz- und Selbstvertrauensinstrument sein. Dadurch können sie sich selbstbewusster fühlen und negative Situationen mit Kraft und Entschlossenheit meistern.

Das Training und die Entwicklung emotionaler Regulierungsfähigkeiten ist ein wichtiger Teil der Verwendung der Beast Mask. Wenn ein Mobbingopfer die Maske des Biests aufsetzt, muss es seine Emotionen unter Kontrolle halten, um in Konfliktsituationen ruhig und selbstbewusst zu bleiben. Hier sind einige Möglichkeiten, wie Sie diese Fähigkeiten üben und weiterentwickeln können:

1. Sich Ihrer Emotionen bewusst werden: Der erste Schritt zur emotionalen Regulierung ist das Bewusstsein Ihrer eigenen Emotionen. Das Opfer muss lernen zu erkennen, welche Emotionen in verschiedenen Situationen entstehen und wie diese sich auf sein Verhalten auswirken.

2. Atemtechniken: Atemübungen helfen, Stress und Ängste abzubauen, wodurch Sie Ihre Emotionen besser kontrollieren können. Das Opfer kann tiefes Atmen oder andere Entspannungstechniken üben, um

sich in Momenten der Anspannung zu beruhigen.

3. Üben Sie Meditation und Visualisierung: Meditation und Visualisierung helfen dabei, die Konzentration zu verbessern und sich auf den gegenwärtigen Moment zu konzentrieren, was dabei hilft, Emotionen zu kontrollieren. Das Opfer führt möglicherweise kurze Meditationssitzungen durch oder nutzt die Visualisierung, um sich vorzustellen, dass es ruhig und stark ist, während es die Maske des Tieres aufsetzt.

4. Gedankenmanagement: Das Opfer kann lernen, seine Gedanken neu zu formulieren und von negativ auf positiv umzustellen. Dies hilft Ihnen, Ihre emotionale Reaktion auf eine Situation zu ändern und ruhiger und ausgeglichener zu bleiben.

5. Selbstbewusstsein entwickeln: Das Opfer muss sich seiner Stärken und Schwächen sowie seiner Auslöser bewusst sein, die emotionale Reaktionen hervorrufen können. Dadurch kann sie ihre Emotionen besser kontrollieren und entsprechend ihren Zielen und Bedürfnissen darauf reagieren.

6. Üben Sie in realen Situationen: Das Opfer muss die emotionale Regulierung aktiv in realen Situationen üben, in denen es sich verletzlich oder anfällig für Aggressionen fühlt. Nach und nach wird sie Fähigkeiten entwickeln, Emotionen zu kontrollieren und ruhiger und selbstbewusster zu werden.

Das Training und die Entwicklung emotionaler Regulierungsfähigkeiten sind wichtige Aspekte beim Einsatz der Tiermaske zum Schutz vor Aggression und Mobbing. Diese Fähigkeiten ermöglichen es dem Opfer, in allen Situationen ruhig und selbstbewusst zu bleiben, was ihm hilft, Herausforderungen effektiv zu meistern und seine psychische Integrität zu bewahren.

Der effektive Einsatz der Beast Mask in Mobbing-Situationen kann der Schlüssel zum Schutz und zur Selbstverteidigung sein. Hier einige praktische Tipps, wie Sie die Biest-Maske effektiv nutzen können:

1. Vorbereitung und Schulung:

- Führen Sie Vorbereitungen und Schulungen durch, bevor Sie sich in eine potenzielle Konfliktsituation begeben. Stellen Sie sich vor, Sie wären ein starkes und selbstbewusstes Tier, das bereit ist, sich zu verteidigen.

- Üben Sie emotionale Regulierungs- und Entspannungstechniken, um Ihre Emotionen während einer Mobbing-Situation zu bewältigen.

2. Selbstbewusstes Verhalten:

- Zeigen Sie Vertrauen in Ihr Verhalten und Ihren Gesichtsausdruck. Behalten Sie eine aufrechte Haltung bei, halten Sie Augenkontakt und verwenden Sie eine klare Stimme, wenn Sie mit dem Angreifer kommunizieren.

- Denken Sie daran, dass Ihr Selbstvertrauen dazu beitragen kann,

Aggressionen zu unterdrücken und den Angreifer davon zu überzeugen, dass Sie kein leichtes Ziel sind.

3. Grenzen setzen:

- Seien Sie bereit, Ihre Grenzen klar zum Ausdruck zu bringen und Respekt einzufordern. Zögern Sie nicht, darauf hinzuweisen, dass Sie sich unwohl fühlen oder mit dem Verhalten des Angreifers nicht einverstanden sind.

- Behalten Sie Ihre Grenzen unerschütterlich bei, auch wenn der Angreifer versucht, sie zu verletzen.

4. Durchsetzungsfähige Kommunikation:

- Nutzen Sie durchsetzungsfähige Kommunikationsfähigkeiten, um Ihre Gedanken und Gefühle klar und selbstbewusst auszudrücken, ohne aggressiv zu sein.

- Üben Sie bei Bedarf vorbereitete Formulierungen oder Antworten auf typische Mobbing-Szenarien.

5. Reagieren Sie nicht auf Provokationen:

- Denken Sie daran, dass der Angreifer möglicherweise versucht, Sie zu provozieren, um eine negative Reaktion hervorzurufen. Stehen Sie über diesen Versuchen und bleiben Sie ruhig.

- Ignorieren Sie Beleidigungen und Drohungen, konzentrieren Sie sich auf Ihr Ziel – sich selbst zu schützen und ruhig zu bleiben.

6. Unterstützung finden:

- Zögern Sie nicht, um Hilfe zu bitten, wenn die Situation außer Kontrolle gerät. Wenden Sie sich an Freunde, Familie oder Fachleute, die Sie unterstützen und Ihnen helfen können, eine Lösung für das Problem zu finden.

- Notieren oder merken Sie sich die Kontaktinformationen von Organisationen, die Mobbingopfern Hilfe anbieten, um zusätzliche Unterstützung und Beratung zu erhalten.

7. Bleiben Sie ruhig und unter Kontrolle:

- Es ist wichtig, in Mobbing-Situationen ruhig zu bleiben und die Kontrolle über die eigenen Gefühle zu behalten. Verwenden Sie die Maske des Biests, um Angst und Unsicherheit zu unterdrücken und sich weiterhin darauf zu konzentrieren, sich selbst zu schützen.

Die Verwendung einer Biestmaske erfordert Übung und Geschick, kann aber eine wirksame Abwehr gegen Aggression und Mobbing sein. Denken Sie daran, dass Ihre Sicherheit und Ihr Wohlbefinden von größter Bedeutung sind und Sie das Recht haben, sich vor allen Formen von Gewalt und Herrschaft zu schützen.

Um gemäß der Maske des Biests zu reagieren, müssen Sie die verschiedenen Arten aggressiven Verhaltens verstehen und wirksame Strategien entwickeln, um darauf zu reagieren. Hier finden Sie einen Überblick über die Arten aggressiven Verhaltens und geeignete Reaktionsstrategien:

1. Körperliche Aggression: Dazu gehören körperliche Angriffe, Schläge, Tritte, Stoßen und andere Formen körperlicher Gewalt. Reaktionsstrategien:

- Entfernen Sie sich vom Angreifer und entfernen Sie sich aus der gefährlichen Situation.

- Wenn möglich, rufen Sie um Hilfe oder bitten Sie andere um Hilfe.

- Wenden Sie bei Bedarf Selbstverteidigungstechniken an, um sich zu schützen.

2. Verbale Aggression: Dazu gehören Beleidigungen, Drohungen, Spott, Demütigungen und andere Formen verbaler Gewalt. Reaktionsstrategien:

- Bleiben Sie ruhig und geraten Sie nicht in einen Streit mit dem Angreifer.

- Drücken Sie Ihre Grenzen klar und selbstbewusst aus und fordern Sie Respekt ein.

- Ignorieren Sie Beleidigungen und Drohungen und lassen Sie den Angreifer Ihre Reaktion nicht sehen.

3. Psychische Aggression: Dazu gehören Demütigung, Manipulation, Isolation, psychischer Druck und andere Formen psychischer Gewalt. Reaktionsstrategien:

- Bewahren Sie Ihre Selbstachtung und Ihr Selbstvertrauen, indem Sie die Versuche des Tyrannen, Ihr Selbstwertgefühl zu untergraben, zurückweisen.

- Nutzen Sie durchsetzungsfähige Kommunikationsfähigkeiten, um Ihre Gefühle und Bedürfnisse klar und selbstbewusst auszudrücken.

- Suchen Sie Unterstützung bei Freunden, Familie oder Fachleuten, wenn Sie das Gefühl haben, dass Sie alleine nicht zurechtkommen.

4. Soziale Aggression: Dazu gehören der Ausschluss aus der Gruppe, das Verbreiten von Klatsch, die Zerstörung von Beziehungen und andere Formen sozialer Gewalt. Reaktionsstrategien:

- Pflegen Sie Ihre sozialen Kontakte und Beziehungen zu denen, die Sie unterstützen und respektieren.

- Ignorieren Sie Klatsch und Verleumdung, lassen Sie sich nicht auf Konflikte ein und reagieren Sie nicht auf Provokationen.

- Suchen Sie Hilfe bei sozialen Gruppen oder Organisationen, wenn Sie mit systematischen Formen sozialer Gewalt konfrontiert sind.

Es ist wichtig, sich daran zu erinnern, dass eine wirksame Reaktion auf Aggressionen eine Kombination aus Selbstbeherrschung, Selbstvertrauen und strategischem Denken erfordert.

Mit den folgenden Strategien können Sie beim Tragen der Maske des Biests Selbstvertrauen und Stärke bewahren:

1. Positive Bestätigung: Wiederholen Sie positive Aussagen über sich selbst. Stellen Sie sicher, dass Sie Ihre Gedanken auf Ihre Stärken und Erfolge konzentrieren und nicht auf negative Gedanken über sich selbst.

Dies wird dazu beitragen, Ihr Selbstvertrauen und Ihre Stärke zu stärken.

2. Erfolgsvisualisierung: Stellen Sie sich eine starke und selbstbewusste Person vor, die bereit ist, sich vor Aggressionen zu schützen. Stellen Sie sich vor, Sie befinden sich in verschiedenen Mobbing-Situationen, in denen Sie Herausforderungen erfolgreich meistern und die Kontrolle über die Situation behalten.

3. Unterstützung durch soziale Netzwerke: Vernetzen Sie sich mit Freunden, Familie oder anderen vertrauenswürdigen Personen, die Sie unterstützen und Ihr Selbstvertrauen und Ihre Stärke bestätigen können. Die Unterstützung anderer trägt zur Aufrechterhaltung des emotionalen Wohlbefindens bei.

4. Körperliche Aktivität: Machen Sie körperliche Aktivität, die Ihnen Spaß macht und Ihren Körper stärkt. Körperliche Stärke und Gesundheit können Ihnen Selbstvertrauen und Stärke verleihen.

5. Entwicklung von Selbstverteidigungsfähigkeiten: Beherrschen Sie Selbstverteidigungsfähigkeiten und lernen Sie, sich im Falle einer Aggression effektiv zu verteidigen. Zu wissen, dass Sie sich schützen können, stärkt Ihr Selbstvertrauen und Ihre Stärke.

6. Üben Sie die mentale Vorbereitung: Nehmen Sie sich Zeit für die mentale Vorbereitung, indem Sie sich stark und selbstbewusst vorstellen. Mentales Training hilft Ihnen, in kritischen Momenten konzentriert und einsatzbereit zu bleiben.

7. Akzeptieren Sie Ihre Grenzen und Bedürfnisse: Seien Sie sich Ihrer Grenzen und Bedürfnisse sicher und fühlen Sie sich frei, diese klar und selbstbewusst auszudrücken. Wenn Sie Ihre Bedürfnisse kennen und akzeptieren, bewahren Sie Ihre Stärke und Ihr Selbstvertrauen.

Indem Sie Selbstvertrauen und Stärke bewahren, wenn Sie die Maske des Biests tragen, können Sie sich besser vor Aggression und Mobbing schützen und gleichzeitig Ihre psychologische Integrität bewahren.

Hier sind einige Beispielszenarien und Erfolgsgeschichten, die zeigen, wie die Verwendung der Maske des Biests anderen Mobbingopfern helfen kann:

Beispiel 1: Szenario: Jane wird in der Schule dauerhaft gemobbt. Vor anderen Schülern wird sie oft gemobbt und gedemütigt.

Erfolgsgeschichte: Jane beginnt, die Maske des Biests zu tragen und präsentiert sich als stark und selbstbewusst. Sie lernte, ihre Grenzen auszudrücken und Respekt einzufordern. Infolgedessen ist das Mobbing deutlich zurückgegangen und einige ehemalige Mobber haben ihre Angriffe eingestellt.

Beispiel 2: Szenario: Mark wurde am Arbeitsplatz Opfer von psychischem Mobbing. Sein Chef kritisiert ständig seine Arbeit und macht vor seinen Kollegen abfällige Bemerkungen.

Erfolgsgeschichte: Mark beschließt, bei der Arbeit eine Biestmaske zu verwenden. Er wird selbstbewusster und beginnt, seine Interessen zu verteidigen. Bald bemerkt der Chef eine Veränderung in Marks Verhalten und hört auf, ihn zu demütigen. Mark erhält zunehmend Respekt von seinen Kollegen.

Beispiel 3: Szenario: Anna leidet unter Online-Mobbing. In sozialen Netzwerken erhält sie häufig Drohungen und Beleidigungen von anonymen Personen.

Erfolgsgeschichte: Anna beginnt in der virtuellen Welt, eine Biestmaske zu tragen. Sie reagiert nicht mehr auf Provokationen und Drohungen und beginnt stattdessen, ihre Gedanken und Gefühle selbstbewusst und selbstbewusst auszudrücken. Dies führt dazu, dass die Angreifer das Interesse verlieren und die Verfolgung einstellen.

Diese Beispiele zeigen, wie die Verwendung der Maske des Biests Mobbingopfern helfen kann, ihre Mentalität und ihr Verhalten zu ändern, was wiederum zu einer Verringerung der Aggression und einer Verbesserung ihrer Lebensqualität führt. Sie unterstreichen die Bedeutung von Selbstvertrauen und Stärke in Mobbing-Situationen und zeigen, dass dies mit der richtigen mentalen Vorbereitung und Abwehrstrategien erreicht werden kann.

Bei der Verwendung der Biestmaske können zahlreiche Hindernisse auftreten, die ihre Wirksamkeit beeinträchtigen können. Hier sind einige der größten Hindernisse und wie man sie überwindet:

1. Angst und Unsicherheit: Opfer von Mobbing verspüren oft Angst und Selbstzweifel, was die Verwendung der Biestmaske beeinträchtigen kann. Sie haben möglicherweise Angst vor einer negativen Reaktion anderer oder befürchten, dass die Situation dadurch nur noch schlimmer wird.

- Überwindung: Um Angst und Unsicherheit zu überwinden, ist es wichtig, sich allmählich an die Verwendung der Maske des Biests zu gewöhnen. Dies kann durch das Üben emotionaler Regulierung und Durchsetzungsvermögen erreicht werden. Training und Rollenspiele können dazu beitragen, die Fähigkeiten zur emotionalen Kontrolle zu verbessern und das Selbstvertrauen zu stärken.

2. Mangelnde Unterstützung durch andere: Manche Menschen verstehen die Verwendung der Maske des Biests möglicherweise nicht oder billigen sie nicht, was für diejenigen, die versuchen, sie zu verwenden, zu Schwierigkeiten führen kann.

- Bewältigung: Es ist wichtig, Unterstützung von engen Freunden, der Familie oder Fachleuten zu finden, die Ihre Situation verstehen und bereit sind zu helfen. Der Kontakt zu Menschen, die Sie unterstützen, kann dazu beitragen, Ihr Selbstvertrauen und Ihr Selbstvertrauen im Umgang mit der Maske des Biests zu stärken.

3. Mangelnde Übung und Schulung: Die Verwendung der Beast Mask erfordert Übung und Schulung, um zu einem wirksamen Anti-

Mobbing-Mittel zu werden. Für manche kann es schwierig sein, dies regelmäßig aufrechtzuerhalten.

- Überwindung: Regelmäßiges Üben und Training sind der Schlüssel zum erfolgreichen Einsatz der Maske des Biests. Entwickeln Sie Ihre Fähigkeiten zur emotionalen Regulierung und zum Selbstvertrauen, indem Sie positive Affirmationen wiederholen und mit Unterstützung von Freunden oder Fachleuten an Trainingsszenarien teilnehmen.

4. Beharrlichkeit des Angreifers: Manchmal können Angreifer hartnäckig sein und ihre Aktionen fortsetzen, obwohl sie die Maske des Biests tragen.

- Überwindung: In solchen Situationen ist es wichtig, beharrlich und konsequent die Maske des Biests zu verwenden. Verwenden Sie durchsetzungsfähige Kommunikations- und emotionale Stabilitätsstrategien, um effektiv mit einem Angreifer umzugehen.

Die Überwindung dieser Hindernisse erfordert Zeit, Mühe und Unterstützung, aber mit Übung und Beharrlichkeit können Sie die Verwendung der Beast Mask meistern und sich effektiv gegen Mobbing wehren.

Die Aufrechterhaltung der Motivation und des Selbstvertrauens beim Tragen der Biestmaske ist der Schlüssel zur erfolgreichen Bekämpfung von Mobbing. Hier sind einige Tipps, die Ihnen dabei helfen können:

1. Bestimmen Sie Ihre Ziele und Motivationen: Bestimmen Sie, warum Sie die Biestmaske verwenden möchten und welche Ziele Sie erreichen möchten. Behalten Sie Ihre Ziele im Auge und erinnern Sie sich daran, wenn Schwierigkeiten auftreten.

2. Üben Sie regelmäßig: Durch regelmäßiges Üben und Training werden Sie sicherer im Umgang mit der Biestmaske. Nehmen Sie sich jeden Tag Zeit, um emotionale Regulierung und durchsetzungsfähige Kommunikation zu üben.

3. Lernen Sie aus Ihren Fehlern: Wenn etwas nicht funktioniert, verzweifeln Sie nicht. Versuchen Sie stattdessen, aus Ihren Fehlern zu lernen und zu verstehen, wie Sie Ihre Fähigkeiten verbessern können. Jeder Misserfolg bringt Sie dem Erfolg näher, wenn Sie bereit sind zu lernen.

4. Suchen Sie Unterstützung: Zögern Sie nicht, Freunde, Familie oder Fachleute um Hilfe zu bitten, wenn Sie Unterstützung oder Rat benötigen. Erzählen Sie ihnen von Ihren Erfahrungen mit der Biestmaske und bitten Sie um Feedback.

5. Behalten Sie eine positive Einstellung bei: Konzentrieren Sie sich auf Ihre Stärken und Erfolge statt auf Misserfolge und Schwierigkeiten. Denken Sie daran, dass Sie jedes Hindernis überwinden können, wenn Sie an sich glauben.

6. Belohnen Sie sich für den Erfolg: Belohnen Sie sich für Ihre Erfolge bei der Verwendung der Maske des Biests. Belohnen Sie sich nach jeder gemeisterten Herausforderung oder jedem kleinen Ziel, das Sie

erreichen.

7. Führen Sie ein Fortschrittsprotokoll: Das Führen eines Tagebuchs über Ihre Fortschritte hilft Ihnen, Ihre Fortschritte und Verbesserungen zu verfolgen. Es wird Ihnen auch helfen zu erkennen, wie weit Sie bereits gekommen sind.

8. Bleiben Sie flexibel und geduldig: Denken Sie daran, dass die Entwicklung von Fähigkeiten Zeit und Mühe erfordert. Seien Sie darauf vorbereitet, dass nicht von Anfang an alles perfekt sein wird, und machen Sie auch in schwierigen Momenten weiter.

Bleiben Sie motiviert und selbstbewusst, indem Sie diese Tipps befolgen, und denken Sie daran, dass Sie mit jedem Schritt vorwärts Ihren Zielen näher kommen.

Die Verwendung einer Biestmaske kann ein wirksames Mittel sein, um sich vor Mobbing zu schützen. Es ist jedoch wichtig, die Unterstützung anderer zu haben und bei Bedarf professionelle Hilfe in Anspruch zu nehmen. Hier sind einige Quellen, auf die Sie sich bei der Verwendung der Maske des Biests verlassen können:

1. Familie und Freunde: Enge Menschen wie Familie und Freunde können Ihre erste Verteidigungslinie sein. Sie können Ihnen emotionale Unterstützung bieten, Ihnen beim Entspannen helfen und Ihnen Tipps zur Bewältigung von Mobbing geben.

2. Lehrer und Arbeitgeber: Wenn Sie in der Schule, an der Universität oder am Arbeitsplatz Mobbing erleben, bitten Sie Ihre Lehrer oder Ihr Management um Hilfe. Sie können Strategien zur Lösung des Problems vorschlagen und Maßnahmen ergreifen, um weitere Vorfälle zu verhindern.

3. Psychologen und Berater: Professionelle Psychologen, Berater und Therapeuten verfügen über die erforderlichen Fähigkeiten und Erfahrungen, um bei der Bewältigung emotionaler Schwierigkeiten, einschließlich Mobbing, zu helfen. Sie können Sie emotional unterstützen, Ihnen bei der Entwicklung von Bewältigungsstrategien helfen und konkrete Empfehlungen geben.

4. Selbsthilfegruppen: Der Beitritt zu Selbsthilfegruppen für Mobbingopfer bietet Ihnen die Möglichkeit, Erfahrungen mit Menschen auszutauschen, die ähnliche Probleme haben. In diesen Gruppen erhalten Sie Unterstützung, Verständnis und praktische Ratschläge.

5. Online-Ressourcen: Es stehen viele Online-Ressourcen zur Verfügung, um Mobbing zu bekämpfen und Opfer zu unterstützen. Dies können Websites, Foren, Social-Media-Communities oder Apps zur Unterstützung der psychischen Gesundheit sein.

6. Helplines: In einigen Ländern gibt es Organisationen, die Helplines für Menschen anbieten, die Mobbing und anderen Problemen ausgesetzt sind. Für vertrauliche Unterstützung und Beratung können Sie sich an sie wenden.

Es ist wichtig, sich daran zu erinnern, dass das Bitten um Hilfe kein Zeichen von Schwäche ist, sondern im Gegenteil ein Ausdruck von Stärke und Selbstvertrauen. Finden Sie Menschen, denen Sie vertrauen, und zögern Sie nicht, sich an sie zu wenden, wenn Sie Hilfe benötigen. Gemeinsam können Sie alle Schwierigkeiten bewältigen, auch Mobbing.

Kapitel 14. Wie man effektiv auf Mobbing reagiert.

Die Überwindung von Mobbing erfordert eine Kombination verschiedener Strategien und Fähigkeiten, um dem Opfer zu helfen, effektiv auf die Aggression zu reagieren. Hier sind einige wichtige Schritte, die Sie unternehmen können, um Mobbing zu überwinden:

1. Ruhe und Selbstbeherrschung bewahren: Es ist wichtig, in einer Mobbing-Situation Ruhe und Selbstbeherrschung zu bewahren. Verwenden Sie Atemübungen oder andere Entspannungstechniken, um Stress und Ängste abzubauen.

In einer Mobbing-Situation Ruhe und Selbstbeherrschung zu bewahren, ist ein wichtiger Aspekt, um sich selbst und Ihr emotionales Wohlbefinden zu schützen. Für diejenigen, die unter Mobbing-Aggression leiden und Gefühle der Hilflosigkeit verspüren, kann dies besonders schwierig sein. Mithilfe bestimmter Strategien und Praktiken können Sie jedoch lernen, Ihre Emotionen zu kontrollieren und auch in unangenehmen Situationen ruhig zu bleiben.

- Stressreaktionen verstehen: Der erste Schritt zur Bewahrung von Ruhe besteht darin, zu verstehen, wie Sie auf Stress reagieren. Kennen Sie Ihre typischen körperlichen und emotionalen Reaktionen auf Stresssituationen. Dazu können schneller Herzschlag, beschleunigte Atmung, Angstzustände oder Reizbarkeit gehören.

- Üben Sie Atemübungen: Atemübungen sind ein wirksames Mittel zur Bewältigung von Stress und Ängsten. Probieren Sie die 4-7-8-Atemtechnik aus: 4 Sekunden lang einatmen, 7 Sekunden lang den Atem anhalten, 8 Sekunden lang ausatmen. Dies hilft, Stress abzubauen und das Gefühl der Kontrolle wiederherzustellen.

- Üben Sie Meditation und Visualisierung: Regelmäßige Meditation und Visualisierung eines ruhigen Ortes können dazu beitragen, Ihre Ruhe zu stärken und Ihre Emotionen auszugleichen. Stellen Sie sich einen sicheren und gemütlichen Ort vor, an dem Sie sich wohl und ruhig fühlen.

- Durchsetzungsfähige Kommunikation: Lernen Sie, selbstbewusst zu kommunizieren, um Ihre Gefühle und Bedürfnisse klar und selbstbewusst auszudrücken, ohne die Rechte und Gefühle anderer zu verletzen. Üben Sie, Ihre Grenzen und Respektforderungen selbstbewusst zum Ausdruck zu bringen.

- Vermeiden Sie toxische Situationen: Vermeiden Sie nach

Möglichkeit toxische Situationen und Menschen, die Ihnen Stress und Angst bereiten könnten. Dies kann bedeuten, die Zeit, die man an bestimmten Orten oder in der Nähe bestimmter Menschen verbringt, zu begrenzen.

- Unterstützung suchen: Zögern Sie nicht, Freunde, Familie oder Fachleute um Hilfe zu bitten, wenn Sie das Gefühl haben, dass Sie eine Situation nicht alleine bewältigen können. Sprechen Sie über Ihre Gefühle und holen Sie sich Unterstützung und Rat.

- Selbstberuhigende Praxis: Entwickeln Sie Ihr eigenes selbstberuhigendes System, das für Sie funktioniert. Dazu kann gehören, draußen spazieren zu gehen, entspannende Musik zu hören, einem Hobby nachzugehen oder andere Aktivitäten, die Ihnen helfen, sich zu entspannen und Ihre Gedanken zu sammeln.

- Positives Denken: Konzentrieren Sie sich auf die positiven Aspekte Ihres Lebens und Ihrer Fähigkeiten. Üben Sie sich in Dankbarkeit und belohnen Sie sich für jeden kleinen Schritt vorwärts.

Diese Strategien können Ihnen helfen, in einer Mobbing-Situation Ruhe und Selbstbeherrschung zu bewahren, emotionale Reaktionen zu verhindern und effektiv auf negative Situationen zu reagieren.

2. Grenzen setzen und Respekt einfordern: Drücken Sie Ihre Grenzen klar und selbstbewusst aus. Zögern Sie nicht, Respekt einzufordern und Ihre Rechte zu verteidigen. Du könntest zum Beispiel sagen: „Ich bin nicht damit einverstanden, wie du mich behandelst. Bitte hör auf."

Grenzen zu setzen und Respekt einzufordern sind wichtige Aspekte, um sich vor Mobbing zu schützen und das eigene Wohlbefinden zu gewährleisten. Für viele Mobbingopfer, insbesondere für hochsensible und unsichere Menschen, kann es äußerst schwierig sein, ihre Grenzen zu verteidigen. Mit Übung und der Unterstützung anderer können Sie jedoch lernen, Ihre Grenzen selbstbewusst und effektiv auszudrücken.

- Verstehen Sie Ihre eigenen Grenzen: Zunächst ist es wichtig zu verstehen, wo Ihre persönlichen Grenzen liegen, also jene Grenzen, die Sie nicht überschreiten möchten oder können. Dies kann den physischen, emotionalen, persönlichen Raum und andere Aspekte Ihres Lebens umfassen.

- Grenzen selbstbewusst ausdrücken: Sobald Sie Ihre Grenzen verstanden haben, ist es wichtig zu lernen, wie Sie sie selbstbewusst ausdrücken können. Erklären Sie anderen mit klaren und konkreten Aussagen, dass Sie mit der Art und Weise, wie sie Sie behandeln, nicht einverstanden sind. Zum Beispiel: „Ich fühle mich nicht wohl, wenn du so mit mir sprichst. Ich bitte dich, damit aufzuhören."

- Üben Sie Selbstvertrauen: Selbstvertrauen ist ein Schlüsselelement, um Grenzen erfolgreich auszudrücken. Üben Sie Selbstvertrauen, indem

Sie selbstbewusste Posen wiederholen, an Ihren Selbstgesprächen arbeiten und Ihren Wert als Person erkennen.

- Unterstützung durch andere: Zögern Sie nicht, Unterstützung von Freunden, Familie oder Fachleuten einzuholen. Erzählen Sie ihnen von Ihren Bedenken und Schwierigkeiten, Grenzen auszudrücken, und bitten Sie sie um Hilfe dabei.

- Bereiten Sie sich auf mögliche Reaktionen vor: Seien Sie auf unterschiedliche Reaktionen auf Ihre Grenzäußerung vorbereitet. Manche Menschen sind vielleicht verständnisvoll und respektvoll, während andere versuchen, Sie deswegen zu ignorieren oder sogar anzugreifen. Bereiten Sie sich darauf vor und bleiben Sie dabei.

- Ständiges Üben: Das Ausdrücken von Grenzen ist eine Fähigkeit, die ständige Übung erfordert. Haben Sie keine Angst davor, Ihre Grenzen in verschiedenen Situationen und mit verschiedenen Menschen zu wiederholen. Je öfter Sie es tun, desto sicherer und effektiver werden Sie darin.

Grenzen zu setzen und Respekt einzufordern ist Ihr Recht und Ihre Pflicht, Ihre Interessen und Ihr Wohlergehen zu schützen. Fangen Sie klein an, üben Sie sich und holen Sie sich Unterstützung, und Sie werden mit Sicherheit Erfolg dabei haben, Ihre Grenzen auszudrücken.

3. Um Hilfe bitten: Zögern Sie nicht, Freunde, Familie, Lehrer oder andere vertrauenswürdige Personen um Hilfe zu bitten. Erzählen Sie ihnen von der Mobbing-Situation und bitten Sie um Unterstützung und Rat.

Hilfe zu suchen ist ein wichtiger Schritt, um Mobbing zu überwinden und Ihr Wohlbefinden wiederherzustellen. Für diejenigen, die Mobbing erleben und sich unsicher oder ängstlich fühlen, kann es schwierig sein, Hilfe zu suchen. Dies ist jedoch ein wichtiger Schritt, um das Problem zu lösen und die Unterstützung zu erhalten, die Sie benötigen. Hier sind einige zusätzliche Tipps für die Suche nach Hilfe in einer Mobbing-Situation:

- Wählen Sie eine Vertrauensperson: Finden Sie jemanden, dem Sie vertrauen und der Ihnen Unterstützung und Rat bieten kann. Dies kann ein Freund, ein Familienmitglied, ein Lehrer, ein Schulberater oder eine psychiatrische Fachkraft sein.

- Bereiten Sie sich auf das Gespräch vor: Bevor Sie um Hilfe bitten, überlegen Sie, was Sie sagen möchten und welche Fragen Sie haben. Seien Sie darauf vorbereitet, dass Ihnen Fragen zu Ihren Erfahrungen mit Mobbing gestellt werden. Versuchen Sie also, ehrlich und offen zu sein.

- Seien Sie ruhig und selbstbewusst: Versuchen Sie, während des Gesprächs ruhig und selbstbewusst zu bleiben. Dies wird Ihnen helfen, Ihre Gedanken und Gefühle klarer und effektiver auszudrücken.

- Bitten Sie um konkrete Unterstützung: Sagen Sie Ihrer Vertrauensperson genau, welche Hilfe Sie benötigen. Das kann ganz einfach jemand sein, der Ihnen zuhört und Sie emotional unterstützt, oder jemand, der Ihnen bei der Entwicklung von Strategien zum Umgang mit Mobbing helfen kann.

- Suchen Sie professionelle Hilfe: Wenn Sie mit einem schwerwiegenden Fall von Mobbing konfrontiert sind oder das Gefühl haben, dass Sie die Situation nicht alleine bewältigen können, zögern Sie nicht, professionelle Hilfe in Anspruch zu nehmen. Schulpsychologen, Verhaltensberater und Psychotherapeuten können Ihnen die Unterstützung und Hilfe bieten, die Sie zur Lösung Ihres Problems benötigen.

Hilfe zu suchen ist ein mutiger und wichtiger Schritt, der Ihnen helfen kann, schwierige Mobbing-Situationen zu überwinden und die Kontrolle über Ihr Leben zurückzugewinnen. Denken Sie daran, dass Sie nicht allein sind und es immer Menschen gibt, die bereit sind, Ihnen zu helfen.

4. Isolation vermeiden: Versuchen Sie, sich nicht zu isolieren oder soziale Kontakte aus Angst oder Unruhe zu vermeiden. Pflegen Sie Ihre sozialen Kontakte und finden Sie Unterstützung bei Freunden und Familie.

Die Vermeidung von Isolation ist ein wichtiger Aspekt, um sich vor den negativen Auswirkungen von Mobbing zu schützen und das psychische Wohlbefinden aufrechtzuerhalten. Bei vielen Opfern von Mobbing, insbesondere bei hochsensiblen und unsicheren Menschen, können Konfliktsituationen große Angst und den Wunsch nach Isolation auslösen. Allerdings verschlimmert die Isolation das Problem oft nur, daher ist es wichtig, aktiv soziale Kontakte zu pflegen und Unterstützung von Freunden und Familie zu finden. Hier sind einige zusätzliche Tipps, um Isolation in einer Mobbing-Situation zu vermeiden:

- Suchen Sie Unterstützung: Wenden Sie sich an Menschen, denen Sie vertrauen, und teilen Sie ihnen Ihre Sorgen mit. Dies kann ein Freund, ein Verwandter, ein Lehrer oder ein Schulberater sein. Sprechen Sie offen mit ihnen über Ihre Gefühle und Probleme und bitten Sie sie um Unterstützung und Rat.

- Treten Sie Gruppen und Clubs bei: Versuchen Sie, Gruppen oder Clubs beizutreten, die Sie interessieren. Dies kann eine Sportmannschaft, ein Kunstclub, ein Theaterclub oder eine andere allgemeine Aktivität sein. Die Teilnahme an solchen Gruppen wird Ihnen helfen, sich als Teil einer Gemeinschaft zu fühlen und neue soziale Kontakte aufzubauen.

- Zeit mit Freunden verbringen: Versuchen Sie, aktive Zeit mit Freunden und Angehörigen zu verbringen. Treffen, kommunizieren, gemeinsam an verschiedenen Veranstaltungen teilnehmen. Die Unterstützung von Freunden und Familie wird Ihnen helfen, sich beschützt und geliebt zu fühlen.

- Entwicklung neuer Fähigkeiten: Entdecken Sie neue Interessen oder Hobbys, die Ihnen helfen können, Ihren sozialen Kreis zu erweitern und etwas Neues zu lernen. Das kann das Studium von Musik, Tanz, Kunst oder irgendetwas anderem sein, das Sie interessiert.

- Schaffen Sie ein unterstützendes Umfeld: Schaffen Sie sich ein unterstützendes Umfeld, in dem Sie sich wohl und sicher fühlen. Dazu kann gehören, zu Hause einen positiven und erhebenden Raum zu schaffen, Orte aufzusuchen, an denen Sie sich gut fühlen, und diejenigen zu meiden, die Ihnen Negativität bringen.

Die Vermeidung von Isolation ist nicht nur für Ihr emotionales Wohlbefinden wichtig, sondern auch für den wirksamen Umgang mit Mobbing. Je mehr Unterstützung und ein soziales Netzwerk Sie haben, desto leichter können Sie Herausforderungen meistern und die negativen Auswirkungen von Mobbing überwinden.

5. Nutzen Sie durchsetzungsfähige Kommunikation: Drücken Sie Ihre Gefühle und Gedanken klar und selbstbewusst aus, indem Sie durchsetzungsfähige Kommunikationsfähigkeiten einsetzen. Seien Sie ruhig und entschlossen in Ihren Aussagen.

Durchsetzungsfähige Kommunikation ist ein wichtiges Instrument, um Mobbing entgegenzuwirken und sich selbst zu schützen. Bei Mobbingopfern, insbesondere bei hochsensiblen und unsicheren Menschen, kann der Umgang mit dem Mobber Angst und Furcht auslösen. Wenn Sie jedoch lernen, selbstbewusst zu sein und Ihre Gedanken und Gefühle klar und selbstbewusst auszudrücken, kann dies die Situation erheblich verbessern und dazu beitragen, weitere Gewalt zu verhindern. Hier sind einige zusätzliche Tipps für den Einsatz durchsetzungsfähiger Kommunikation zum Schutz vor Mobbing:

- Bereiten Sie sich im Voraus vor: Bevor Sie sich auf ein Gespräch mit einem Angreifer einlassen, überlegen Sie, was Sie sagen möchten und wie Sie es sagen werden. Bleiben Sie bei den Fakten und verwenden Sie klare und konkrete Aussagen.

- Drücken Sie Ihre Gefühle aus: Seien Sie offen beim Ausdruck Ihrer Gefühle. Sagen Sie zum Beispiel: „Ich bin sehr verärgert darüber, wie Sie mich behandeln." Dies wird dem Tyrannen helfen zu verstehen, welche Auswirkungen seine Handlungen auf Sie haben.

- Seien Sie selbstbewusst: Sprechen Sie mit Zuversicht und Entschlossenheit. Behalten Sie einen geraden Blick und eine feste Haltung bei. Dies zeigt dem Angreifer, dass Sie Ihre Worte ernst nehmen und nicht bereit sind, seinem Einfluss zu erliegen.

- Grenzen setzen: Seien Sie bereit, Grenzen zu setzen und für Ihre Rechte einzustehen. Sagen Sie zum Beispiel: „Ich bin mit dieser Behandlung nicht einverstanden." Ich bitte dich aufzuhören."

- Vermeiden Sie Aggression: Denken Sie daran, dass Durchsetzungsvermögen nicht gleichbedeutend mit Aggression ist. Vermeiden Sie Beleidigungen und Provokationen. Ihr Ziel ist es, Ihre

Gedanken und Gefühle ohne Gewalt oder Drohungen auszudrücken.

- Üben Sie Grenzen: Setzen Sie zunächst Grenzen in Ihrem täglichen Leben und üben Sie durchsetzungsfähige Kommunikationsfähigkeiten in verschiedenen Situationen. Je häufiger Sie diese Fähigkeiten nutzen, desto leichter wird es Ihnen fallen, Mobbing zu widerstehen.

Durchsetzungsfähige Kommunikation hilft Ihnen, sich vor Mobbing und Aggression zu schützen und im Umgang mit anderen gesunde Grenzen zu setzen. Denken Sie daran, dass Ihr Recht auf Respekt und Sicherheit unbestreitbar ist und dass Sie das Recht haben, sich vor allen Formen von Gewalt und Diskriminierung zu schützen.

6. Auf Aggressionen mit Humor reagieren oder sie ignorieren: Manchmal kann es helfen, die Situation zu mildern und Spannungen abzubauen, wenn man Aggressionen ignoriert oder mit Humor darauf reagiert. Gehen Sie diesen Ansatz jedoch vorsichtig und nur dann an, wenn Sie das Gefühl haben, dass er zu Ihrem Stil und Ihrer Situation passt.

Auf Aggressionen mit Humor zu reagieren oder sie zu ignorieren, kann ein wirksames Instrument zur Entschärfung einer Konfliktsituation und zum Abbau von Spannungen sein. Es ist jedoch wichtig zu verstehen, dass dieser Ansatz nicht immer für alle Fälle von Mobbing geeignet ist und mit Vorsicht angewendet werden sollte.

- Humor verwenden: Humor kann hilfreich sein, wenn die Aggression nicht schwerwiegend oder körperlich ist. Versuchen Sie beispielsweise, auf Beleidigungen oder abfällige Bemerkungen mit Humor zu reagieren, um angespannte Situationen zu entschärfen. Allerdings ist es wichtig zu bedenken, dass witzige Zeilen nicht immer effektiv sind und die Sache noch verschlimmern können, wenn sie nicht zum spezifischen Kontext passen.

- Ignorieren: Aggressionen zu ignorieren kann nützlich sein, wenn Sie die Möglichkeit haben, der Situation zu entkommen, oder wenn die Aggression keine unmittelbare Gefahr für Ihre Sicherheit darstellt. Das Ignorieren eines Angreifers kann dazu führen, dass ihm die Aufmerksamkeit und die Befriedigung Ihrer Reaktion entzogen wird, was dazu führen kann, dass er Ihnen keine Aufmerksamkeit mehr schenkt.

Allerdings kann es für Mobbingopfer, die hochsensibel und unsicher sind, schwierig sein, Humor zu zeigen oder ignoriert zu werden. Manche befürchten vielleicht, dass ihre Witze falsch aufgefasst werden, was die Aggression nur verstärken wird. Darüber hinaus kann der Versuch, einen Angreifer zu ignorieren, Angst und Furcht hervorrufen, insbesondere wenn die Situation bedrohlich erscheint.

Es ist wichtig zu bedenken, dass es nur einer von vielen möglichen Ansätzen zur Konfliktlösung ist, auf Aggressionen mit Humor zu reagieren oder sie zu ignorieren. Es gibt kein Universalrezept, das für jeden passt. Daher ist es wichtig, Strategien zu wählen, die zu Ihrer Persönlichkeit,

Situation und Ihren Zielen passen. Wenn Sie sich über die beste Vorgehensweise nicht sicher sind, suchen Sie Unterstützung bei vertrauenswürdigen Personen oder Fachleuten, die Ihnen dabei helfen können, den am besten geeigneten Weg zu finden, auf Aggression zu reagieren.

7. Vorfälle aufzeichnen und den Support kontaktieren: Führen Sie Aufzeichnungen über Mobbing-Vorfälle, damit Sie dokumentierte Informationen über das Geschehen haben. Wenden Sie sich bei Bedarf an den Helpdesk Ihrer Schule, Universität oder Ihres Arbeitsplatzes, um Hilfe und Rat zu erhalten.

Das Führen von Aufzeichnungen über Mobbingvorfälle und die Kontaktaufnahme mit Unterstützungsdiensten sind wichtige Schritte, um sich zu schützen und in Konfliktsituationen Hilfe zu erhalten. Für Mobbing-Opfer, insbesondere für hochsensible und unsichere Personen, kann es aus Angst oder Unruhe schwierig sein, dokumentierte Informationen zu sammeln und Hilfe zu suchen. Diese Maßnahmen können jedoch eine entscheidende Rolle dabei spielen, Mobbing zu stoppen und Ihre Sicherheit und Ihr Wohlbefinden zu gewährleisten.

Hier sind einige zusätzliche Richtlinien zur Verwendung dieses Ansatzes:

- Aufzeichnungen führen: Es ist wichtig, jeden Mobbingvorfall zu dokumentieren, einschließlich Datum, Uhrzeit, Ort und Beschreibung des Vorfalls. Dies wird Ihnen helfen, ein klares Bild davon zu bekommen, was passiert, und Ihnen dokumentierte Beweise liefern, wenn Sie Hilfe benötigen. Aufzeichnungen können Ihnen auch dabei helfen, die Verhaltensmuster des Tyrannen zu verfolgen und zu verstehen, wie Sie am besten darauf reagieren können.

- Kontaktieren Sie die Mobbing-Dienste oder die Polizei: Wenn Sie das Gefühl haben, dass Sie die Situation nicht alleine bewältigen können, wenden Sie sich an die Mobbing-Dienste Ihrer Schule, Universität, Ihres Arbeitsplatzes oder Ihrer Gemeinde oder an die Polizei, um Hilfe zu erhalten. Fachleute können Ihnen mit Rat, Unterstützung und Ressourcen zur Lösung des Problems zur Seite stehen. Scheuen Sie sich nicht, um Hilfe zu bitten. Damit ist nicht Schwäche gemeint, sondern vielmehr Mut und die Fähigkeit, auf sich selbst aufzupassen.

- Bauen Sie ein unterstützendes Netzwerk auf: Sprechen Sie mit engen Freunden, Familienmitgliedern oder vertrauenswürdigen Kollegen über Ihre Situation. Denken Sie daran, dass Sie Menschen haben, die Sie unterstützen und bereit sind, Ihnen zu helfen. Gemeinsam können Sie Strategien entwickeln, um auf Mobbing zu reagieren und Herausforderungen zu meistern.

- Ergreifen von Sicherheitsmaßnahmen: Wenn Sie das Gefühl haben, dass Ihre Sicherheit gefährdet ist, informieren Sie umgehend die verantwortlichen Personen oder den Sicherheitsdienst. Zögern Sie nicht, Maßnahmen zu ergreifen, um sich zu schützen.

Insgesamt sind das Führen von Aufzeichnungen und die Kontaktaufnahme mit dem Support wichtige Schritte, um Mobbing zu bekämpfen und sich selbst zu schützen. Scheuen Sie sich nicht, um Hilfe zu bitten, Ihr Wohlbefinden ist wichtig und Sie verdienen Unterstützung und Schutz.

8. Entwickeln Sie Selbstverteidigungsfähigkeiten: Erlernen und üben Sie Selbstverteidigungsfähigkeiten, die Ihnen helfen können, sich im Falle körperlicher Aggression zu verteidigen. Wenden Sie sich an professionelle Trainer oder Organisationen, die Selbstverteidigungskurse anbieten.

Die Entwicklung von Selbstverteidigungsfähigkeiten ist ein wichtiger Aspekt zur Aufrechterhaltung der eigenen Sicherheit und des Selbstvertrauens, insbesondere für Mobbingopfer, die sich möglicherweise verletzlich und unsicher fühlen. Selbstverteidigungstraining vermittelt nicht nur praktische körperliche Verteidigungsfähigkeiten, sondern verbessert auch die mentale Vorbereitung und das Selbstvertrauen, was in einer tatsächlichen Mobbing-Situation den entscheidenden Unterschied machen kann.

Hier sind einige wichtige Aspekte des Selbstverteidigungstrainings:

- Grundlegende Techniken beherrschen: Professionelle Trainer und Organisationen, die Selbstverteidigungskurse anbieten, lehren eine Vielzahl körperlicher Verteidigungstechniken wie Blocken, Schlagen, Grappling und wie man sich aus dem Grappling befreit. Diese Fähigkeiten können hilfreich sein, um sich im Falle eines Angriffs zu verteidigen.

- Selbstvertrauen und Selbstbeherrschung: Das Erlernen der Selbstverteidigung trägt auch dazu bei, Selbstvertrauen und Selbstbeherrschung zu entwickeln. Zu wissen, dass Sie über die Fähigkeiten verfügen, sich selbst zu schützen, hilft Ihnen, sich in einer Vielzahl von Situationen sicherer zu fühlen, einschließlich potenzieller Aggressionsvorfälle.

- Reaktion auf Stresssituationen: Selbstverteidigungstraining trägt auch dazu bei, die Reaktionsfähigkeit auf Stresssituationen zu verbessern. Durch die Teilnahme an simulierten Trainingssituationen können Sie sich an das Adrenalin und die Anspannung gewöhnen, die Ihnen helfen können, Ihre Emotionen und Handlungen in einer realen Situation zu kontrollieren.

- Angst überwinden: Für viele Mobbingopfer ist Angst eines der größten Hindernisse für die Selbstverteidigung. Die Teilnahme an einem Selbstverteidigungstraining hilft, diese Angst zu überwinden, indem es zeigt, dass der Umgang mit Aggression möglich ist und dass man über die Fähigkeiten und Werkzeuge dazu verfügt.

Es ist wichtig zu verstehen, dass das Erlernen von Selbstverteidigung nicht bedeutet, zu Gewalt aufzurufen oder Konflikte zu provozieren. Es handelt sich vielmehr um ein Mittel zur Gewährleistung der persönlichen Sicherheit und des Schutzes im Falle einer realen Bedrohung. Daher ist es wichtig, Kurse und Trainer auszuwählen, die diese Aspekte betonen und den intelligenten Einsatz der erlernten Fähigkeiten fördern.

9. Aktiver Schutz mithilfe von Umweltobjekten, „Biestmasken" und Fähigkeiten, die durch das Training in Sportvereinen mit Kampfschwerpunkt erworben wurden.

Der Einsatz von Umweltgegenständen, der „Biestmaske" und durch das Training in Kampfsportvereinen erworbener Fähigkeiten ist ein wichtiger Aspekt der aktiven Abwehr von Aggression und Mobbing. Dieser Ansatz hilft Mobbingopfern, sich in verschiedenen Situationen, in denen möglicherweise eine Bedrohung besteht, selbstbewusster und sicherer zu fühlen.

- Verwendung von Gegenständen aus der Umgebung: Bei diesem Aspekt der Selbstverteidigung geht es darum, Gegenstände in Ihrer Nähe zu nutzen, um sich vor einem Angreifer zu schützen oder ihm zu entkommen. Das kann alles sein, von einer Tasche oder einem Rucksack bis hin zu Möbeln, Steinen oder sogar Sand. Wenn Sie wissen, wie Sie Umgebungsobjekte zu Ihrem Vorteil nutzen können, können Sie sich einen Vorteil verschaffen und Ihre Chancen erhöhen, einem Angriff erfolgreich auszuweichen oder sich zu verteidigen.

- Maske des Biests: Die Maske des Biests ist ein Konzept, bei dem es darum geht, Ihr Denken und Verhalten in einer Situation der Aggression zu ändern. Die „Maske des Biests" bezieht sich auf die Aktivierung innerer Stärke und Entschlossenheit, die es Ihnen ermöglicht, selbstbewusster und effektiver auf eine Bedrohung zu reagieren. Mobbingopfer werden ermutigt, sich in der Rolle eines starken und entschlossenen Wesens vorzustellen, das in der Lage ist, sich zu verteidigen. Dies trägt dazu bei, Gefühle der Hilflosigkeit zu reduzieren und das Selbstvertrauen zu stärken.

- Im Training erworbene Fähigkeiten: Durch die Teilnahme am Training in kampfbetonten Sportvereinen wie Karate, Jiu-Jitsu oder Boxen werden verschiedene Techniken der Körperverteidigung erlernt und darüber hinaus die körperliche und psychische Ausdauer entwickelt. Diese Fähigkeiten können im Umgang mit Aggression hilfreich sein.

Es ist wichtig zu bedenken, dass der Einsatz von aktivem Schutz auf Situationen beschränkt werden sollte, in denen andere Methoden unwirksam sind und eine echte Gefahr für Ihre Sicherheit besteht. Es ist auch wichtig, eine entsprechende Ausbildung und Schulung von Fachleuten zu erhalten, um diese Methoden sicher und effektiv anwenden zu können. Darüber hinaus spielt die mentale Vorbereitung beim Einsatz dieser Techniken eine wichtige Rolle, damit Sie in Stresssituationen ruhig bleiben und kluge Entscheidungen treffen können.

Mobbing zu überwinden ist ein langer und schwieriger Prozess, aber mit der Unterstützung anderer und dem Einsatz effektiver Reaktionsstrategien können Sie Schwierigkeiten überwinden und das Gefühl der Kontrolle über Ihr Leben zurückgewinnen. Die Überwindung von Mobbing ist ein komplexer Prozess, der Zeit, Mühe und Unterstützung erfordern kann. Wenn Sie Aggressionen anderer erleben, kann dies schwerwiegende Auswirkungen auf Ihr emotionales und psychisches Wohlbefinden haben. Bedenken Sie jedoch, dass Sie nicht allein sind und dass es viele Möglichkeiten gibt, diese schwierige Situation zu überwinden.

1. Unterstützung durch andere: Es ist wichtig, Hilfe von engen Freunden, Familienmitgliedern, Lehrern, Psychologen oder anderen Fachleuten zu suchen. Diese Menschen können Ihnen emotionale Unterstützung und Ratschläge geben und Ihnen bei der Entwicklung von Strategien zur Bewältigung von Mobbing helfen. Wenn Sie Ihre Sorgen und Befürchtungen mit jemandem besprechen, dem Sie vertrauen, kann das dazu führen, dass sich Ihre Situation weniger einsam und beherrschbarer anfühlt.

2. Effektive Reaktionsstrategien anwenden: Die Entwicklung eines Aktionsplans zur Reaktion auf Mobbing kann Ihnen helfen, sich sicherer zu fühlen und die Situation unter Kontrolle zu haben. Dazu kann gehören, Grenzen zu setzen, durchsetzungsfähige Kommunikation zu nutzen, ruhig zu bleiben, Hilfe von Erwachsenen oder Autoritätspersonen in Anspruch zu nehmen und Vorfälle für eine spätere Überprüfung zu dokumentieren.

3. Selbsthilfe und Stärkung des Selbstwertgefühls: Es ist wichtig, an der Stärkung Ihres Selbstwertgefühls und Selbstvertrauens zu arbeiten. Wenn Sie positive Affirmationen praktizieren, sich für Erfolge belohnen, Hobbys nachgehen und Aktivitäten ausführen, die Ihnen Freude und Zufriedenheit bereiten, können Sie sich wertgeschätzt und kraftvoll fühlen, ganz gleich, was andere Menschen sagen oder tun.

4. Suchen Sie professionelle Hilfe: Wenn Mobbing Ihre geistige oder körperliche Gesundheit ernsthaft beeinträchtigt, kann es notwendig sein, die Hilfe eines Psychologen oder einer anderen qualifizierten Fachkraft in Anspruch zu nehmen. Sie können Ihnen wirksame Strategien zur Bewältigung von Mobbing anbieten, Ihnen helfen, Ihre Gefühle und Emotionen zu verstehen und Ihnen Unterstützung und Verständnis bieten.

Mobbing zu überwinden ist ein Prozess, der Geduld, Entschlossenheit und Unterstützung erfordert. Es ist wichtig, sich daran zu erinnern, dass Sie Respekt und Sicherheit verdienen und dass es viele Ressourcen und Strategien gibt, die Ihnen bei der Bewältigung dieser Herausforderungen helfen können. Zögern Sie nicht, um Hilfe und Unterstützung zu bitten, Sie haben es verdient, in einer sicheren und fürsorglichen Umgebung zu leben.

Kapitel 15. Wie Sie bei Mobbing eingreifen können.

Wenn Sie Zeuge einer Mobbing-Situation werden, ist es wichtig, nicht gleichgültig zu bleiben und Maßnahmen zu ergreifen, um dem Opfer zu helfen. Wenn Sie sich Ihrer Fähigkeiten nicht sicher sind, können Sie um Hilfe rufen und die Aggression dokumentieren. Und wenn das Training im Kampfsport bereits erste Erfolge zeigt, können Sie direkt eingreifen. Hier sind einige Möglichkeiten, wie Sie eingreifen können:

1. Suchen Sie Hilfe: Wenn eine Situation außer Kontrolle gerät oder Sie das Gefühl haben, dass Sie sie nicht alleine bewältigen können, suchen Sie Hilfe bei Lehrern, Eltern oder anderen Erwachsenen. Lassen Sie sie wissen, was passiert, und bitten Sie sie, Maßnahmen zu ergreifen.

Hilfe bei Mobbing zu suchen, ist einer der wichtigsten Schritte, die Sie unternehmen können, um dieser unangenehmen Situation ein Ende zu setzen. Für diejenigen, die unter Mobbing leiden, kann dies eine schwierige Entscheidung sein, aus Angst vor möglichen Konsequenzen oder weil sie nicht sicher sind, ob jemand bereit oder in der Lage ist, zu helfen. Es ist jedoch wichtig zu verstehen, dass das Bitten um Hilfe kein Zeichen von Schwäche, sondern ein Zeichen von Stärke und Entschlossenheit ist, Mobbing zu widerstehen.

Wenn Sie eine Mobbing-Situation erleben, die außer Kontrolle gerät, oder das Gefühl haben, dass Sie diese nicht alleine bewältigen können, ist es in erster Linie wichtig, einen Erwachsenen zu finden, dem Sie vertrauen. Dies kann ein Lehrer, ein Schulberater, ein Elternteil oder ein anderer Erwachsener sein, den Sie kennen und mit dem Sie sich wohl fühlen. Erwachsene können sofort die Polizei rufen und durch Schilderung der Situation um Hilfe bitten.

Wenn Sie um Hilfe bitten, ist es wichtig, darauf vorbereitet zu sein, die Situation so detailliert wie möglich zu beschreiben. Beschreiben Sie, was passiert, wann und wo es passiert, wer daran beteiligt ist und welche Auswirkungen es auf Sie hat. Je genauer Sie die Situation beschreiben können, desto besser kann Ihnen geholfen werden.

Zögern Sie nicht, um Unterstützung und Maßnahmen zu bitten. Erwachsene haben die Pflicht, für die Sicherheit und das Wohlergehen von Kindern und Jugendlichen zu sorgen und Maßnahmen zu ergreifen, um Mobbing zu stoppen und das Opfer zu schützen. Sie können Ihnen auch Ratschläge und Unterstützung für den künftigen Umgang mit Mobbing geben.

Erwachsene können die Situation selbst analysieren, um Hilfe rufen und, wenn es die körperliche Verfassung der Person zulässt, sogar in die Situation eingreifen.

Denken Sie daran, dass die Suche nach Hilfe Ihnen nicht nur bei der

Bewältigung Ihrer aktuellen Mobbing-Situation hilft, sondern auch dazu beitragen kann, ein sicheres und unterstützendes Umfeld in Ihrer Schule oder Gemeinde insgesamt zu schaffen.

2. Dokumentieren Sie den Vorfall: Wenn es gefahrlos möglich ist, notieren Sie Einzelheiten zum Vorfall, einschließlich Datum, Uhrzeit, Ort und Namen der Zeugen. Dies kann in Zukunft nützlich sein, wenn Sie Informationen darüber bereitstellen müssen, was passiert ist.

Die Dokumentation von Mobbingvorfällen ist ein wichtiger Schritt nicht nur für das Opfer, sondern auch für diejenigen, die zur Lösung des Problems beitragen können. Die Aufzeichnung der Details von Vorfällen bietet eine dokumentierte und objektive Grundlage für nachfolgende Maßnahmen und kann in verschiedenen Situationen nützlich sein.

Zunächst ist es wichtig zu verstehen, dass die Dokumentation von Mobbingvorfällen nicht nur notwendig ist, um die Sicherheit des Opfers zu gewährleisten, sondern auch, um weitere Vorfälle zu verhindern. Das Aufzeichnen von Details eines Ereignisses, wie Datum, Uhrzeit, Ort und Beschreibung des Geschehens, trägt dazu bei, ein objektives Bild des Geschehens zu erstellen und liefert wichtige Informationen für die Untersuchung der Situation.

Es ist wichtig zu beachten, dass die Dokumentation von Vorfällen nur in einer sicheren Umgebung erfolgen sollte, um eine Gefährdung des Opfers zu vermeiden. Wenn das Opfer das Gefühl hat, in Gefahr zu sein oder dass seine Sicherheit durch die Dokumentation des Vorfalls gefährdet sein könnte, sollte es Hilfe von einem Erwachsenen oder einer anderen Vertrauensperson suchen.

Es ist auch wichtig, die Namen von Zeugen in die Dokumentation aufzunehmen, sofern diese verfügbar sind. Zeugenaussagen können wichtig sein, um den Vorfall zu bestätigen und Entscheidungen über die nächsten Schritte zu treffen.

Schließlich trägt die Dokumentation von Mobbingvorfällen dazu bei, eine Grundlage für Maßnahmen zu schaffen, um weiteres Mobbing zu verhindern und die Rechte des Opfers zu schützen. Diese Aufzeichnungen können in verschiedenen Kontexten verwendet werden, z. B. bei Bedarf zur Kontaktaufnahme mit Schulbehörden, Strafverfolgungsbehörden oder Justizbehörden.

Insgesamt spielt die Dokumentation von Mobbingvorfällen eine wichtige Rolle, um die Sicherheit des Opfers zu gewährleisten, weitere Vorfälle zu verhindern und Gerechtigkeit zu gewährleisten.

3. Unterbrechen Sie die Situation: Wenn Sie sehen, dass jemand gemobbt wird, versuchen Sie, die Situation zu unterbrechen, indem Sie die Aufmerksamkeit des Mobbers auf etwas anderes lenken oder ein Gespräch mit dem Opfer beginnen, um seine Aufmerksamkeit abzulenken.

Wenn Sie mit einer Mobbing-Situation konfrontiert sind, kann eine Unterbrechung eine wirksame Möglichkeit sein, dem Opfer zu helfen und den Lauf der Dinge zu ändern. Interventionen können dazu beitragen, Spannungen abzubauen und eine weitere Eskalation des Konflikts zu verhindern. Hier finden Sie einige Details dazu, wie Sie eine Mobbing-Situation unterbrechen können und warum dies wichtig ist.

- Direkte Intervention: Wenn Sie erleben, dass jemand gemobbt wird, kann eine direkte Intervention am effektivsten sein. Sie können den Tyrannen ansprechen und in seinem Verhalten unterbrechen, indem Sie beispielsweise sagen: „Bitte hören Sie auf, das ist nicht die richtige Art, mit anderen Menschen zu kommunizieren." Dies kann funktionieren, insbesondere wenn Sie entschlossen und selbstbewusst sind.

- Den Tyrannen ablenken: Manchmal kann es schon helfen, die Mobbing-Situation aufzulösen, indem man die Aufmerksamkeit des Tyrannen einfach ablenkt. Sie können mit dem Tyrannen ein Gespräch über ein anderes Thema beginnen oder ihn zu einer anderen Aktivität einladen. Dies kann dazu beitragen, seinen Fokus zu ändern und seinen Wunsch zu verringern, das aggressive Verhalten fortzusetzen.

- Unterstützung des Opfers: Es ist auch wichtig, dem Opfer Aufmerksamkeit zu schenken und Unterstützung zu leisten. Mitgefühl und Verständnis zu zeigen kann einen großen Unterschied dabei machen, dass sich ein Opfer geschützt und unterstützt fühlt. Wenn Sie einfach mit dem Opfer sprechen oder Ihre Unterstützung zum Ausdruck bringen, kann dies dazu beitragen, dass es sich weniger allein und selbstbewusster fühlt.

- Suchen Sie Hilfe: Wenn Sie sich nicht sicher sind, wie Sie eine Mobbing-Situation am besten beenden können, oder wenn Sie nicht in der Lage sind, dies selbst zu tun, suchen Sie Hilfe bei anderen Erwachsenen oder pädagogischem Personal. Sie können Unterstützung anbieten und die notwendigen Schritte unternehmen, um das Mobbing zu stoppen.

Eine Mobbing-Situation zu beenden, kann ein schwieriger Schritt sein, aber es ist wichtig, ein sicheres und unterstützendes Umfeld für alle zu schaffen. Intervention kann dazu beitragen, den Lauf der Dinge zu ändern, das Opfer zu schützen und eine weitere Eskalation des Konflikts zu verhindern.

4. Zeigen Sie Unterstützung: Gehen Sie auf das Opfer zu und zeigen Sie Ihre Unterstützung. Zeigen Sie Freundlichkeit und Mitgefühl, machen Sie deutlich, dass Sie sehen, was passiert, und dass Sie bereit sind zu helfen.

Dem Mobbingopfer Unterstützung zu zeigen, ist ein wichtiger Schritt, der sich erheblich auf sein emotionales Wohlbefinden und seine Fähigkeit, damit umzugehen, auswirken kann. Hier ist ein genauerer Blick auf diese Strategie:

- Gehen Sie mit Freundlichkeit und Mitgefühl vor: Wenn Sie sich einem Opfer nähern, ist es sehr wichtig, freundlich und mitfühlend zu sein. Zeigen Sie mit freundlichen Worten und einem selbstbewussten Körperausdruck, dass Sie an ihrem Wohlergehen interessiert sind und bereit sind zu helfen.

- Die Situation verstehen: Es ist wichtig, dem Opfer zu zeigen, dass Sie sich dessen bewusst sind, was passiert, und dass Sie es in seinem Kampf unterstützen. Sie könnten so etwas sagen wie: „Ich habe gesehen, wie Sie eine schwierige Situation durchgemacht haben, und ich möchte, dass Sie wissen, dass ich hier bin, um Sie zu unterstützen."

- Hilfe anbieten: Nachdem Sie Ihre Unterstützung zum Ausdruck gebracht haben, bieten Sie Ihre Hilfe an. Fragen Sie das Opfer, was Sie tun können, um ihm zu helfen und ihm zu ermöglichen, seine Gefühle und Bedürfnisse mitzuteilen. Es könnte etwa lauten: „Wenn Sie jemanden brauchen, der Ihnen einfach zuhört, bin ich für Sie da. Oder wenn Sie Hilfe bei der Lösung dieser Situation benötigen, lassen Sie mich wissen, dass ich für Sie da bin."

- Schaffung eines sicheren Raums: Es ist wichtig, für das Opfer einen sicheren und unterstützenden Raum zu schaffen, in dem es sich wohl und geschützt fühlen kann. Bieten Sie Ihre Unterstützung und die Gewissheit, dass sie mit ihrem Kampf nicht allein ist. Hören Sie ihr aufmerksam und ohne Urteil zu und respektieren Sie ihre Gefühle.

- Kontinuierliche Unterstützung: Es ist wichtig, das Opfer weiterhin zu unterstützen und ihm langfristig nahe zu bleiben. Bieten Sie ihr Ihre Unterstützung und Freundschaft an und seien Sie jederzeit bereit, sie zu unterstützen, wenn sie Ihre Hilfe braucht.

Freundlichkeit, Mitgefühl und die Bereitschaft, einem Mobbingopfer zu helfen, können einen großen Unterschied in seinem Leben machen. Dies kann dazu beitragen, dass sie sich weniger einsam und selbstbewusster fühlt, und ihr die Unterstützung geben, die sie braucht, um mit einer schwierigen Situation zurechtzukommen.

5. Aufklärung: Informieren Sie andere über die Gefahren von Mobbing und wie Sie den Opfern helfen können. Sorgen Sie in Ihrer Umgebung für ein freundliches und respektvolles Umfeld, in dem sich jeder sicher und geborgen fühlt.

Andere über die Schäden von Mobbing aufzuklären und darüber aufzuklären, wie man den Opfern helfen kann, ist ein wichtiger Schritt zur Schaffung eines sicheren und respektvollen Umfelds in unserer Gemeinschaft. Hier ist ein genauerer Blick auf diese Strategie und warum sie effektiv sein kann:

- Den Schaden von Mobbing verstehen: Der erste Schritt bei der Aufklärung anderer über Mobbing besteht darin, sie darüber aufzuklären, was Mobbing ist, welche Formen es annehmen kann und welchen Schaden es den Opfern zufügt. Dies wird anderen helfen, die Ernsthaftigkeit des

Problems zu verstehen und zu verstehen, warum es wichtig ist, dagegen anzukämpfen.

- Wissen darüber vermitteln, wie man helfen kann: Anderen beizubringen, wie sie Opfern von Mobbing helfen können, beinhaltet die Aufklärung über die verschiedenen Unterstützungs- und Fürsprachestrategien, die im Falle von Mobbing eingesetzt werden können. Dazu kann gehören, dass Sie lernen, die Anzeichen von Mobbing zu erkennen, zu wissen, wie man effektiv reagiert und dem Opfer Unterstützung und Mitgefühl bietet.

- Eine freundliche und respektvolle Atmosphäre schaffen: Zum Unterrichten anderer gehört auch die Schaffung einer allgemeinen Kultur des Respekts und der Unterstützung in ihrem Umfeld. Dies kann durch die Förderung einer respektvollen Kommunikation, gegenseitiger Hilfe und Verständnis zwischen Menschen erreicht werden. Wenn Menschen wissen, dass sie auf die Unterstützung und den Schutz ihrer Mitmenschen zählen können, fällt es ihnen leichter, mit Mobbing-Situationen umzugehen.

- Anti-Mobbing-Programme unterstützen: Es ist wichtig, Programme und Aktivitäten zur Bekämpfung von Mobbing und zur Unterstützung von Mobbing-Opfern zu unterstützen und daran teilzunehmen. Dazu kann die Teilnahme an Anti-Mobbing-Aktivitäten, Aufklärung in Schulen und Gemeinden sowie die Unterstützung von Wohltätigkeitsorganisationen gehören, die das Problem bekämpfen.

Andere über die Gefahren von Mobbing aufzuklären und darüber aufzuklären, wie man den Opfern helfen kann, trägt nicht nur dazu bei, das Bewusstsein für das Problem zu schärfen, sondern schafft auch eine Gesellschaft, in der sich jeder sicher und respektiert fühlt. Dies ist ein wichtiger Schritt zur Schaffung eines sicheren und unterstützenden Umfelds für alle Mitglieder.

Es ist wichtig, sich daran zu erinnern, dass das Eingreifen in einer Mobbing-Situation Mut und Entschlossenheit erfordert, aber Ihre Unterstützung kann das Opfer vor Aggression bewahren.

Wohltätigkeit.

auch von meiner privaten Wohltätigkeitsstiftung „UA heart" erzählen , in der ich und meine Frau eine sehr wichtige und edle Arbeit leisten. Diese persönliche Stiftung unterstützt Waisenhäuser in der Ukraine, in denen Kinder untergebracht werden, die ihre Eltern aufgrund des brutalen Krieges Russlands gegen die Ukraine verloren haben.

Diese Kinder brauchen unsere Unterstützung und Fürsorge. Sie wollen in Frieden und Glück leben, lernen und sich weiterentwickeln, Freunde und Familie haben. Aber sie haben nichts als Angst und Einsamkeit. Sie warten auf unsere Hilfe und Hoffnung.

Unsere persönliche Stiftung „UA Herz" organisiert verschiedene Veranstaltungen und Projekte, um das Leben dieser Kinder zu verbessern. Er sammelt Spenden, um Kleidung, Spielzeug, Bücher, Medikamente und andere notwendige Dinge zu kaufen. Er veranstaltet auch Veranstaltungen, bei denen Kinder mit Freiwilligen, Psychologen und anderen Menschen kommunizieren können, die bereit sind, ihre Wärme und Liebe mit ihnen zu teilen.

Wenn Sie möchten, können Sie dieser Stiftung beitreten und zur Rettung dieser Kinder beitragen, indem Sie auf der unten aufgeführten Website der Stiftung eine Spende tätigen. Sie können auch ehrenamtlich tätig werden und eines der Waisenhäuser in der Ukraine besuchen, um den Kindern persönlich Ihre Aufmerksamkeit und Ihr Lächeln zu schenken. Sie können Ihren Freunden und Bekannten von dem Fonds erzählen, um Informationen über seine Aktivitäten zu verbreiten.

Lassen Sie uns dem Schicksal dieser Kinder nicht gleichgültig gegenüberstehen. Zeigen wir ihnen, dass wir sie nicht vergessen haben, dass wir bei ihnen sind, dass wir sie lieben und an sie glauben. Geben wir ihnen eine Chance auf eine glückliche Kindheit und eine glänzende Zukunft. Öffnen wir unsere Herzen für die Stiftung „UA heart".

https://www.buymeacoffee.com/UAheart

https://www.facebook.com/o.nashchubskiy

Jetzt herrscht Krieg in der Ukraine, Städte werden zerstört, Zivilisten sterben, Familien werden zerstört und Kinder verlieren ihre Eltern und bleiben Waisen. Ich bin mir sicher, dass Ihnen diese große Tragödie, die sich in unserem Jahrhundert vor unseren Augen in der Ukraine abspielt, nicht gleichgültig bleiben kann. Und wenn Sie den Wunsch haben, etwas Gutes zu tun, um diesen unglücklichen Kriegsopfern zu helfen, die ein besseres Leben verdienen, dann gibt es mehrere Möglichkeiten, Ihre Freundlichkeit und Ihr Mitgefühl zu zeigen.

Sie können auch eine Spende an unsere gemeinnützige Privatstiftung für Familien leisten, die Waisenkindern humanitäre Hilfe leistet in der Ukraine :

Und es gibt noch eine andere Möglichkeit, Kindern zu helfen, die für jedermann leicht zugänglich ist: Kaufen Sie ein weiteres Exemplar dieses Buches und geben Sie es an jeden weiter, den Sie möchten . Auf diese Weise unterstützen Sie finanziell die Autoren des Buches, die die Hälfte des Erlöses für vom Krieg betroffene Kinder spenden. Schließlich sind es Kinder, die Zukunft unseres Planeten, und wir können sie nicht ohne Unterstützung und Fürsorge zurücklassen.

Aber die beste Möglichkeit, zu helfen, ist die Adoption eines Kindes aus der Ukraine. Auf diese Weise retten Sie ein zerstörtes Leben und geben ihm eine neue Familie, ein neues Zuhause, eine neue Hoffnung. Sie werden einer kleinen unschuldigen Seele, die Ihre Liebe und Fürsorge so sehr braucht, eine Zukunft im Leben schenken. Sie werden diese Welt zu einem besseren und freundlicheren Ort machen und dafür das Wertvollste erhalten, nämlich die Dankbarkeit und das Glück des Kindes, das Ihr Sohn oder Ihre Tochter wird."